本书撰写人员名单

主　编：罗　峰

撰写人员：罗　峰　申恒胜　徐　鹏　杨振杰
　　　　　王连生　李东平

新时代中国县域脱贫攻坚案例 研究丛书

尼勒克

民族融合为导向的贫困治理

全国扶贫宣传教育中心／组织编写

人民出版社

目　录
CONTENTS

导　论 ………………………………………………………………… 001

第一章 ｜ 尼勒克县贫困问题的形成机理与脱贫历程 ……… 019

第一节　天然贫困：尼勒克县贫困问题的形成机理……… 021

第二节　从兴牧脱贫到民族融合：尼勒克县扶贫开发的
　　　　历程 …………………………………………… 029

第二章 ｜ 尼勒克县民族融合导向的脱贫攻坚政策体系 …… 043

第一节　民族融合导向的脱贫攻坚政策体系概况 ……… 045

第二节　制定民族地区精准扶贫的工作目标 …………… 046

第三节　制定民族地区精准扶贫的基本任务 …………… 049

第四节　制定民族融合导向的精准扶贫举措 …………… 054

第五节　民族融合导向的脱贫攻坚政策体系总结 ……… 073

第三章 ｜ 民族融合导向下的脱贫攻坚：尼勒克的五大特色 … 075

第一节　民族融合导向下的脱贫基础：社会稳定 ……… 077

第二节　民族融合导向下的脱贫核心：经济发展 ……… 082

第三节　民族融合导向下的脱贫支柱：精神脱贫 ……… 087

第四节　民族融合导向下的脱贫关键：促进就业…………090

第五节　民族融合导向下的脱贫保障：组织队伍…………093

第四章｜**民族融合导向下的贫困人口能动性整合**…………103

第一节　尼勒克县贫困人口的能动性困境…………………104

第二节　尼勒克县贫困人口的能动性整合实践……………108

第三节　尼勒克县贫困人口的能动性整合成效……………125

第四节　尼勒克县"志智双扶"的经验启示…………………130

第五章｜**民族融合导向下的贫困人口生产实践**…………135

第一节　尼勒克县贫困人口的生产困境……………………136

第二节　尼勒克县贫困人口的生产实践……………………139

第三节　尼勒克县贫困人口的生产成效……………………157

第四节　尼勒克县产业扶贫的经验启示……………………164

第六章｜**健康扶贫：民族融合导向下的贫困人口增能促融**…169

第一节　健康机会缺失：尼勒克县农村居民陷入健康

　　　　贫困的风险较高…………………………………171

第二节　健康机会的公平性弥补：尼勒克县健康扶贫

　　　　实践………………………………………………174

第三节　以认同促融合：尼勒克县健康扶贫的经验启示…188

第七章｜**尼勒克县民族融合导向的贫困治理成效**…………193

第一节　结构功能主义视角下贫困治理成效分析框架……195

第二节　民族融合导向的贫困治理成效：四维表征与

　　　　尼勒克经验………………………………………199

第三节　坚持"四不脱"：尼勒克县脱贫攻坚长效治
　　　　理的制度保障 ……………………………… 220

第八章 ｜ 从脱贫攻坚到乡村振兴：民族共兴共融 ………… 225

第一节　民族融合为导向的贫困治理：尼勒克县脱贫
　　　　攻坚实践 ……………………………………… 226

第二节　民族融合下的乡村振兴 ……………………… 235

后　记 ……………………………………………………… 245

导　论

一、尼勒克县概况

"尼勒克"系蒙古语，原意为"婴儿"，寓指"希望、新生命"。县域地处新疆北部中天山西段、伊犁河谷东北腹地，既是伊犁州的东大门，又是天山北坡经济带的后花园，是一个农牧结合的山区县。尼勒克县西与伊宁市接壤，西南与巩留县隔河相望，东南与新源县毗邻，东与和静县为界，北与精河县为界，距省会乌鲁木齐516公里、距自治州首府伊宁市112公里，"精—伊—霍铁路"进入伊犁首座客货两用站位于境内，地理位置非常重要。伊宁机场、那拉提机场位于县城东西两翼，使尼勒克县成为东联天山北坡城市群、西通中西亚的重要交通枢纽。全县辖一镇、十乡（包括1个民族乡）、两场（种蜂场、尼勒克军马场），共89个村（社区）、3个驻县单位。尼勒克县为多民族聚居之地，在古代，塞种人、大月氏人、乌孙人、匈奴人、突厥人都曾在此地栖息繁衍。目前，全县有18.3万人，由哈萨克族、汉族、维吾尔族、回族、蒙古族等32个民族组成，少数民族占75%。其中，哈萨克族8.7万人，占总人口的47.5%；维吾尔族2.2万人，占总人口的12%；回族1.9万人，占总人口的10.4%；蒙古族0.9万人，占总人口的4.9%。柯尔克孜族、俄罗斯族、锡伯族及其他少数民族仅占总人口的1.7%。多民族聚居的状况使当地在政治稳定、社会治理与精准扶贫等方面的任务更加复杂。

尼勒克县特殊的地形地貌特征形塑了该县独特的经济社会发展环境。县境由东向西延伸，地貌特征呈柳叶状，东西长 243 公里，南北宽 70 公里，总面积 10130 平方公里。县境山区地形地貌特征明显，四面山谷环绕，峡谷溪流遍布。境内南北两侧高山、丘陵连绵，地势东高西低，北高南低，由东北向西南倾斜。县境内北部是科古尔琴山、博乐科努山、依连哈比尕山，南部是阿布热勒山，四条山脉由北向南东西排列，中间是河谷低地，即尼勒克山间盆地，整体地貌呈现出"四山夹一谷"的地理景观。全县平均海拔 800—4590 米，县城海拔 1000 米左右。高山带、中山带约占全县总面积的 82%，低山丘陵与河谷地带约占全县总面积的 18%。县内水能资源丰富，伊犁河第二大支流喀什河自东而西贯流全境，巩乃斯河流经县境南部边缘，北部有阿夏勒河，年均流量达 58.63 亿立方米。其中，喀什河年均流量 38 亿立方米，全河落差 1989 米，理论水能蕴藏量 120 万千瓦以上，全河可规划 18 级大中型水电站，可发电 70 余万千瓦。同时，县域地下水资源也十分丰富，储量约为 81.68 亿立方米，全县水能蕴藏量在 200 万千瓦以上，这为县域经济社会发展提供了丰富的水源。

由于四面高山阻隔，尼勒克县山区气候特征明显，属温带大陆性气候。受大西洋、北冰洋西来气流的影响，尼勒克县属于伊犁河谷三大冷区之一，夏季基本无酷暑，日照时间较长。东部山区全年实际日照时数为 2795 小时，年季变幅为 2519—2970 小时，昼夜温差较大，全年平均日较差 15.6℃，年均气温 5.6℃。受地势影响，全县无霜期短，农区平均只有 100 天左右。全县东西气温差异大，主要呈垂直分布，"一日看四季"垂直气候特征明显。在四季温差变化上，春季日较差大，夏季持续时间短，秋季降温快，冬季冷热悬殊。尼勒克县年平均降水量为 515.8 毫米，与西北气候的干旱相比，当地属于降水较为丰富的地区。每年 4 月至 9 月属全县降雨量集中的月份，占全年降水量的 68.5%。特殊的气候环境为农牧业发展提供了非常有利的条件。尼勒克县土地总面积 1548.8 万亩，土质主要以黑钙土、栗钙土、灰钙土为主，土层深厚，土壤肥沃，土壤耕作性能好，蓄水保墒性强，地下水位低，除少数沼泽地外，无大面积次生盐渍化，非常适合各种农作物和牧草的生长。

受地理位置和自然条件的影响，尼勒克县东、中、西部的气候差异与产业布局极为明显：东部地势较高，气候温凉，降水充沛，属高山草原牧业区；中部河谷盆地日照时间长，降水丰富，有利于农业种植，属河谷阶地农业区；西部为低山丘陵，地形复杂，干旱少雨，属半荒漠旱作物农牧业气候区，主要以生态保护和水土修复为主。尼勒克县委县政府根据伊犁哈萨克自治州直属县市（以下简称"州直"）产业规划和建设"两个可持续"发展示范区的总体要求，对东、中、西部三大功能布局进行了科学规划：种蜂场狗熊沟以东为东部生态环境保护旅游示范区，乌赞乡以东、狗熊沟以西为中部农工牧业发展示范区，乌赞乡以西为特色农业商贸产业示范区。

尼勒克县是一个边疆地区的农牧业县，工业基础十分薄弱，整体经济实力不强，加之近几年国家对环境保护的日益重视，使当地矿产开发与工业建设受到诸多政策的限制和规范。长期以来，尼勒克县的经济增长与农牧民增收主要依赖于农牧业生产。当地农作物主要有小麦、玉米、胡麻、油葵、甜菜、马铃薯等。由于受到自然环境与气候条件的限制，农作物只能一年一季。畜牧业生产主要有养殖哈萨克牛、蒙古黄牛、伊犁双峰骆驼、伊犁山羊、新疆细毛羊、伊犁马、新疆褐牛、伊犁黑蜂等。尼勒克县可利用草场共 980 万亩，耕地 56.1 万亩，林地 107 万亩，牲畜存栏 102.9 万头（只），出栏 71.6 万头（只），形成了一批初具规模的乳品、肉制品加工龙头企业。此外，尼勒克县内还栖居着奇禽异兽 30 余种，生长着稀有名贵药材 146 种，是世界上少有的生物多样性天然基因库。

尼勒克县境内矿产资源十分丰富，主要有煤矿、铁矿、铜矿、铅矿、钨矿、锌矿、古膏矿、冰洲石、铝土页岩、石灰石、水刷石等共计 30 种。煤矿储量 82 亿吨，县境东部多为焦煤，西部多为长焰煤，中部为动力用煤。铁矿主要有新源式铁矿、菱铁矿、黄铁矿、褐铁矿等类型。新源式铁矿以赤铁矿、磁铁矿为主，整个阿布热勒山均有分布，绵延达300公里。铁矿分布西起喀什河托海大桥，东至那拉提，大部分在尼勒克县境内。铜矿主要分布在木斯、群吉、阿克塔斯等地；铅矿多分布于吉仁台牧场的萨尔呼勒松沟上游，伴生矿物有银、锌等。此外，还有主要分布于陶吾坎布拉克的露天石膏石、阿布雷的冰洲石、叶列莫顿的水晶石、阿热斯坦的长石、加斯库勒的石英石、库克拜的重晶石、吉仁台的黏土和干子土、群吉沟的水刷石等，均有待开发利用。这些资源的储备，为国家提供了宝贵的战略资源。

特殊的地貌特征与民族风情，使尼勒克县拥有丰富的旅游资源。按其地理特点与分布状况，全县可分为三大风景区：东部为唐布拉草原百里画廊，主要以草原、温泉、雪峰、河流等为主要特色，有"中国美丽田园草原景观"之称，呈现出百万牲畜转场草原牧业生产的壮丽画卷；中部为吉林台峡谷风景区，这里群峰并列，怪石嶙峋，有三峡之美，不断吸引外地游客来旅游；西部为喀什河谷风景区，天然次生林绵延70余公里，是尼勒克县旅游重点开发区，目前已成功创建国家4A级景区和国家湿地公园。此外，当地被自治区列为重点保护文物的还有：春秋时期的努尔赛古铜矿遗址和结构独特、花纹清晰的神奇古岩画、乌孙古墓群、巴斯勒根古战场、天山独库公路烈士纪念碑等历史文物，已成为尼勒克县独特的旅游景观。同时，尼勒克县还是世界四大名蜂之一"新疆黑蜂"的主要发源地和最大繁育场，其中种蜂场是全国两大黑蜂保护区之一。目前，县内已建成"天山黑蜂"产业生态园区，天山黑蜂庄园自驾露营地成为全州首个特色旅游露营地，并成功举办中国·新疆"甜蜜尼勒克"蜜蜂文化旅游节。此外，哈萨克族的"柯赛绣"已经从民间走向市场，许多刺绣产品已经走出国门。2012年，尼勒克县成功举办"万人同绣柯赛绣"的活动，获得了良好的社会影响。

尼勒克的地理环境与自然资源为其脱贫提供了良好的条件。在脱贫攻坚背景下，这些环境与资源成为尼勒克县获得"新生"的重要基础。

二、边疆多民族地区贫困问题及挑战

人类文明的发展史是一部与自然进行抗争、获取生存资源的历史，也是一部从食不果腹的贫困状态向安定富足生活奋斗的历史。"消除贫困，自古以来就是人类梦寐以求的理想，是各国人民追求幸福生活的基本权利。第二次世界大战结束以来，消除贫困始终是广大发展中国家面临的重要任务。"[①] 作为世界上最大的发展中国家，我国的贫困人口极不均衡地分布于不同的地域及民族之中，致贫原因及贫困程度各异，所面临的减贫挑战一直颇为严峻。为有效地应对减贫挑战，我国因地制宜、积极探索，走出一条中国特色的减贫道路。在这条独具中国特色的减贫道路中，以县域为主的减贫工作构成了其中的主旋律，而新疆维吾尔自治区伊犁哈萨克自治州尼勒克县就是其中的典型代表。尼勒克县的脱贫攻坚工作是中国特色减贫道路的具体实践，探索出一条边疆多民族地区的减贫之路。

尼勒克县一直立足本县特点，探寻脱贫攻坚的着力点，而其县域特点很大程度上也决定了其减贫工作的具体策略。概而言之，尼勒克县是在应对本县特有的县情的过程中开展脱贫攻坚的。

（一）民族之众与文化扶贫之艰：如何在多民族聚居地区进行脱贫攻坚？

尼勒克县是以少数民族为主、多民族混居的地区。全县总人口18.3 万人，由哈、汉、维、回、蒙等 32 个民族组成，少数民族占75%。习近平总书记说，"我们搞社会主义，就是要让各族人民都过

---

① 《十八大以来重要文献选编》（中），中央文献出版社 2016 年版，第 717 页。

上幸福美好的生活。全面建成小康社会最艰巨最繁重的任务在贫困地区，特别是在深度贫困地区，无论这块硬骨头有多硬都必须啃下，无论这场攻坚战有多难打都必须打赢，全面小康路上不能忘记每一个民族、每一个家庭。"① 民族地区的脱贫攻坚，对于我们全面建设小康社会、实现各民族融合与共同发展都具有重要意义。

对于尼勒克县而言，各族人民曾在历史上创造出独具各民族特色的灿烂文明，是中华文明不可分割的一部分。然而，随着现代化进程的加快，尼勒克县的少数民族同胞在脱贫致富路上受到几个方面的制约：

1. 较低的教育程度。很多少数民族由于家庭、历史或文化的原因，加之原来的以农牧业为主的生产方式，对现代教育的需求不高，导致很多中青年及以上的人口受教育程度较低。随着现代化的发展，农牧业新兴技术的投入，部分农牧民从农牧业中被解放出来。当他们进入到第二产业或第三产业时，受教育程度低的问题则被凸显出来，一方面，由于学历低，难以获得非农牧业就业机会；另一方面，由于学习新技术新技能的基础知识受限，难以获得进一步发展的机会或空间。受教育水平的制约，很多少数民族同胞，特别是中青年人群，在脱贫致富的道路上仍然存在种种障碍。

2. 较为封闭的生活模式。长期以来，尼勒克少数民族借助优越的天然牧场，以牧业为主。在夏季上山放牧、冬季下山过冬周而复始的放牧生活中，形成了特有的生活方式及文明形态，其中一个特点是牧民们固守熟悉的农牧业、安于现状，对未来缺乏规划。这与充满不确定性的现代社会及风险社会不相适应，也与理性主导、追求进步的现代文明相背离，这成为少数民族同胞脱贫致富路上的绊脚石。

---

① 《习近平春节前夕赴四川看望慰问各族干部群众　祝福全国各族人民新春吉祥　祝福伟大祖国更加繁荣昌盛》，《人民日报》2018 年 2 月 14 日。

3. 少数民族同胞的语言障碍。尼勒克县域内的哈萨克族等少数民族，自幼习得本民族语言，对汉语不甚精通甚至完全不懂，导致其就业的范围相当有限。很多少数民族青壮年劳动力由于语言不通，只限于在新疆维吾尔自治区内寻求就业，丧失了在内地广大市场的就业机会。在脱贫攻坚阶段，尼勒克县相关部门通过多种方式，将包括贫困人口在内的劳动力，通过劳务输出的方式，输送到湖北、江苏等地务工，但有些人由于语言障碍、生活习惯不同等原因，在待一段时间后就自己返回家乡。因此，在保留少数民族语言文化基础上，进行双语教学、普及普通话，对于促使少数民族同胞融入到全国市场，进而提升收入水平及幸福感具有重要意义。

（二）地域之广与均衡发展之难：如何在地域广阔的县域范围内，实现基础设施的完善与县域内均衡发展？

尼勒克县域总面积 10130 平方公里、占伊犁州直总面积近 1/5，东西长 243 公里、南北宽 70 公里，地貌特征呈柳叶状，境内南北两侧高山、丘陵连绵，平均海拔 800—4590 米，县域海拔 1000 米左右，辖有喀什河全长 304 公里自东向西贯流全境，呈现"两山夹一河"地形。幅员辽阔的县域在为尼勒克发展提供丰富的生态环境、资源条件的同时，也在某些方面成为该县脱贫攻坚的瓶颈。

首先，扶贫成本高。正如习近平总书记在东西部扶贫协作座谈会上的讲话中所指出的，"西部地区特别是民族地区、边疆地区、革命老区、连片特困地区贫困程度深、扶贫成本高、脱贫难度大，是脱贫攻坚的短板，也是我对脱贫攻坚最不托底的地方。"[①] 由于尼勒克地域面积大，并且县域两侧为高山，丘陵连绵，道路交通、饮水安全、农田水利等基础设施建设投入大、成本高、周期长，在县级财政紧张的背

----

① 中共中央党史和文献研究院编：《习近平扶贫论述摘编》，中央文献出版社 2018 年版，第 18 页。

景下，其建设进程较为滞后，很长一段时间难以满足经济社会发展与各民族群众生产生活需要。高成本的基础设施建设，使其建设滞后，进而制约了尼勒克县经济社会的快速发展，也增加了脱贫攻坚的难度。

其次，县域内发展不均衡。尼勒克县下辖 13 个乡（镇）场、89 个村（社区）。其中，被尼勒克人称为"西三乡"的西部三个乡镇，即苏布台乡、喀拉苏乡、加哈乌拉斯台乡，称为贫困人口及贫困村的重灾区，也是尼勒克县脱贫攻坚的"硬骨头"。"西三乡"之所以陷入重度贫困的境地，主要由于以下两个方面的原因：一是自然条件恶劣。"西三乡"主要以农牧业为主，但其气候干旱少雨，缺水问题尤为突出。"西三乡"年降水量平均为 200—310 毫米，无霜期为 100—135 天，无法满足农牧民需求，成为制约当地农牧民经济发展的瓶颈之一。二是基础设施较差。"西三乡"地处较为偏远，对道路、农田水利等基础设施投入要求更高。很长时间内"靠天吃饭"成为其农牧业发展的常态，严重影响了农牧民收入水平与生活质量的提高。

（三）维稳任务之重与脱贫攻坚之迫：如何处理好社会稳定与精准扶贫之间的关系？

近年来，受宗教极端思想的影响，新疆维吾尔自治区境内，"三股势力"（暴力恐怖势力、民族分裂势力、宗教极端势力）有所抬头，并犯下滔天罪行，其恐怖行为，既是分裂国家、破坏民族团结的行径，也明显犯下了反人类、反社会、反文明的罪行。面对严峻的维稳形势，习近平总书记在第二次中央新疆工作座谈会上指出，"新疆的问题最长远的还是民族团结问题，民族分裂势力越是企图破坏民族团结，我们越要加强民族团结，筑牢各族人民共同维护祖国统一、维护民族团结、维护社会稳定的钢铁长城。"① 为维护民族团结与社会

① 《习近平在第二次中央新疆工作座谈会上强调：坚持依法治疆团结稳疆长期建疆　团结各族人民建设社会主义新疆》，《人民日报》2014 年 5 月 30 日。

长治久安，新疆维吾尔自治区提出"坚持两手抓、两手硬，统筹推进社会稳定和脱贫攻坚"。

在维护社会稳定的同时，尼勒克开展脱贫攻坚工作，使其面临的挑战更为严峻。一是资源如何分配？在各方面资源相对有限的情况下，尼勒克将人力、物力、财力资源分别用于社会稳定与脱贫攻坚两项艰巨的任务，使得人财物资源的紧缺性更为凸显。虽然两项任务相辅相成、缺一不可，社会稳定为脱贫攻坚创造环境条件，脱贫攻坚对维持尼勒克的长治久安、民族融合具有重要意义，然而对于尼勒克县各级政府而言，两项工作同时并举，无论从工作内容还是工作量而言，都极具挑战性。二是两项任务关系如何协调？新疆维吾尔自治区之所以出现不稳定因素，除了受极端思想影响及"三股势力"影响之外，也与个别地区长期处于贫困状态有关。换言之，越贫困的地区，越容易受到极端思想影响，开展脱贫攻坚的难度也就越大。对于深度贫困地区的少数民族同胞，除了在"两不愁三保障"等方面着力之外，还需要在思想导向方面做更多的工作。而这方面的工作是处于更前提的问题，也就是说这方面的问题不能很好解决，脱贫攻坚的其他工作则难以开展。这无疑是尼勒克县脱贫攻坚的难中之难、却也是重中之重的关键。

三、民族融合为导向的贫困治理：多民族地区脱贫攻坚

精准扶贫是反贫困的中国方案，而作为多民族地区，尼勒克县的精准扶贫则是中国方案在贫困民族地区的具体实施，其扶贫路径及意义也不可避免地具有民族特色与价值，这无疑为反贫困的中国方案增添了更为丰富的内涵。事实证明，尼勒克在脱贫攻坚实践过程中，形成了以尊重多民族多样性为基础、民族融合为导向的贫困治理模式。

（一）"民族融合为导向的贫困治理"内涵及实践模式

1. "民族融合为导向的贫困治理"内涵

民族融合为导向的贫困治理模式，涵盖这样两个方面含义：一是以重塑中华民族共同体为治贫目标。中国精准扶贫的本质，是以人为本、促进贫困人口共享经济社会发展成果。对于民族地区精准扶贫而言，则是促进各民族贫困人口提升生活水平，在共享全国发展成果的同时，更好地融入到中华民族的大家庭。也就是说，民族地区精准扶贫的过程，既是贫困地区、贫困人口在经济意义上脱贫致富的过程，也是在社会意义上重塑中华民族共同体的过程。正如十九届四中全会所指出的，"坚定不移走中国特色解决民族问题的正确道路，坚持各民族一律平等，坚持各民族共同团结奋斗、共同繁荣发展，保证民族自治地方依法行使自治权，保障少数民族合法权益，巩固和发展平等团结互助和谐的社会主义民族关系。坚持不懈开展马克思主义祖国观、民族观、文化观、历史观宣传教育，打牢中华民族共同体思想基础。全面深入持久开展民族团结进步创建，加强各民族交往交流交融。支持和帮助民族地区加快发展，不断提高各族群众生活水平。"①

二是以各民族共通共融、共治共享为治贫之道。一方面减贫的过程，以民族平等为前提，尊重各民族群众的风俗习惯及主观意愿，在减贫目标、方式及路径等方面达成共识，在此过程中逐渐建立起来的互通互融机制成为各民族间的相处之道；另一方面贫困治理不是单一主体、单一民族的单方面行动，而是各种社会主体、各民族群众，共同参与、共同行动，充分调动并利用各种资源，并最终共享精准扶贫的成果。

2. "民族融合为导向的贫困治理"实践模式

民族融合为导向的贫困治理，是党的十八大之后，在党和政府的

---

① 《十九大以来重要文献选编》（中），中央文献出版社 2021 年版，第 276—277 页。

统一部署下，民族地区在精准扶贫过程中逐渐形成的一种在民族区域自治制度框架下，以民族平等为前提、民族共治共享为手段、民族融合为导向的贫困治理模式。在民族融合为导向的贫困治理模式实践并成型过程中，与之相伴生的政府对民族社会的治理机制、民族地区与外界的联结机制、民族地区可持续发展的治理机制构成了其丰富的内涵。这些不仅是应对民族地区贫困问题的阶段性治理策略，而且成为国家治理体系中对民族地区有效治理的长效机制，最终重塑中华民族共同体。

（二）"民族融合为导向的贫困治理" 意义及价值

首先，丰富了全球贫困治理中国方案的民族内涵。中国改革开放40 多年来，特别是党的十八大以来，在以政府为主导的扶贫开发过程中，为全球减贫提供了中国方案。"全球减贫的中国方案，其实质就是中国特色的扶贫开发道路，这条道路的核心内涵就是：在全球化的背景下和国家改革开放促进现代化进程中，坚持党对扶贫开发的领导，以经济发展为带动力量、以增强扶贫对象自我发展能力为根本途径，政府主导、社会帮扶与农民主体作用相结合，普惠性政策与特惠性政策相配套，政府、市场、社会互动，专项扶贫、行业扶贫、社会扶贫联动，开发式扶贫与综合保障扶贫并重，脱贫攻坚与实施乡村振兴战略相衔接。中国特色扶贫道路具有鲜明的时代性、改革性、人民性、国际性特征，是可供发展中国家实现经济转型和消除贫困值得借鉴的模式。"[①]

当今世界，因民族冲突、贫困问题而导致的地区冲突或国家分裂层出不穷，严重影响着地区和平及经济社会发展。民族融合为导向的贫困治理，在两个方面丰富了全球贫困治理中国方案：一是贫困治理

---

① 黄承伟：《全球贫困治理中的中国经验及启示》，《今日中国》2018 年 9 月 25 日，http://www.chinatoday.com.cn/zw2018/ss/201809/t20180925_800142354.html。

路径方面，在尊重各民族同胞、奉行民族平等原则的前提下，在党和政府主导下，多元主体多元参与其中，充分调动各民族群众的积极性与主动性，并让各民族贫困人口及时享受到贫困治理成果，提升其主人翁意识的同时，也提高了其获得感及满足感。二是贫困治理是以民族融合为出发点和落脚点。民族融合为导向贫困治理，既是对贫困问题的应对，帮扶贫困地区及贫困人口脱贫致富，同时在此过程中渗透了党和政府与各民族群众之间、各民族群众之间以及民族地区与帮扶地区之间的通力协作、互通互融，因而各民族贫困群众脱贫致富的过程，也是共享经济社会发展成果与民族融合齐头并进的过程。各民族群众贫困问题的解决与互通共融的局面，为更好地处理民族关系、维护地区稳定、共筑经济社会发展美好前景创造了更为有利的条件。

其次，有利于重塑中华民族共同体。党的十八届四中全会指出，我国国家制度和国家治理体系具有多方面的显著优势，其中之一就是"坚持各民族一律平等，铸牢中华民族共同体意识，实现共同团结奋斗、共同繁荣发展的显著优势"。① 自古以来，各民族在中华大地上创造了灿烂的中华文明，也逐渐形成了由 56 个民族共同构成的中华民族共同体。改革开放之后，我国经济社会取得了举世瞩目的巨大成就。然而，受到地域、气候及文化等多方面因素的影响，很多民族地区特别是边疆民族地区发展相对滞后、贫困问题较为突出，宗教极端思想及"三股势力"趁机抬头，很大程度上破坏了各民族和谐共处的良好局面、伤害了中华民族共同体情感基础，不利于民族团结、地区稳定及国家安定统一良好局势的维持。

民族融合为导向的贫困治理，一方面在集中应对民族地区贫困问题的过程中，积极回应各民族贫困群众的关切，使其切身感受到其中华民族成员身份，重新唤起其中华民族的认同感与自豪感；另一方面对于民族地区及群众，通过引进来、走出去的方式，促使更好地融入

---

① 《十九大以来重要文献选编》（中），中央文献出版社 2021 年版，第 270 页。

到全国大市场、中华民族大家庭之中，形成"你中有我，我中有你"的共通共融局面；再者，扶志扶智过程中，开展马克思主义祖国观、民族观、文化观、历史观宣传教育，打牢中华民族共同体思想基础。

再次，有利于中国特色社会主义国家治理体系的发展与完善。党的十九届四中全会指出，"中国共产党自成立以来，团结带领人民，坚持把马克思主义基本原理同中国具体实际相结合，赢得了中国革命胜利，并深刻总结国内外正反两方面经验，不断探索实践，不断改革创新，建立和完善社会主义制度，形成和发展党的领导和经济、政治、文化、社会、生态文明、军事、外事等各方面制度，加强和完善国家治理，取得历史性成就。党的十八大以来，我们党领导人民统筹推进'五位一体'总体布局、协调推进'四个全面'战略布局，推动中国特色社会主义制度更加完善、国家治理体系和治理能力现代化水平明显提高，为政治稳定、经济发展、文化繁荣、民族团结、人民幸福、社会安宁、国家统一提供了有力保障。"①

中国特色社会主义国家治理体系内容丰富，而民族地区的治理是其重要组成部分。新中国成立以来，我国建立并完善了民族区域自治制度，成为处理民族关系、解决民族问题的制度保障。然而，随着经济社会的不断发展，民族地区所面临的形势与问题不断变化，这就要求在坚持民族区域自治的制度框架下，根据新出现的问题不断完善治理内容与方式。民族融合为导向的贫困治理，就是在我国经济社会取得巨大发展成就，但却存在发展不平衡的情况下，应对民族地区贫困问题的治理方案。该方案在以下三个方面丰富了中国特色社会主义国家治理体系的内容：一是以人为本、民族平等的治理前提。面对民族地区的贫困问题，提出了针对性的解决方案。这些方案是在尊重各民族传统前提下，以解决各民族同胞所面临的最为严峻的生存挑战——贫困，通过贫困治理使其过上温饱乃至富裕且有尊严的生活。二是治

---

① 《十九大以来重要文献选编》（中），中央文献出版社 2021 年版，第 269—270 页。

理主体的多元化。贫困治理过程中，涵盖了党和政府、社会组织、市场主体等各种社会主体，汉族及各少数民族同胞，本地各级政府、东部帮扶政府及企事业单位，等等。在这个过程中，形成了各主体之间的良性互动及新的社会治理机制。三是治理能力的提升。民族融合导向的贫困治理，注重夯实各民族的群众基础，在注入外来资源的同时，通过撬动各主体与资源的杠杆，激发脱贫减贫的民族地区及群众发展的内生动力，并逐渐建立有效且长效的贫困治理机制，从而提升国家在民族地区治理能力的提升。

党的十九届五中全会强调，全党全国各族人民要再接再厉、一鼓作气，确保如期打赢脱贫攻坚战，确保如期全面建成小康社会、实现第一个百年奋斗目标，为开启全面建设社会主义现代化国家新征程奠定坚实基础。民族地区的脱贫攻坚实践，业已为实现如此宏伟目标奠定了扎实基础，也必将在中华民族之后的征程中不断书写更为炫美的新篇章。

四、全书概览

《尼勒克：民族融合为导向的贫困治理》一书，以尼勒克县脱贫攻坚为研究对象，梳理其中的实践逻辑，即面对众多的民族构成、广袤的县域面积、艰巨的维稳任务等严峻挑战，分别从脱贫攻坚的政策体系构建、产业扶贫、志智双扶、健康扶贫以及贫困治理的长效机制等方面，阐释尼勒克县是如何实现脱贫摘帽的。在脱贫攻坚过程中，尼勒克县立足本县实际，探索出一条以民族融合为导向的贫困治理模式，这对于丰富全球贫困治理中国方案的民族内涵、重塑中华民族共同体、中国特色社会主义国家治理体系的发展与完善都具有重要意义。

全书包含导论及八个章节的内容，各部分概要内容如下：

"导论"部分在介绍尼勒克县自然地理环境与经济社会状况的基

础上，呈现了尼勒克县脱贫攻坚面临的贫困问题及挑战、阐释了"民族融合为导向的贫困治理"内涵、实践模式、意义及价值。

"第一章 尼勒克县贫困问题的形成机理与脱贫历程"，对县域贫困问题的形成机理进行探讨，对尼勒克县自1978年至今的脱贫历程进行梳理，进而展现在30年波澜壮阔的脱贫攻坚历程中的"尼勒克故事"。

"第二章 尼勒克县民族融合导向的脱贫攻坚政策体系"，介绍了作为一个典型的新疆多民族聚居区，尼勒克县在扶贫工作中始终坚持党的领导，以"民族融合"为导向，构建的包含六个精准扶贫目标、四项精准扶贫任务以及四类精准扶贫举措的"三位一体"扶贫工作格局。

"第三章 民族融合导向下尼勒克脱贫攻坚的五大特色"，阐明在新疆尼勒克县脱贫攻坚的思路中，社会稳定是脱贫攻坚的基础，经济发展是脱贫攻坚的核心，精神脱贫是脱贫攻坚的支柱，促进就业是脱贫攻坚的关键。在此基础上，尼勒克县从四个方面推动实现多民族贫困地区融合式脱贫：在组织建设上，建立起整合资源、集中执行的模式；在财政上，充分发挥财政资金扶贫的作用，为政策脱贫提供有力的资金保障；在宣传动员方面，激发贫困村民内生动力，创新社会参与；在考核问责方面，精准落实考核责任，激励干部担当作为，有效推进多民族融合式脱贫的实现。

"第四章 民族融合导向下的贫困人口能动性整合"，揭示了尼勒克县的贫困人口能动性困境主要表现为"志短"和"智乏"，其中历史传统、宗教信仰、地理环境和传统扶贫方式等方面因素共同导致了尼勒克县贫困人口的"志短"困境，教育资源缺乏、教学质量偏低、普通话推广不利、技能培训落后导致尼勒克县贫困人口的"智乏"困境。对此，尼勒克县开展了整合多民族脱贫动力的思想"扶志"与整合多民族脱贫能力的教育"扶智"的尼勒克县贫困人口的思想整合实践。"扶志"方面的实践主要体现在舆论亮剑、思想引领、宗教祛魅、文化建设四个方面；"扶智"方面的实践主要体现在教育质量提升、教育服务均等化、普通话推广和职业技能扶持四个方面。从成效上来看，"扶志"提升了贫困人口的脱贫动力，"扶智"提升了贫困人口的脱贫能力。尼勒克县"志智双扶"的经验启示是，"扶志"与"扶智"本质上是对贫困人口能动性的整合，"扶志"带来的思想文化交融和"扶智"带来的社会化融合均有助于促进各民族间的融合。

"第五章 民族融合导向下的贫困人口生产实践"，阐明尼勒克县贫困人口的生产困境表现为产业基础薄弱，农牧业发展低效，产业发展不均衡。交通设施落后、传统产业弱势、发展能力不足和环境保护压力等多方面因素是造成上述生产困境的原因。对此，尼勒克县开展了内源式产业转型与外源式产业带动相结合的贫困人口现代化生产实践。内源式产业发展方面的实践主要体现在农业发展、畜牧业发展和特色产业发展三个方面，外源式产业发展方面的实践主要体现在旅游产业发展和电商产业发展两方面。此外，为了提升产业发展成效，尼勒克县还采取了产业配套措施，主要包含基础设施建设和产业带动机制建设两方面。从成效上看，内源式产业的升级和外源式产业的发展共同带动了贫困人口脱贫增收，助力了尼勒克县脱贫摘帽。尼勒克县"产业扶贫"的经验启示是，传统产业、特色产业和潜力产业发展本质上是现代化进程中贫困人口的生产实践，从传统到现代的转型过程中，生产方式的转型促进了生活方式的转型，二者共同促进了各民族间的融合。

"第六章 健康扶贫：民族融合导向下的贫困人口增能促融"，分析了在健康扶贫领域，尼勒克县充分结合地方特点，在国家和上级地方政府有关健康扶贫政策和指示精神的指导下，因地制宜地开展健康扶贫攻坚行动，围绕贫困户"看得上病、看得起病、看得好病、少生病"工作目标，通过实施"三大工程"、筑牢"三道防线"、做好"两大服务"、开展"两项行动"，有效地解决了贫困户因病致贫、因病返贫问题，从而防止贫困户由"病根"变"穷根"。其经验启示有：高效的联动机制是健康扶贫行动取得成效的基本前提；增强贫困人口的生活健康意识和疾病预防意识是健康扶贫的长效举措；健全贫困人口的医疗政策保障是打赢健康扶贫攻坚战的关键。

"第七章　尼勒克县民族融合导向的贫困治理成效"，基于结构功能主义的分析框架，从经济、政治、社会交往以及精神文化等四个维度来提炼与总结尼勒克县脱贫攻坚工作的主要特点。在经济发展方面，通过产业帮扶等手段，使尼勒克县的经济水平得到很大的提升；在政治建设方面，尼勒克县政府通过加强各民族居民的政治参与，获得了当地民众的高度认可，使当地居民切实感受到党和政府的真切关怀，增强了参与国家建设的责任心和使命感；在社会与民生建设方面，通过"访惠聚"等一系列工作的开展，明显改善了当地贫困居民的生活状况，促进了各民族之间的良性交往；在精神文化方面，尼勒克县通过拓宽贫困居民的知识文化领域，不仅使他们摆脱了精神贫困，也促使其将爱国信仰与家国情怀扎根心中。在后扶贫时期，结合尼勒克县的实际情况，当地政府还将继续坚持并强化定点帮扶、对口帮扶、结对帮扶工作，重点抓好贫困户、贫困村脱贫退出的后续帮扶巩固任务，推动"访惠聚"驻村工作队在巩固提升持久战中打头阵，"点对点"帮扶村、"一对一"帮扶户均要保持五年不变，做到不断线、不松劲。概括来说，就是要遵循"四不脱"原则，即脱贫不脱政策、脱贫不脱责任、脱贫不脱帮扶、脱贫不脱监管，重整归零再出发，健全及完善扶贫长效保障机制。

"第八章　从脱贫攻坚到乡村振兴：民族共兴共融"，总结了民族融合为导向的贫困治理模式，具体涵盖政府对民族社会的治理机制、民族地区与外界的联结机制、民族地区可持续发展治理机制等内容。这些机制既是在精准扶贫过程中逐渐探索出来的，也必将由于其有效性而在贫困之外的领域持续发挥作用。在尼勒克县取得脱贫攻坚阶段性胜利之后，需继续以民族融合为导向，实现脱贫攻坚与乡村振兴的顺利衔接，即完善民族地区社会体制机制，为乡村振兴提供制度保障；以市场为主导，奠定乡村振兴的产业基础；促进民族团结与宗教和谐，奠定乡村振兴的社会基础。

第一章

尼勒克县贫困问题的形成机理与脱贫历程

习近平总书记指出："反贫困是古今中外治国理政的一件大事。消除贫困、改善民生、逐步实现共同富裕，是社会主义的本质要求，是我们党的重要使命。"① 自 2013 年习近平总书记提出"精准扶贫"重要思想以来，脱贫攻坚成为党和国家重点推进的工作，成为各级党委政府工作的重中之重。这对于贫困落后地区全面推进小康社会建设、推动农村社会协调发展具有重要意义。西部边疆民族地区面临着更加艰巨的经济发展形势和脱贫攻坚任务。如何实现国家精准扶贫政策的有效落地，使国家扶贫政策与基层扶贫实践有机结合起来，是政府在治理实践中重点推进的工作。尼勒克县作为民族地区和边疆地区重点县份，自 1986 年被确定为贫困县至 2018 年实现全面脱贫，脱贫历程长达 32 年，可见脱贫攻坚任务的艰巨性和复杂性。

尼勒克县脱贫攻坚是中国反贫困史上的一个缩影，它为边疆民族地区的脱贫攻坚积累了宝贵和丰富的实践经验。在 2020 年全面实现小康社会之后，如何在脱贫攻坚的基础上加快民族地区发展，加强边疆地区建设，推进兴边富民、稳边固边，进而实现巩固脱贫成果与推进乡村振兴的有机衔接，是民族贫困地区面临的重要任务。本章在前述尼勒克县自然地理环境与经济社会状况的基础上，对县域贫困问题的形成机理进行探讨，对尼勒克县的脱贫历程进行梳理，进而展现 32 年波澜壮阔的脱贫攻坚历程中的"尼勒克故事"。

---

① 《十八大以来重要文献选编》（下），中央文献出版社 2018 年版，第 31 页。

第一节　天然贫困：尼勒克县贫困
问题的形成机理

贫困问题是我国经济社会发展中必须正视并亟待解决的重要课题，也是全人类面临的共同挑战。习近平总书记指出："推进深度贫困地区脱贫攻坚，需要找准导致深度贫困的主要原因，采取有针对性的脱贫攻坚举措。深度贫困地区、贫困县、贫困村，致贫原因和贫困现象有许多共同点。"① 曾经的尼勒克县，远处西部边疆地区，山高路远，交通落后，信息闭塞，自然环境形成的贫困长期困扰着农牧民。为此，我们必须明确贫困问题的形成机理，进而为反贫困事业提供有效思路和宝贵经验。就农牧民家庭个体而言，除了因病、因学、因残、因缺劳动力等原因而致贫外，从地域条件、自然禀赋与思维观念等整体方面而言，尼勒克县还面临着亟待克服的各种约束。

一、资源贫困：气候干旱，生产资料缺乏，制约农牧业生产发展

在一定生产力基础和社会背景下，自然地理环境对农村贫困发生的影响呈现出系统影响整体性、路径方向多样性以及作用机制复杂性的特征。② 自然环境与气候条件对于经济发展、劳动就业、生产要素配置与公共服务供给等密切相关，进而对当地贫困产生直接的影响。不利的气候条件尤其是水资源的缺乏严重影响经济的发展，使农牧业

---

① 习近平：《在深度贫困地区脱贫攻坚座谈会上的讲话》，人民出版社 2017 年版，第 8 页。
② Barbier E. B. Poverty, Development, and Environment, *Environment and Development Economics*, 2010(6):635–660.

经营主体的市场活动风险增大，使贫困人口的生计选择受到限制，并给从事农牧业生产的农户带来直接或间接的损失。有研究发现，水资源短缺与经济贫困属于中度以上耦合的占全国省市总数的 90.3%，处于极度耦合的农村地区占一半以上，且极度耦合的农村地区随着时间的推移呈增加趋势。①

在尼勒克县农牧民致贫的诸多因素中，"天然贫困"始终是影响和制约政府扶贫与农牧民脱贫的首要因素。由于地理环境、自然条件和社会环境等因素的影响，致使当地农牧业生产条件非常落后，基础设施建设落后，农牧民生活水平低。该县属于典型的大陆性干旱气候，自然条件恶劣，降水稀少，平均每年降水量只有 230 毫米左右，农业工业用水严重不足。由于县境地势海拔较高，冬季寒冷期长，年平均气温只有 5.6℃，农区无霜期平均只有 100 天左右，一年只能种植一季农作物，非常不利于农牧业生产的可持续发展。

受地理环境与气候条件的影响，全县水资源分布极为不均，县境中东部降水较多，而西部气候极为干旱，以半荒漠为主，不利于农牧业生产发展。全县人均水浇地面积少，人均只有 1.58 亩。尤其是处于深度贫困地区的"西三乡"，即喀拉苏乡、苏布台乡、加哈乌拉斯台乡，农牧民几乎完全靠天吃饭，贫困发生率高达 85%，集中了全县主要的贫困人口，少数民族贫困人口更是占到全县贫困人口的 95%，是尼勒克县脱贫攻坚的主战场。这里气候的共同特点是，长期干旱缺水，土地沙化严重，人均水浇地不足半亩，且大多数土地属于旱田和低产田。部分水浇地也因水利设施建设滞后，灌溉用水无法得到正常保障，导致土地生产效益不高，不得不以水定地、以草定畜，严重限制了农牧业发展。

水资源的缺乏造成了尼勒克县的资源性贫困，尤其是与农牧业生

---

① 王雪妮、孙才志、邹玮等：《中国水贫困与经济贫困空间耦合关系研究》，《中国软科学》2011 年第 12 期。

产相对应的生产资料与物质基础严重匮乏。在一些村庄，贫困人口对土地的依存度很低，有些甚至缺乏基本的生产、生活条件，造成"一方水土养不了一方人"。土地作为农牧业生产的主要生产资料，在全县不同地区的分布极为不均，在深度贫困地区，生产资料更是极度缺乏。尤其是在"西三乡"，地形环境基本上以山地、丘陵和荒漠为主，80%的土地分布在10—25度的坡地上，不利于农作物生长。这里土地十分贫瘠，耕地资源匮乏，农作物产出效益低下，无法有效满足贫困农牧民的生存需要。干旱的气候条件与贫瘠的土地环境导致当地不利于发展农业种植，而主要以牧业生产为主。这里的牧场多属于自然草场，由于过度放牧，牲畜超载，进一步加剧了生态环境和牧场草场的严重退化，导致农牧民收入增长缓慢，农牧民单纯靠天吃饭使当地农牧业生产难以持续发展。

二、生态贫困：生态环境脆弱，自然灾害频发，导致农牧民不断返贫

在人类与自然耦合系统中，灾害风险、生态环境退化与贫困三者之间存在负向耦合关系，贫困地区很容易陷入"生态退化—灾害频发—贫困加剧"的恶性循环。[①] 生态与贫困两者之间存在地理空间上的耦合。在中国西部诸多深度贫困县中，许多县是生态环境脆弱地区。地形高度的增加与地形坡度的复杂，容易导致自然灾害频发，而抗震基础的薄弱与建设成本的高昂，加大了扶贫开发的难度。

尼勒克县是自治区确认的易灾县之一。地理环境和气候条件的特殊使当地自然灾害非常频繁，干旱、洪水、雪灾、泥石流、霜冻、冰雹、病虫害等灾害时有发生。在农作物生长的4—9月份，尼勒克县

---

① 丁文广、魏银丽、王龙魁、米璇、冶伟峰：《甘肃省环境退化、灾害频发及贫困之间的耦合关系研究》，《干旱区资源与环境》2013年第3期。

最多的年份抗雹日数达 14 天。农牧业生产过程受自然因素的影响极大，而农牧民抵御自然灾害的能力较弱，丰年尚可解决温饱，干旱年份则可能颗粒无收。

新疆处于地震多发地区，尼勒克县被自治区确认为八级地震设防区。在实现脱贫前，贫困农牧民的居住条件较差，生活环境简陋，房屋建筑标准低，缺乏必要的抗震和加固措施，许多房屋属于无安全保障的危房和简易房。他们因缺乏基本的生产条件和医疗保障，遇到自然灾害、疾病等不可抗力或受市场因素的影响，极易导致牲畜死亡、房屋倒塌、农牧业绝产绝收，致使许多农牧民不断陷入"脱贫—返贫—再脱贫—再返贫"的"贫困怪圈"。在农牧区，由于脱贫状态脆弱，贫困人口的返贫率非常高，农牧民常常因一场雪灾或旱灾遭受巨大损失而返贫。贫困人口中许多存在疾病、身残、智障等困难，这类人占贫困户总户数的 38%。许多贫困地区地方病高发，因病致贫、因病返贫造成贫病交加。牧区医疗卫生和服务条件落后，缺医少药现象非常普遍，一些乡镇卫生院设施简陋，处于瘫痪状态。农牧民因灾、因病、因伤等原因丧失劳动力而不断返贫，也容易使他们的精神斗志受到严重挫伤，增加了精准扶贫的难度，也延缓了经济社会的发展。

三、基础贫困：基础设施建设落后，制约当地农牧民脱贫

西部地区多山的地理环境对精准扶贫工作造成了极大困难。随着山势的增高与坡度的增加，区域交通的可达性和进入性逐步减弱，经济活动开展的难度和成本增加，这是许多山区贫困的重要原因。农民所在的地理区位不同，往往导致其在交通条件、市场交易、就业机会、信息资源等方面产生极大差异。有研究发现，从距离县城、乡镇政府和汽车站农户贫困状况来看，样本村距离轴心 5 公里以内的农户

人均纯收入明显高于 5 公里以外的农户。[①]

尼勒克县地处伊犁河谷最东部，河谷阶地地形地貌特征明显，水利设施建设、土壤保护改良和草场保护等基础条件落后，农业生产投入不足。尼勒克县的贫困村主要集中在山沟之中或山脚下，部分农牧民居住偏远，远离县城，信息闭塞，交通不便，生产生活极为不便。加之水电、道路、农田水利等基础设施建设的落后，无法满足基本的生产生活需求，一些贫困村甚至连日常生活所需的用水用电都无法得到正常供应。在国家大规模开展精准扶贫前，全县还有部分村庄没有集体收入，不通水、不通电，没有安装电话和广播电视，缺少科技文化室和医疗室，部分农牧民没有使用上安全饮用水，村庄缺乏具有稳定收入来源的生产项目。

在交通方面，由于远处内陆，尼勒克县至今未通客运铁路。既有的公路运输路况较差，运输线路长，冬季因气候因素封路时间较长，导致村庄与外界联系基本断绝，大大降低了公路交通带来的经济效益。在春季，随着气温升高，常常发生融雪性水灾。由于生态脆弱，一次不大的降水都可能引发山洪或泥石流，常常使基层干部彻夜坚守在抗灾岗位上。一位扶贫干部说，当地非常缺水，农牧民盼望降雨；但遇上降雨天气，当地干部通常睡不着觉，常常彻夜守在电话旁，如遇发生洪涝灾害，他们必须立即赶往现场。自然灾害的频发极易造成道路封堵，供电、通信设备毁损，农牧民房屋严重倒塌。由于农牧区的基础设施薄弱，难以有效抵御自然灾害的侵袭。

于是，传统贫困因素与新增贫困因素相互交织、叠加，更增加了扶贫工作的难度和不确定性。在部分村庄，由于人口比较少，居住分散，基础设施建设成本高昂，导致一些经济基础薄弱的村庄交通条件非常落后。在 2013 年，根据当年的不变价测算，全国人均脱贫成本

[①] 杨国涛：《地理区位、农户特征与贫困分布——基于西海固 720 个农户的分析》，《财贸研究》2007 年第 2 期。

需要2万元，而尼勒克县地处偏远牧区，人均脱贫成本是全国的几倍以上，扶贫成本高昂。同时，当地信息闭塞，而教育、科技、文化、卫生等事业发展也没有跟上，社会组织发育不健全，严重制约了当地农牧民脱贫致富。

四、产业贫困：市场化水平低，产业结构不合理，制约了产业的可持续发展

产业的落后是西部地区深陷贫困困境的重要原因。长效扶贫机制的建立，必须以产业调整和构建为核心，在扶贫开发中实现产业发展与市场化体制两者的有机结合，有序引导贫困人口参与市场活动，提高贫困人口的自我发展能力。

尼勒克县是一个传统的农牧业大县，农业生产长期处于传统保守、粗放低效的耕作方式与经营状态，农业生产中的科技含量比较低，科技兴农水平不高，农业现代化水平不足，农民"广种薄收"的耕作意识比较浓厚。在传统农业生产模式下，农民的科技经营意识不强，对现代化种植技术的吸纳和运用能力较弱。一些牧民长期从事游牧生活，对农业生产不熟悉也不感兴趣，缺乏基本的土地耕作和种植技能，导致农业生产力水平低下，生产效益不高。尽管当地政府大力发展庭院经济，但许多牧民不会种植蔬菜和其他粮食作物，致使庭院的许多土地闲置。许多农牧民经商意识淡薄，创业致富氛围不浓，有相当一部分贫困人口不懂土地耕作。在懒惰和依赖心理支配下，他们更愿意简单地将土地长期、低价出租，自己又无法在其他行业和领域顺利实现就业，导致这部分群体成为既失地又失业的弱势群体。在牧区，贫困户牲畜和草场等生产资料占有使用量低，部分牧民只能靠出租草场、草料地或替他人放牧为生。

由于各方面因素的限制，当地招商引资非常困难，导致农牧业生产与市场无法有效对接，产业结构不合理，产业布局很难适应市场经

济发展的需求。在这种情况下，当地的市场化程度非常低，信息严重不对称，加之集市系统不完善，物流、交易成本高昂，导致产业结构单一，产业规模不大，产业基地尚未形成，这种先天劣势进一步导致了自身发展能力不足。在农业特色化种植中，尼勒克县以小麦、胡麻等传统农作物为主，具有区域特色和体现产业化水平的特色农作物种植规模十分有限，没有形成经济效益较好、市场竞争力较强的主导产业。畜牧业发展受到产业结构调整和品种改良的影响，对农牧民增收的效果不明显。同时，农牧民在农业生产中缺乏创新意识和风险意识，生产往往随大流，盲目性大，导致农产品销路不畅，产品难以转化为商品，严重制约了农牧业生产发展和农牧民增收。

五、观念贫困：农牧民的思维观念保守与科技文化素质较低，造成贫困代际传递

贫困群体在长期相互隔离的社会生活中逐步产生了一种使贫困状态得以延续和复制的贫困亚文化。其中，观念、教育、就业等方面的劣势往往导致贫困状态在不同代际之间复制和传递。受教育水平对农户的贫困状况存在显著的影响，劳动力受教育水平的提高可以有效降低农户陷入贫困的概率。[①] 观念改变和教育投资见效慢、周期长，具有较大的不确定性风险，短期性的教育投入对摆脱贫困的影响并不显著，甚至不利于贫困的减缓，这导致一些贫困家庭对子女教育不重视，进而限制了未来子女发展的能力，也导致整个家庭容易陷入持续贫困的境地。

尼勒克县是一个多民族聚居的地区，少数民族人口占绝对多数，人文结构特色突出。牧民"逐草而迁，逐水而居"的游牧生活方式

---

① 李晓嘉：《教育能促进脱贫吗——基于 CFPS 农户数据的实证研究》，《北京大学教育评论》2015 年第 4 期。

与中国传统的农耕文化差异极大。许多农牧民世代过着游牧生活，对农业生产缺乏基本的知识传承和技术积累，也缺乏相应的市场意识与思维观念。农业种植的经济收益不高，他们依赖土地很难解决温饱问题。贫困户一般仅靠几亩地和草场维持简单的生产生活，产业结构单调，经济来源单一，技术培训不足，贫困户实用技术水平低，造成第二、三产业发展缓慢。

受自然生态环境与传统生活习惯的影响，他们的思想观念相对保守，接受新事物的能力比较弱，自身就业技能不强，危机意识不足，缺乏发展动力，经常安于现状。许多农牧民缺乏科学种田、科学养殖的意识，过于依赖自然环境"靠天吃饭"，自身脱贫积极性不高。全县的文化、教育和科技水平还比较低，思想观念落后，传统种植和养殖意识未从根本上得到改变。根据 2005 年调查的数据，全县人口平均受教育程度仅为 5 年，低于全国农民平均受教育水平 2 年。加上缺乏生产资料、长期"输血式"扶贫，以及文化、观念、精神上的贫困导致群众逐渐养成"等、靠、要"思想，自身缺乏脱贫致富的信心和动力。部分农民懒惰习性较强，对外界帮扶依赖过高，自身努力不够，往往是经过帮扶暂时脱了贫，但因自身积累不够又很快返贫。此外，农村中因婚、因育、因懒返贫的现象也非常普遍。目前，当地农村婚嫁彩礼价码越来越高，结婚建房使许多农民债台高筑，许多农民抱着多子多福的传统观念，使农牧民极易陷入返贫陷阱。

由于尼勒克县地处偏远，交通不便，信息闭塞，导致当地人才引进困难重重，适应新时代中国特色社会主义建设的现代化人才队伍尚待建立健全。在既有的人才队伍中，队伍的建设和稳定也需要一定的环境和配套制度作为支撑，才能使人才队伍真正稳定下来，进而实现乡村的人才振兴。但农牧民受到传统的小农思维、传统观念、宗教意识的影响，与较低的受教育程度、劳动力素质结合在一起，使其缺乏自我脱贫与发展的能力，缺乏基本的劳动生产技能，更不具备从事市场化生产的能力。许多农牧民不懂普通话，缺乏基本的读写与交流能力。受文化层次、职业技能、语言障碍、传统习惯等各种因素的影响，贫困人口在外出务工、就业与劳动技能培训中遭遇很大阻碍，这都成为农牧民脱贫致富的无形羁绊。

第二节　从兴牧脱贫到民族融合：
尼勒克县扶贫开发的历程

曾经的尼勒克县饱受贫困困扰。1978 年，尼勒克县农牧民的人均纯收入只有 91 元。同年伊犁河谷遭遇严重旱情，喀什河水源供给不足，农田、草场均受到影响，导致各地粮食普遍减产，尼勒克县粮食缺口达 58 万斤。1980 年，尼勒克县农牧民人均纯收入只有 107 元。1986 年，在被国务院确定为国家扶贫重点县时，尼勒克县人均纯收入只有 307 元。当时全县贫困人口为 36741 人，占全县总人口的 20.5%。1991—1993 年，在对贫困县进行调整时，尼勒克县仍被确定为国家扶贫开发重点县。2010 年，按照当时国家确定的低收入标准，尼勒克县再次被确定为国家扶贫开发重点县。2014 年尼勒克县建档立卡时，全县共有 6032 户 22630 贫困人口，其中 75.5% 的贫困人口分布在 9 乡 1 镇的 30 个贫困村。截至 2018 年年底，全县建档立卡贫困户人口总规模为 7257 户 27551 人，占总人口的 15%，共有贫困村 30 个。

脱贫攻坚开展以来，在国家政策引领与地方政府努力下，尼勒克县委县政府把脱贫攻坚与实现社会稳定相结合，以推动民族团结和融合为导向，按照习近平总书记精准扶贫战略思想和党中央、自治区党委关于脱贫攻坚工作要求，聚焦"两不愁三保障"，以中央"五个一批""六个精准"和自治区"七个一批""三个加大力度"为精准举措，群策群力，尼勒克县的贫困人口不断减少，贫困程度也在不断降低，经济社会得到了快速发展，终于在 2018 年顺利摘掉戴了 32 年的贫困县帽子。

尼勒克县的脱贫攻坚是一个长期、系统的过程，在不同时期、不同阶段需要因势利导、因户制宜、精准施策，才能在实现贫困群众精准脱贫的同时，促进脱贫成果的巩固提升。具体而言，尼勒克的脱贫攻坚过程经历了以下五个重要阶段：

一、1978—1985 年："兴牧脱贫" 与集体帮扶阶段

党的十一届三中全会之后，随着农村经济体制改革的不断深入，农村扶贫工作逐步被国家所重视。面对 1978 年的干旱灾害，尼勒克县干部群众积极组织抗灾自救，广泛开展互助互爱活动。政府当年发放救济粮 10 余万公斤，各公社提前贷粮 40 余万斤，使各族群众顺利渡过了灾荒。同时，尼勒克县不断强化基础设施建设，种蜂场喀什河大桥与乔尔玛喀什河大桥相继通车，有效缓解了交通困难；全长 11 公里的乌图牧区水渠建成通水，可浇灌草场 2500 亩，同时建成蓄水池一个，解决了乌图牧区人畜饮水困难；吉仁台电站建成发电，装机容量 125 千瓦。1980 年，二牧场电站装机发电，装机容量 250 千瓦。

从 1981 年开始，尼勒克县推行扶贫试点工作，当年县民政局拨出 18 万元专项扶贫款，用于加哈乌拉斯台乡第一、二、三生产队的 36 户贫困家庭发展生产和购买母羊，标志着尼勒克县的扶贫工作正式启动。到 1982 年，政府发给贫困户的 720 只羊发展到 1562 只，户均达 43 只，扶持户自留地的各种农作物增产 15%—20%，使一般贫困户很快实现了脱贫，严重贫困户有 10% 脱了贫。

1982 年，县委召开会议传达中央书记处研究室《关于当前农业生产责任制发展情况的调查报告》，全县开始实行农村家庭联产承包责任制，极大地调动了农牧民生产的积极性。

1983 年，县委县政府要求有关部门结合本单位业务，提出扶贫

规划和措施，实行综合治贫，争取3—5年内使全县贫困面貌有一个根本性的变化，让贫困户分期分批摆脱贫困。当年，在9个乡开展扶贫，政府领导分片包干，帮助贫困户种好自留地和责任田，搞活扶贫羊，同时开展多种经营，广开财路，增加收入，同时积极开展农业科技扶贫，采取点面结合、定组定点的办法，在抓好农业常规技术措施为指导的同时，大力推广模式栽培、配方施肥、玉米地膜等作物栽培技术，有力地保证了粮油产量的全面丰收，取得了很好的效果。在1983年脱贫率即达到83%，全县贫困户125户503人中当年就脱贫102户416人。

在这一过程中，尼勒克县结合牧业县的实际，大力开展"兴牧脱贫"，以牧业为主，农牧结合，借助广大少数民族贫困户的养殖经验，大力发展养殖产业。1984年，尼勒克县被伊犁州政府定为牲畜流动扶贫试点县。6月，自治区民政厅组织全疆民政领导干部到内蒙古考察学习流动牲畜扶贫经验。回来后，州民政局确定在尼勒克县搞流动牲畜扶贫试点工作。同年9月，试点工作全面铺开，全县农村开展牲畜作价归户。属于深度贫困地区的"西三乡"和喀拉托别乡从作价归户的牲畜中挑选了4000只品种优良的生产母羊，每乡扶持贫困户20户，4个乡共80户贫困家庭，每户分发50只扶贫羊，每只羊按30元作价，三年一个周期，政府再用这些扶贫羊作价扶持其他的贫困户。这种"以羊还羊、周转扶贫"的方式使61户贫困家庭脱贫致富，牲畜增值达1.12万元，获利2.1万元，深受牧民欢迎。同时，这一措施克服了他们的依赖思想，增强了脱贫的积极性和主动性，得到自治区党委政府的充分肯定，尼勒克县委、县政府也因此受到了自治区的表彰。

该段时期的扶贫以集体帮扶为主，国家救济为辅。在这期间，利用党的改革开放政策富起来的木斯乡哈萨克族牧民艾勒木哈孜·艾楞切，积极向村里捐款2.5万元，用于改善村庄教学条件，同时他还投入大量人力物力，建起了一座310平方米砖木结构的哈萨克语小学校，成为尼勒克县扶贫史与教育史上值得永远铭记的人物。

二、1986—1993 年："农牧结合"与救济式扶贫阶段

改革开放后，尽管尼勒克的县域经济得到了快速发展，但由于历史欠账太多，以及自然、地理、经济方面的约束，导致尼勒克县的经济发展与基础设施建设仍然非常落后，贫困人口数量比较多，比重比较大。1986 年，尼勒克县被确定为国家级贫困县时，全县的贫困人口占总人口的 20.5%，共 36741 人，扶贫任务非常艰巨。

在极端困难的条件下，尼勒克县各族干部群众自强不息，接力治贫，坚持农牧结合，不断夯实基础。为了做好扶贫工作，1988 年，尼勒克县成立贫困地区经济开发领导小组，组长、副组长由县委县政府主要领导兼任，下设办公室，定编 5 人，有主任、副主任、秘书、干事、档案管理员等，负责全县的扶贫开发工作。同年，尼勒克县有 7 个乡、20 个村、420 户属扶贫对象，县农业局与各乡、镇、场签订合同，确定扶贫方案，制定扶贫措施。当年就有 66 户贫困户脱贫。由于物价上涨，脱贫标准由 1988 年的 300 元上升到 1991 年的 370 元。当年，拨扶贫款 180 万元，其中 147 万元投入养畜业，发放给贫困户，购买牲畜 7918 头（只），18 万元用于改良草场。

1991 年，全县尚有贫困户 1864 户 12262 人。当年决定扶持的贫困户共 559 户 3679 人，在扶持中决定把牧业、农牧业区别对待。农牧业贫困户在发放扶贫牲畜的同时，由各基层乡、镇、场在技术、管理上，组织人力加以指导，同时加强培训工作。

从 1990—1993 年，全县共投入 21 万元用于农业技术推广，举办科技培训 564 期，培训农牧民 61073 人次。在农业上，因不能享受扶贫贴息贷款的，则分组组成扶贫村民小组。1992 年，确定 370 户贫困户为重点扶持对象，农业局技术小组进村蹲点，向农民传授农业技术，挨家挨户进行培训。对 5 万亩农作物使用了"叶面宝"增产技

术，使粮食产量有所上升。在发放扶贫款的贫困户中，发放数额最高的是 3000 元，最少的是 2500 元。扶贫资金主要用于购买牲畜，同时还与贫困户签订了 3 年回收合同，购买的牲畜头数为 1.43 万头（只）。1994 年已发展到 2.8 万头（只），经济效益显著提高。

1992 年，尼勒克县的 3073 户贫困户 17288 贫困人口中，已经有 3029 户贫困户 17034 贫困人口实现脱贫，脱贫率达 98.6%，尼勒克县的农牧民人均纯收入从 1986 年的 307 元增加到 1993 年的 618.26 元，增长了一倍。

1993 年，因贫困线提高，1992 年已脱贫的贫困户中，又出现返贫现象。全县共有贫困户 864 户 5477 人。当年采取多种措施，对贫困户进行全面扶持，共脱贫 250 户 1528 人。

在实行农牧业扶贫的同时，尼勒克县还大力发展工矿企业，兴办了一批扶贫经济实体，走以工促农、以工促牧的路子。从 1988 年至 1993 年，共实施扶贫贴息贷款 1877 万元，主要用于草原基础建设、养殖业发展、乳品产业打造、人畜饮水工程、输变电线路建设等。同时，新办了 25 个扶贫经济实体，安排贫困户子女 355 名就业。新建了 4 个乳品厂，贫困牧民发展家庭畜牧业，依靠向乳品厂出售鲜奶脱贫。此外，水貂厂、带锯厂、石膏板厂、蜡烛厂、木材加工厂、地毯厂、奶粉厂、饲料加工厂、刺绣工艺厂、皮革厂、炼焦厂、肥皂厂、沙棘制品厂等相继投资开建，有效地促进了贫困户就业，促进了县域经济发展。

三、1994—2000 年：以民族团结为导向的"八七"扶贫攻坚阶段

1994 年 4 月 15 日，国务院印发《国家八七扶贫攻坚计划》（国发〔1994〕30 号），确定了 592 个新一轮全国重点扶持的贫困县。其中，新疆维吾尔自治区共 25 个贫困县被列入，尼勒克县是其中之一。

这一计划使脱贫攻坚上升为国家战略，受到党中央、国务院的高度重视。1996 年 10 月 23 日，中共中央、国务院印发了《关于尽快解决农村贫困人口温饱问题的决定》（中发〔1996〕12 号），进一步强调了"到本世纪末基本解决农村贫困人口的温饱问题"的既定战略目标。

为此，尼勒克县坚决贯彻党中央、国务院关于扶贫攻坚的战略部署，把扶贫攻坚当作各项工作的重中之重。在这一过程中，县委县政府以民族团结为导向，领导干部与贫困户结对帮扶。尼勒克县一方面落实减负措施，七年间共减免贫困户农牧业税 146.9 万元，减免贫困户水费、三提、义务工、学杂费等费用约 123 万元，受益贫困户达 6.87 万户（次）。另一方面，《国家八七扶贫攻坚计划》实施后，全县根据新的贫困标准对全县的贫困情况进行了摸底调查，并对人均纯收入低于自治区温饱线的贫困人口建档立卡，当时总共 5621 户 33172 人。县委县政府高度重视，以扶贫攻坚统筹全局，将扶贫措施和脱贫计划层层分解到乡镇、村庄和牧场，明确分工，落实责任，制定了《尼勒克县万人温饱工程计划》，以保障扶贫措施落实到位。同时，全县 371 名副科以上领导干部与贫困户开展结对帮扶，各乡（场）、村（队）共 2021 名乡（村）干部、党团员、富裕户与贫困户结对帮扶。伊犁地区地委书记及其他 346 名干部也与尼勒克县贫困乡场、贫困户结对帮扶，"一户一策"制定帮扶措施。尼勒克县大力实施庭院经济、移民搬迁安置、发展种植业、科技培训"四大扶贫工程"。

其间，不同部门之间的协作扶贫扮演了日益重要的角色。中国石油天然气集团公司以及自治区计委、土地局、统计局、八钢和武警新疆总队对口帮扶尼勒克县。从 1994—2000 年共 7 年间，尼勒克县获得中央扶贫贷款 8735 万元，财政扶贫资金投入 1776.8 万元，以工代赈资金 5649 万元，中央和自治区对口帮扶单位资金 938.1 万元，有力地促进了县域经济发展。到 2000 年，全县人均纯收入达 1943 元，农村贫困人口下降到 245 户 1359 人，贫困发生率下降到 5% 以下。中国石油天然气集团公司投资 240 万元兴建了陶乌拉斯台水利工程，保障了 1.6 万亩农田的灌溉，使 4960 余贫困人口受益，它还在木斯乡建起了石油移民小区和石油学校，有力地促进了基础教育的发展。

四、2001—2010 年：民族资源整合与开发式扶贫阶段

进入 21 世纪后，尼勒克县的扶贫工作进入了开发式扶贫阶段。在该阶段，国家政策的供给与资源的输入着眼于以开发促扶贫，充分利用贫困民族地区的自然条件与资源优势，强化基础设施与开发性生产建设，逐步培育贫困地区和贫困人口的内生动力和自我发展能力，不断强化民族地区的资源整合，使贫困主体主要依靠自身力量实现脱贫致富。

2001 年，中共中央、国务院颁布实施《中国农村扶贫开发纲要（2001—2010 年）》，对国家重点扶持的贫困县进行第二次调整，贫困县改称"国家扶贫开发工作重点县"，尼勒克县再次被确认为重点扶持的县。尼勒克县在扶贫开发中，以整村推进为重点，以实现"五通""五有""五能"为目标，实现了扶贫效益的最大化。"五通"，即在水、电、路、电话、广播电视五个方面实现通达；"五有"，即确保在上学、医疗保障、科技文化室、集体经济收入、强有力的村级领导班子五个方面有保障；"五能"，即在安全饮用水、用电、稳定收入来源的生产项目、经济适用房以及得到培训和获得信息、参与项目实施五个方面有保障。尼勒克县瞄准贫困地区和贫困人口，以整村推进为切入点，全县确定 40 个贫困村，在十年间，尼勒克县农村累计脱贫 2.1 万人。

在这期间，尼勒克县的扶贫开发呈现出新的特点：一是加强产业资源整合，突出扶贫实效。县委县政府坚持农牧结合，大力发展种植业、养殖业、林果业和家庭手工业，全力扶持中兴公司、天一亚麻、伊力特乳业、秦富公司、天汇蜂业、唐布拉黑蜂基地、新疆大联盟生

物食品等 7 家龙头企业，有效带动贫困地区提高了产业化水平，并在吸收就业、技能培训和帮助贫困户增收方面发挥了重要作用。

二是整合财力，加大资金投入，确保到村到户。全县以 1170 万元的政府专项扶贫资金，吸纳各类社会资金 6887 万元用于整村推进，以集中财力办大事。县、乡、村三级党政对整村推进工作齐抓共管，把目标任务分解到责任人，切实帮助贫困村和贫困户解决现实困难。2004 年，伊河建管局向加哈乌拉斯台乡捐赠 450 吨水泥，有效夯实了该乡的基础设施建设；县电信局无偿提供 35 套"万里通"和其他电信设备，使贫困村在 3 个月内通上了电话。

三是重视精神扶贫，扶贫与扶志相结合。广大扶贫干部向贫困家庭送政策、送科技、送教育、送文明，帮助贫困户直面贫困，筹划对策，开展精神扶贫主题教育活动。对学生家庭，开展送衣、送物、送钱活动，让失学青少年重返校园。为了让贫困户开阔视野，了解更多外界信息，尼勒克县还向贫困户送电视，开展"电视扶智"活动。在这一过程中，扶贫干部走进贫困家庭，和贫困户谈心、交朋友，动真感情、下真功夫，用实际行动来感动贫困群众，帮助贫困户科学合理制定脱贫规划，因户因人制宜，帮助他们解决实际困难，有效唤醒了农牧民的自我脱贫意识，为贫困农牧民增收和整村脱贫奠定了良好的群众基础。

四是注重信息资源整合，破除脱贫攻坚的信息障碍。尼勒克县深处西部边疆地区，由于信息闭塞，农牧民的思想观念封闭保守，导致当地因自然环境恶劣而难以保持脱贫的长效性。为此，县委县政府加强了信息资源的整合与开发，加强贫困农牧区信息产业建设，引进激励机制，提高信息服务的质量，更好地为贫困乡村整体推进和农牧民生产生活服务。通过提供优惠政策，给予资金补助和优惠政策等方法，鼓励邮政、电信、移动、联通、广播电视等信息部门企业积极为贫困乡、村开发信息资源，投入 460 万元用于改善贫困村信息基础设施。通过各种帮扶方式，疏通、建立信息渠道，使重点村的贫困农牧民利用信息致富成为可能。

十年间，尼勒克县的基础设施得到极大改善：修建防渗渠133.89 公里，桥涵闸 290 座，改扩建道路 97.7 公里，解决了 16 个村21800 人 84100 头（只）牲畜的饮水困难问题，集中搬迁贫困户 45户 203 人，用财政扶贫到户养殖业资金 294 万元扶持 760 户贫困户发展家庭养牛业。40 个贫困村达到整村推进验收标准，生产生活条件明显改观，村容村貌发生巨大变化。2004 年，尼勒克县扶贫开发工作被评为伊犁州第一名，当年在自治区扶贫开发工作考核验收中被评为全疆第一名；2005 年 2 月，自治区扶贫开发整村推进现场经济交流会在尼勒克县成功召开，同年 4 月，伊犁州扶贫开发工作现场会在尼勒克县召开。国务院扶贫办主任刘坚来尼勒克县视察扶贫工作时，对尼勒克县扶贫开发工作给予了充分肯定。

五、2011 年至今：以民族融合为导向的精准扶贫阶段

2011 年年底，中共中央、国务院印发了《中国农村扶贫开发纲要（2011—2020 年）》，提出"两不愁三保障"及"贫困地区农民人均纯收入增长幅度高于全国平均水平，基本公共服务主要领域指标接近全国平均水平，扭转发展差距扩大趋势"的总体目标。2013 年，习近平总书记在湘西调研提出"精准扶贫"概念之后，尼勒克县不断完善扶贫开发思路、创新机制、强化措施，坚持以民族融合为导向，汇聚各民族同胞的力量，营造出各民族群众齐心协力脱贫致富的良好社会氛围，取得了脱贫攻坚的决定性进展。

在"十二五"期间（2011—2015 年），尼勒克县坚持党的精准脱贫政策和民族政策，努力团结民族地区群众，主要围绕实施庭院经济、残疾优抚、畜牧兴家、扶贫救助、抗震安居、技能培训、劳务创收、计划生育、产业带动、社会扶贫等方式，帮助农牧民脱贫，其间总共脱贫 1.96 万人。为了巩固提升脱贫成效，尼勒克县大力投入产

业扶贫项目资金，围绕龙头企业带动产业发展，培育了新疆褐牛、柯赛绣、唐布拉黑蜂、伊犁大白鹅、红旗土鸡、庭院经济等特色产业，带动农牧民脱贫增收610元，占贫困农牧民人均增收的52%。针对农牧民思想保守、观念守旧的状况，当地成立"访惠聚"工作队，加强各民族的相互交往，增进各民族的相互理解，把各民族力量凝聚在一起，大力开展志智双扶，转变农牧民思维观念，为贫困户开展劳动技能培训1.27万余人次，转移就业0.7万余人次，人均增收1100元，增强了少数民族群众脱贫的信心。为了提高教育水平，打破贫困的代际传递，县委县政府为脱贫户子女考入大中专院校进行救助，县财政拿出280万元，率先在州直县（市）实行高中免费就读。同时吸纳社会帮扶资金7450余万元用于脱贫户抗震房建设、庭院改造及基础设施建设等民生工程。在精准扶贫过程中，县委县政府按照"九通""九有""九能"整村推进扶贫开发模式，集中各方力量，坚持资源整合，整村推进，以1.77亿元的财政资金为基础，整合其他各类资金22.88亿元，17个贫困重点村达到整村推进验收标准，累计脱贫4423人，有效解决了农牧民的生产生活困难，增进了多民族团结和融合。

在整个精准扶贫工作实践中，尼勒克县充分发挥专项扶贫、行业扶贫、社会扶贫、援疆扶贫"四位一体"力量，脱贫攻坚取得了显著成效，奠定了多民族融合的物质基础。2013年年底，尼勒克县有建档立卡贫困户6032户22630人，其中建档立卡贫困村30个，分布在12个乡镇，共计贫困人口4713户19760人，占全县贫困人口规模的78.42%。2014—2018年，在国家精准扶贫战略指导下，尼勒克县扶贫攻坚取得了突破性进展。2014年，全县1771户6334人越线，圆满完成自治区年初确定的4000人脱贫任务；7个村按照自治区整村推进验收"九通""九有""九能"验收标准，并通过自治州的验收。2015年，全县806户3138人越线，6个实施扶贫开发整村推进计划村达到了自治区整村推进验收"九通""九有""九能"验收标准，并通过自治州的验收。

2016年1月7日，新疆扶贫开发工作会议在乌鲁木齐召开，尼勒克县县委书记周立新在会议上做了表态发言。他表示，把"不摘贫困帽，就摘乌纱帽"作为我们的庄严承诺，以改天换地、重整山河的气魄战胜贫困。同年，按照"两不愁三保障"目标，尼勒克县10个退出贫困村达到验收标准，1567户6007贫困人口越线，贫困发生率降至3%以下，取得了边疆民族地区贫困县脱贫攻坚的阶段性成果。

在扶贫实践中，为了做到精准施策，在2017年，尼勒克县根据自治区农村扶贫对象建档立卡信息数据再复核工作会议精神，对农村扶贫对象建档立卡的信息数据进行再次复核，以解决当时群众反映比较大的建档立卡系统数据混乱、矛盾和失真问题，有效处理贫困家庭成员生产生活状况与实际严重不符等问题。为此，尼勒克县制定了《尼勒克县农村扶贫对象建档立卡信息数据再次复核工作方案》。通过将贫困户的建档立卡信息与公安户籍信息相比对，再通过入户调查与建档立卡户家庭实际情况相比对，再次复核确定贫困家庭的具体信息，同时将不符合条件的家庭剔除出去，做到了识别精准。2017年，1895户7374名贫困人口达到"两不愁三保障"退出验收标准，13个贫困村贫困发生率均在3%以下，全部退出。

2018年9月28日，新疆自治区人民政府正式同意尼勒克县退出贫困县。为此，尼勒克县戴了32年的贫困县帽子终于被摘掉。目前，全县尚未脱贫的只有41户157人，贫困发生率降至0.12%，基本完成了"两不愁三保障"的各项指标，实现了衣食无忧，确保安全住房、安全饮水及生活用电全覆盖；贫困家庭适龄学生无辍学，基础教育覆盖率100%，贫困户家庭成员新型农村合作医疗参合率100%，贫困家庭适龄人口农村基本养老保险参保率100%；有劳动力的贫困家庭参加技能培训100%，贫困对象全部达到"六有三保障"（有稳定收入、有安全住房、有安全饮水、有生活用电、有广播电视、有低保兜底，以及教育、医疗、养老有保障）。30 个村贫困发生率均降至3%以下，村集体经济收入超过 5 万元；实现村村通水、通电、通信、通网络、通硬化路，各族群众有文化活动场地，看病就医上学方便，基层党组织坚强有力、制度健全，能够尽心尽力为各族群众办实事、办好事，各村实现"五通七有"，无"两不愁三保障"突出问题。各民族群众空前团结，民族地区党委政府与各族群众通力合作、互促共融，推动了民族关系的处理和民族地区的稳定。

党委政府领导的脱贫攻坚极大地改善了当地的经济结构与农牧民生活方式，让更多改革成果惠及各民族群众。在脱贫前，尼勒克县是以牧为主、农牧结合的山区县，经过党委政府的经济结构调整与努力，尼勒克县的农业生产经营结构发生了重大变化，由原来的以牧为主、农牧结合，转变为以农为主、农牧结合。自古以来，尼勒克人民一直过着"逐草而迁，逐水而居"的游牧和半游牧生活，牧民以肉、奶为食。由于饮食的单一，以及高热、高盐等食品及烈酒的摄入，导致农牧民中慢性病多发。直到 19 世纪 40 年代，当地牧民才逐步开始农业生产。新中国成立后，政府引导农牧民开渠引水，垦殖农桑，使人民生活饮食逐步以肉食、奶茶为主改为半粮、半肉奶。在政府引导下，当地大力发展庭院经济，引导牧民种植蔬菜、水果，使牧民的饮食结构更加合理和多元化。

同时，在产业结构调整中，尼勒克县抓住产业发展这个根本，通过打造一村一品（或多村一品），发展一户一业，不仅使农牧民在收入上得到保障，而且转变了他们的观念，解放了他们的思想，让他们逐步放下牧鞭，走向外出务工、特色产品加工等工作，开阔了他们的视野和眼界，促进了民族地区群众生活的改善。通过他们在村庄发挥带动示范作用，进一步提高了贫困群众的产业参与度和受益度。例如，尼勒克县的胡吉尔台乡铁尔斯托干村，是一个以哈萨克族为主体的农牧结合的村庄。牧业生产具有很强的季节性，并且受气候因素的影响较大，许多农牧民平时没事都闲在家里，没有稳定的收入来源。

随着生产方式的改变，该村村民不再单纯依靠牧业作为主业，而是有了更多的经营性收入。村两委和驻村的"访惠聚"工作队结合本村实际，投资开办了刺绣合作社，聘请专业刺绣老师进行指导。该村的哈萨克妇女几乎都学会了刺绣，她们一边学习一边务工，每个月都有2000多元的收入，拓宽了村庄妇女的就业渠道。胡吉尔台乡阿克塔斯村的牧民常年在马背上生活，对马鞍、马鞭等马具产品需求较大。村两委与"访惠聚"工作队针对这一情况，积极组织村里富余劳动力，成立马具专业合作社，并统一规划、统一管理，将其打造成为本村的特色品牌进行发展，并通过网上微店进行销售，扩大了品牌影响力，增加了村民收入，取得了良好的脱贫成效。

在整个脱贫攻坚过程中，尼勒克县非常重视民族团结，着力推动多民族融合。县委县政府通过开展思想扶智、舆论亮剑、科技造血等多项行动，积极举办农牧民夜校授课、学双语、学政策、学技术、观看红色电影、讲述脱贫故事等活动，引导农民解放思想、转变观念，树立民族地区群众对党的感恩之心、感激之情。县委县政府积极宣传做好民族团结工作，通过开展各类主题教育活动，举办"面对面畅谈交心"、民族团结"六进"、民族团结"六互""四邻里"等特色活动，让各民族干部群众共同学习、共同生活和互帮互助。在全县中小学深入开展"民族团结一家亲"活动，积极推进"双语"教学，让各民族学生一起学习、生活和玩乐，增进了相互理解和支持，奠定了中华民族共同体的坚实基础。

第二章

尼勒克县民族融合导向的
脱贫攻坚政策体系

习近平总书记强调："全面建成小康社会，最艰巨最繁重的任务在农村、特别是在贫困地区；没有农村的小康，特别是没有贫困地区的小康，就没有全面建成小康社会。"① 近年来，党中央立足于"四个全面"战略布局，对我国全面建成小康社会提出了新的要求，要确保到 2020 年农村贫困人口实现脱贫。然而，当前国内不同地区的贫富差距状况依然严峻，尤其是新疆等边远地区的经济发展明显滞后。因此，对边远地区贫困人口开展专项扶贫工作，帮助其摆脱贫困的束缚，不仅能使困难群众的基本生活条件得到有效保障，还可以促进当地经济的整体良性发展，降低区域间的贫富分化程度。

对于少数民族聚居的新疆地区，在开展精准扶贫工作时必须高举中华民族大团结的旗帜，致力于增进各民族的交流与融通。习近平总书记指出："中华民族是一个大家庭，一家人都要过上好日子；没有民族地区的全面小康和现代化，就没有全国的全面小康和现代化。"② 而新疆地区的脱贫攻坚工作则突出体现了中华民族共同体意识，旨在解决每一位贫困居民的实际困难，有效促进民族地区的融合式发展，从而使各族民众能够手挽着手、肩并着肩，一起迈进全面小康的新时代。

现阶段，新疆各族人民在社会生活中相互联系的广度和深度前所未有，呈现出"大流动、大融居"的新特点。作为一个典型的新疆

① 习近平：《做焦裕禄式的县委书记》，中央文献出版社 2015 年版，第 16 页。
② 习近平：《在全国民族团结进步表彰大会上的讲话》，人民出版社 2019 年版，第 8 页。

多民族聚居区，尼勒克县在扶贫工作中始终坚持党的领导，以"民族融合"为导向构建出具有县域特色的脱贫攻坚政策体系，团结带领全县各族人民顺利完成了脱贫摘帽的任务，为我国民族地区的脱贫攻坚工作提供了可资借鉴的实践经验。

第一节 民族融合导向的脱贫攻坚政策体系概况

位于新疆北部的尼勒克县，不仅是伊犁州的东大门，更是天山北坡经济带的核心组成部分。如今，两大机场（即伊宁机场、那拉提机场）分别位于尼勒克县东西两翼，使其成为东连天山北坡城市群、西通中西亚的重要交通枢纽。自改革开放以来，尼勒克县在发展县域经济过程中，谱写了一部与贫困进行不懈斗争的辉煌历史。1986 年，尼勒克县的人均收入仅为 307 元，各方面发展水平较其他地区均处于远远落后的地位，被国务院确立为"国家级贫困县"。到 2000 年以后，尼勒克县剩余贫困人口的贫困程度仍旧较深，特别是"西三乡"贫困人口高度集中、规模较大，导致这一地区的减贫成本更高、脱贫难度更大。此外，尼勒克县域内有汉族、哈萨克族、维吾尔族、回族、蒙古族等 30 多个民族的居民，而各民族之间的经济发展不均衡，也使得尼勒克县面临"民族融合"的难题。由此可见，尼勒克县较为落后的经济基础，加上不同民族间客观存在的文化差异，使得该地区脱贫攻坚的难度更为凸显。

为了摘下"贫困县"的帽子，解决当地贫困户的生活困难，最大限度地促进各民族团结，尼勒克县因地制宜地建立了以"民族融合"为导向的扶贫政策体系，助力脱贫攻坚工作有序推进。在尼勒克县党委和政府的领导下，通过将国家扶贫战略与尼勒克县的县域特征相结合，从而探索出包含六个精准扶贫目标、四项精准扶贫任务以及四类精准扶贫举措的扶贫工作总格局，主要内容包括：

第一，制定精准扶贫的目标和要求。在脱贫攻坚进程中，扶贫目标的确立能够为尼勒克县制定扶贫实施方案提供明确的导引，从而使得脱贫攻坚工作始终有一个正确的前进方向，致力于帮助各民族群众彻底摆脱贫困，实现民族融合式发展。

第二，明确精准扶贫的基本任务，即在具体实施扶贫方案过程中，要明确扶贫工作人员承担的标准化任务，从而为促进民族融合做好准备工作。包括精准识别扶贫对象、确立扶贫责任主体、明确帮扶工作的基本思路、夯实贫困户的脱贫成效等四个方面内容。

第三，落实精准扶贫的具体举措，指尼勒克县立足于"产业发展""政策支持""转移就业""兜底保障"这四个主要维度，制定有助于促进民族融合的扶贫措施。在确定了扶贫工作的目标和任务之后，接下来就是要依靠具体的手段对症下药。尼勒克县采取的扶贫举措不仅参照了全国精准扶贫总体方略，还结合了自身的实际情况，因此更有利于尼勒克县扶贫计划的实施，使其脱贫成效更加显著。

概而言之，尼勒克县将促进民族大团结与实现各民族同胞共同富裕作为扶贫工作的出发点和落脚点，围绕精准扶贫的统领目标、主体任务和具体举措，构建出行之有效的脱贫攻坚政策体系，从而确保了该地区民族团结与脱贫攻坚工作都得以高质量完成。接下来，将系统梳理尼勒克县脱贫攻坚政策体系的具体构成特征，以期能为下一阶段的扶贫工作提供有益的政策参考与经验借鉴。

第二节　制定民族地区精准扶贫的工作目标

习近平总书记从战略和全局高度深刻阐述了推动脱贫攻坚的重要

意义，明确提出新时代扶贫开发工作的大政方针、目标任务、总体要求，从而为打赢脱贫攻坚战指明了前进的方向。[1] 对于基层的精准扶贫工作来说，首先需要明确的就是具体脱贫标准是什么，以此作为整个方案的统领，从而指导扶贫方案的整体设计。基于尼勒克县自身的特点，并结合党中央扶贫方略，可以将精准扶贫的工作目标划分为六个"精准"维度，具体包括：

一是扶贫对象要精准。把精准识别扶贫对象作为脱贫攻坚的生命线来抓，这是完成整个脱贫计划、达到脱贫目标的前提。只有明确具体对谁进行帮扶，才可以有后续的具体措施的实施；如果帮扶对象不明确，那么精细化的方案设计也难以达到预期效果。对于尼勒克县来说，县域内贫困面积较大，贫困人口较多，并且各民族中都有贫困人口分布。因此，明确扶贫对象，做到扶贫对象精准，对于加强县域内的民族融合显得非常重要。在实际工作中，尼勒克县综合利用"四看五听六问七查"的识贫摸贫机制，结合"一进二看三算四比五议"的工作方法，开展了"万名干部大走访"、农村扶贫对象建档立卡再复核和乡际间脱贫攻坚工作交流活动，从而严格保证了对尼勒克县不同民族贫困对象的精准定位。

二是措施到户要精准，每一位贫困居民都能享受到扶贫政策。对于尼勒克县域内的民族及村落，都有其各自不同的贫困问题，贫困程度亦有深有浅，因此促进民族融合、保证精准扶贫措施落实到户就显得尤为重要，必须把帮扶政策精细到每一个贫困户，切实掌握导致其致贫的原因，有的放矢地制定出相应的解决方案。尼勒克县的扶贫干部通过对贫困户进行建档立卡，确立了扶贫全程精准工作机制，并对每一个工作环节投入相应的资金；在全县开展"访惠聚"惠民活动，协助开展入户调查等多项工作。

---

[1] 李建华：《统一思想明确目标坚定打赢脱贫攻坚战的决心和信心》，《宁夏日报》2016年1月19日。

　　三是项目安排要精准，因地施策。精准扶贫的重点在于项目安排精准，这直接关系着脱贫任务的成败与否。[①] 因此，对尼勒克县的扶贫项目安排要做到严抓细管，落实项目审批权限下放工作，加强项目实施与资金使用双管齐下，这同样是保证精准脱贫成功的重要条件。事实上，在选择与安排具体扶贫项目方面做到精准无误，对于扶贫工作其他环节的实施也具有推动意义。这是因为纵观整个扶贫计划，最后都要落实到特定的扶贫项目上；要选择安排什么样的扶贫项目，需要结合贫困户及其所居住的村落情况，因地施策。此外，再结合多项政策性补贴项目，从而保证对贫困户开展全方位扶贫。尼勒克县根据实际情况采取了专项措施，力争所有项目都能够安排合理，从而对整个扶贫工作的顺利开展起到了强有力的支撑作用。

　　四是扶贫资金使用要精准，通过严抓细管，确保资金的运作规范。贫困地区开展切实有效的扶贫工作，最基础也是最重要的就是资金的准确适用。扶贫措施若要落实，其前提就是要利用好所拨付的扶贫资金，确保扶贫资金使用到位，使其作用发挥到最大化。在扶贫实践中，尼勒克县积极采取措施加快扶贫项目的实施，把关各类专项资金的拨付进度，努力把扶贫资金使用精准做到极致，争取每一项资金都用到与之配套的扶贫项目之上。诸如修路、新建居民用房以及帮助当地居民发展各项产业等一系列的项目，都能做到专款专用，建立强有力的资金保障来促进最终脱贫目标的实现。

　　五是扶贫干部选用要精准，健全干部驻村扶贫机制，这也是精准扶贫方案得以成功实施的制度保障。尤其是对于尼勒克县这样一个贫困区域面积较大、民族构成复杂、贫困程度较深的县域来说，选派合适的干部入驻不同特征的村庄显得尤为重要。具体来说，尼勒克县全面下派了第一书记、第一主任，落实干部驻村和部门包联责任制，帮助每一个贫困户梳理脱贫的思路，制定个性化增收计划及精细的帮扶

---

① 周之地：《精准扶贫关键要"项目安排精准"》，《甘肃农业》2016 年第 22 期。

措施，从而使扶贫工作拥有完善的制度保障。

六是脱贫成效设定要精准，这是扶贫计划顺利完成的最显著标志。一定程度上说，前述五个扶贫目标的完成其实都是为了实现脱贫成效精准这一终极目标。精准扶贫的最终目的就是为了帮助贫困户摆脱贫困，改善他们的基本生活条件。只有真正做到这些，才能说精准扶贫工作是有效的。据统计，在2014年至2018年间，尼勒克县始终坚持精准扶贫的目标要求，共计7216户完成脱贫，并于2018年9月26日正式退出贫困县序列。在历年的帮扶工作中，识别出的贫困对象全部达到了"六有三保障"的标准，在生活设施保障上做到村村通水、通电、通信、通网络、通硬化路，切实提升了各族群众文化生活、看病就医及小孩上学的便捷化程度。县域内各基层党组织功能完善、制度健全，能够尽心尽力为各族群众办实事、办好事，上述这些内容都是精准设定脱贫成效的具体化体现。

以上所确立的六个精准扶贫工作目标，在整个尼勒克县"民族融合"导向的扶贫体系中占据重要的地位，统领整个扶贫计划方案，是扶贫计划实施进程中的目标导引。围绕这六个精准扶贫目标进行扶贫措施设计，使得扶贫工作能够做到目标明确、有的放矢，从而有利于切实改善全县居民的生活质量。尼勒克县的扶贫实践表明，只有全县各民族贫困人口都能顺利实现脱贫，才能真正增进民族团结和县域融合式发展。

第三节　制定民族地区精准扶贫的基本任务

对于尼勒克县的脱贫攻坚政策体系而言，"六个精准扶贫目标"是整个扶贫方案的思想统领，有助于引导各个参与主体能够朝着这些具体目标迈进。接下来，还需要明确具体实施的主体，即厘清整个脱贫攻坚工作的具体参与者，涉及扶贫对象、帮扶人员等各类参与主体。目标任务明确，行动才能坚定有力[1]；只有先确定扶贫工作的主体及其承担的任务有哪些，才可以顺利推进尼勒克县的精准扶贫计划，同时更好地完成尼勒克县的民族团结工作。具体而言，在对贫困户开展精准扶贫工作中，尼勒克县主要从以下四个方面明确了精准扶贫的基本任务。

一、明确精准扶贫的对象

"六个精准"把扶贫对象精准放在首位，直接体现了扶贫对象的选择对于精准扶贫战略的重要性，这也是进行后期帮扶的前提和基础。[2] 尼勒克县整个扶贫计划都是围绕当地贫困人口实际特征进行设计，而扶贫对象是谁，则是开展扶贫工作需要确定的"第一粒扣子"。尼勒克县通过对贫困户进行建档立卡，开展有针对性的"访惠聚"活动，协助开展了入户调查等多项工作，做到机构、领导、人员、责任四落实，对贫困户进行了总量控制，并按照规定标准识别出全县的贫困对象，有序开展对贫困人口的入户登记、审核公示及信息录入、上传工作，并专门组织人员协助贫困人口填写帮扶材料。为了做好低保对象的识别工作，尼勒克县采取先试点、后推广的方式，选取喀拉苏乡加林郭勒村和乔拉布拉克村两个贫困村为试点村，结合农村低收入贫困户建档立卡工作，实现农村低保制度与扶贫开发政策相结合，采用动态管理办法，体现低保维持生存、扶贫促进发展的总体要求。随后，县民政部门确定低保标准对象，落实低保和临时救助政策措施，把无劳动能力的低保人口接到养老院予以妥善照顾。

---

① 河北日报评论员：《明确目标任务把握基本要求》，《河北日报》2017 年 4 月 6 日。
② 刘俊霞、孙育红：《对精准扶贫对象选择的几点思考》，《长春师范大学学报》2018 年第
　 3 期。

二、明确帮扶工作的参与主体

尼勒克县通过组织动员社会各界参与扶贫攻坚，创新社会参与机制，探索建立了《尼勒克县全面开展扶贫开发长效机制》，大力实施乡（镇）场"一村一业一单位""一户一策一干部"的帮扶措施。针对部分边远农牧业村的基础生产资料匮乏、生产发展后劲不足等问题，广泛开展"企村共建""单位帮扶""双扶双带先锋行"活动，逐村逐户制定帮扶措施，建立利益联动机制，使贫困村和贫困户实现整体脱贫。同时，强化结对帮扶机制，统筹自治区、自治州和县直机关帮扶单位和区、州、县三级帮扶干部，结合"访惠聚"等惠民活动，采取多种帮扶方式，从而加强了尼勒克县各族人民的情感交流和经济生活往来，各族人民之间实现了互帮互助、相亲相爱，营造出民族大团结的良好氛围。此外，还扎实开展了"百企帮百村"行动，凝聚尼勒克县 49 家企业力量来结对帮扶 20 个贫困村，增强了尼勒克县当地各族人民之间的团结意识。最后，尼勒克县通过深入推进党建扶贫工作，基于党员干部驻村工作的基础，将驻村工作队以及驻村干部派向各个贫困村，逐步建立并完善党建促脱贫的扶贫工作机制，有效推动了各民族在团结的氛围中实现共同发展。

三、明确帮扶工作的基本思路

尼勒克县的扶贫范围广、扶贫人数多、扶贫情况复杂，这些都是需要考虑的问题。针对这些现实困境，尼勒克县从以下三个维度确定了扶贫工作的基本思路。第一，要弘扬务实之风。面对扶贫开发的"三个前所未有"（即重视程度前所未有、发展基础前所未有、社会氛围前所未有），尼勒克县县委县政府凝心聚力、担当实干，建立了脱贫攻坚"四有五定"机制，并签订脱贫攻坚目标责任书，明确各级扶贫责任，实行"一月一研判、一月一推进、一月一通报"工作制度。当地政府坚持每月召开至少一次脱贫攻坚专题会议，认真学习脱贫攻坚重要理论知识、指示精神和自治区党委具体工作要求，及时总结经验、分析问题、督促推进计划完成，不仅把各项扶贫政策列入到党委理论学习计划，还将其纳入到了党校学习培训内容之中，由县级领导包联乡村驻点抓脱贫攻坚，从而促使各级干部以精准扶贫工作为中心，集中精力帮助贫困群众实现脱贫。

第二，要弘扬互助之风。通过加强扶贫协作，深入推进援尼扶贫"十大行动"，近五年投入援疆资金约 3.79 亿元，规划建设 6 大类 59 个民生、产业项目，其中 85.2% 用于民生扶贫领域。创新开展以"同心同愿同奔小康"为主题的各项特色援疆工程，引导各方力量向贫困户捐资捐物，从而通过真情援疆行动，切实加强了尼勒克县与国内其他地区的联系和交流。

第三，要弘扬励志之风。大力开展"六送"主题活动（即送政策、送温暖、送信心、送文化、送健康、送知识）和"舆论亮剑""思想扶志"行动，进村入户宣传党中央和自治区、自治州的扶贫政策与路径举措。同时，集中组织贫困对象外出观摩学习，邀请不同民族的脱贫模范人物讲好先进事迹，新闻媒体宣传好党的惠民政策，通过用身边事教育身边人，从而提高典型模范人物的影响力，使得各民族贫困群众有优秀榜样可以学习，树立艰苦奋斗的脱贫精神。

四、明确脱贫攻坚成效巩固期的工作任务

如何做到稳定脱贫不返贫，这关系到脱贫攻坚成果能否经得起历史的考验。[①] 对贫困对象进行成功帮扶使其顺利脱贫，并不意味着扶贫工作的结束，还要保证扶贫对象真正实现稳定脱贫，防止其出现返

---

① 岳燕云：《巩固提升脱贫攻坚成果》，《新疆日报》（汉）2019 年 9 月 12 日。

贫，这对于脱贫成效的巩固具有重大意义。为此，尼勒克县认真贯彻习近平总书记关于扶贫攻坚后续工作的重要指示，全面落实"四不摘"的扶贫政策。

第一，做到摘帽不摘责任。按照"焦点不散、靶心不变、力度不减"的要求，研究制定《尼勒克县脱贫攻坚巩固提升实施方案》《尼勒克县关于巩固提升脱贫攻坚成效、坚决防止返贫的实施方案》等一系列方案，进一步对巩固提升的目标、工作举措进行明确并细分，根据巩固提升期的工作重心，重新调整"十四个专项行动"职责，对巩固提升重点任务实行任务交办制，切实压紧扛实各级各部门巩固提升责任，时刻防止歇歇脚、甩包袱、撤摊子的思想。

第二，做到摘帽不摘政策。落实好贫困人口"两不愁三保障"以及贫困村"五通七有"等扶贫政策，对退出村的原有支持政策保持不变、扶持力度不减，切实补齐乡村产业发展、基础设施等短板。对有返贫风险的脱贫户在一段时期内继续享受扶贫惠民相关政策，在其思想、能力和发展方面进行扶持，帮助脱贫家庭中有能力的劳动人员掌握特色产业技能，提高贫困人口的自我发展能力以及对市场的适应能力。

第三，做到摘帽不摘帮扶。继续统筹发挥"六支力量"作用（即包联乡村领导干部力量、各级帮扶单位和帮扶干部力量、驻村工作队力量、村第一书记力量、群团组织和驻县企业力量、援疆力量），做到"点对点"帮扶村、"一对一"帮扶户。根据巩固提升总体思路，积极改进帮扶方式，协助帮扶村制定巩固提升发展规划并建立巩固提升期台账，完善切实可行的巩固提升措施，开展脱贫成效巩固"回头看"工作，在帮助贫困群众"拔穷根""感党恩"方面久久为功，做到帮扶工作不松劲。

第四，做到摘帽不摘监管。持续开展有关扶贫领域腐败作风整治专项行动，针对扶贫责任不担、政策落实不严以及形式主义等方面的问题进行严格整治，梳理出县乡村扶贫领域的具体风险点，并全面开展分类防控、分级监督，畅通"12317"监督举报通道，压实各级各部门监管履职责任。尼勒克县在扶贫工作中，对当地各民族贫困户都能做到后续保障措施全覆盖，从而有利于实现多民族融合式发展。

第四节　制定民族融合导向的精准扶贫举措

如果说上述精准扶贫目标的制定指明了扶贫工作的方向，那么在目标确定之后，就需要考虑具体的实施方案。着眼于尼勒克县的实际情况，应该针对主要的致贫因素来制定扶贫措施。概括来说，尼勒克县突出的致贫因素体现在两个方面。其一是生产资料较为匮乏。由于该县的地理位置较为偏远，抵御自然灾害能力较差，所以受其地理环境的影响，当地的水资源分配不均衡，尤其是在"西部三乡"区域内，人均水浇地还不足半亩，这就直接影响到当地居民的作物收成；加上当地的交通、水利等基础设施也较为落后，阻碍了当地居民与外界的经济往来，直接导致尼勒克县在发展经济方面比较困难。其二是涉及主观方面的原因。当地居民长期受到恶劣地理环境和传统生活习惯的影响，思想解放程度普遍较低，导致其自身的就业意愿不强，缺乏足够的脱贫动力；此外，由于尼勒克县少数民族众多，各民族之间在生活方式上存在着不同程度的差异，造成族际间缺乏沟通交流，这也不利于营造民族团结的发展氛围。因此，在明确精准扶贫各项目标之后，就要从尼勒克县的实际出发，针对当地经济发展的现实困境，努力运用多样化的手段解决贫困难题，从而使各族人民都能感受到党和国家的关怀，增强各族人民的团结意识。

在实际工作中，尼勒克县针对特定的致贫因素逐一予以化解。具体而言，围绕"两不愁三保障"，坚持对症下药、靶向治疗；深挖"贫"根、找准"困"源，深刻了解贫困户的发展诉求，因地制宜精准制定各项扶贫举措，逐类逐户量身定制精准脱贫有关措施，保证贫困户稳定实现脱贫目标。下文将重点阐述尼勒克县以"产业发展""政策支持""转移就业""兜底保障"为中心的精准扶贫措施。

一、促进县域产业发展，夯实民族地区脱贫攻坚的经济基础

要让尼勒克县顺利实现脱贫目标，最直接也是最有效的方法就是带动当地的经济发展。而产业扶贫是脱贫攻坚的重要抓手，也关系到贫困地区内生动力的发展。[①] 实践证明，必须有产业做支撑，群众经济才能发展；产业扶贫可以为劳动力提供工作岗位，使他们有收入来源，从而在根本上解决贫困问题。[②] 虽然复杂的地理环境在一定程度上阻碍了尼勒克县与外界的经济往来，但这并不代表尼勒克县的产业发展没有可能。尼勒克县通过最大限度地利用本地资源，建立起一批具有本土特色的产业，为各民族贫困居民提供了稳定增收的有效途径。具体来说，围绕"产业发展"这根主线，尼勒克县制定了两个方面的扶贫举措：一方面是对尼勒克县本地具有优势的产业，例如农业、畜牧业等产业进行优先扶持，以期能带动其他产业的发展；另一方面，是在尼勒克县实施转移就业的举措，引导当地劳动力逐渐走出传统的家庭劳动方式，从事可以获得工资性收入或者是经营性收入的经营活动。

为了带领当地各族民众走出贫困的阴影，必须切实发展好符合县域特色的经济产业。尼勒克县坚持把发展本地特色产业作为其脱贫攻坚的根本之策，规划实施了产业扶贫发展类项目，在每个乡镇打造各具特色的产业孵化园，初步形成西部地区的旱田产业和肉鸽、三文鱼

---

① 甘灿业：《把产业扶贫作为实现稳定脱贫的根本之策》，《智慧中国》2019 年第 10 期。

② 潘铎印：《发展特色产业，高质量打赢脱贫攻坚战》，《人民公安报》2019 年 11 月 14 日。

养殖产业及树上干杏产业，中部地区的褐牛养殖、马产业和菌、中药材、鲜切花种植产业，以及东部地区的蜂产业和乳品业，进而构建起"一乡一业""多村一品"的产业布局。具体而言，尼勒克县在发展特色产业方面，主要是从以下五个方面推进。

（一）高质量发展现代农业

坚持"藏粮于地、藏粮于技"的原则，进行传统的农业方式创新，对其种植结构进行调整，种植方式予以转变，突出尼勒克县的区域特色。同时，加快形成"粮经草"三元种植模式，以万亩农业科技示范园为载体，重点发展优质专用小麦、中药材、食用菌等特色种植，建成旱作区绿色小麦示范基地、"贝纳木馕"产业孵化园和菌菇、鲜切花等生产基地，完成特色小麦粉和高筋旱田小麦粉两个绿色食品认证。通过扩大农业政策性保险范围，户均增收3000元以上，这大大提高了贫困户的实际经济收入。除此之外，还大力推广精品林果业，以"因地制宜、适地适树、注重实效"为原则，加快当地花卉、苗木基地建设和精品果园基地建设，并且根据尼勒克县本地优势，重点培育了树上干杏产业，使得尼勒克县特色林果面积达到0.34万亩。对于贫困户庭院种植果树及花卉苗木，按照其成活率进行奖补措施，使得林果种植成为发展尼勒克县庭院经济的有效抓手。

（二）推进畜牧业转型升级

尼勒克县的实践表明，发展畜牧养殖业对于促进贫困户脱贫增收起到了重要作用。坚持牧区繁育、农区育肥的养殖模式，同发展种植业相似，依托万亩畜牧科技示范园进行发展，推行"小畜换大畜、劣质换优质"的养殖模式。同时也要不断调整畜种畜群结构，强化品种改良和疫病防治，提升标准化、规模化养殖水平，将发展产业的重点落脚到蜂产业、乳品业、马产业以及冷水鱼、肉鸽和土鸡养殖产业，先后建成苏布台乡肉鸽养殖基地、喀拉苏乡三文鱼养殖基地、加哈乌拉斯台乡家禽育雏基地和种蜂场黑蜂保护区等一系列养殖基地，努力打造出体现尼勒克县特色的绿色有机产品生产基地。另外，基于尼勒克县"蜜蜂之都"的优势，引导部分贫困户由牧民转为蜂农，使蜂产业逐渐成为贫困户增收的经济增长点。总之，上述举措使得尼勒克县显著拓展了畜牧养殖业的生存空间，为尼勒克县提供了一条新的经济发展路径。

（三）壮大乡村旅游业

乡村旅游业也是实现乡村振兴战略五大目标的重要路径，这对于繁荣乡村产业、美化乡村环境、提升乡村人民精神风貌都有重要意义。[1] 尼勒克县以旅游产业发展为契机，充分利用其地域优势带动当地经济发展。根据这一发展方向，尼勒克县常年在本地举办"甜蜜尼勒克"蜜蜂文化旅游节，初步建成了"六大特色康养基地"，并且沿"一线三区"多点建立了旅游扶贫村 13 个、民族特色星级休闲农庄 22 家和"五个民宿区"，同时以此作为就业契机，鼓励有劳动能力的贫困户开办诸如农家乐等民宿区，从而带动贫困劳动力通过旅游产业成功就业，为合理调配与利用尼勒克县的劳动力资源提供了有效的思路。

（四）培育当地电商产业

网络和计算机技术的普及推动了社会经济的快速发展。在当前互联网技术飞速发展的时代，电商的兴起对于促进尼勒克县的科技和经济发展发挥了不可或缺的作用。以国家级电子商务进农村为依托，在县乡村三级建立"互联网+"电商网络，完善尼勒克县本地的物流配送、公共服务等一系列农村电子商务支撑服务体系，逐步在当地建成多个电商服务点，包括 13 个乡级电子商务服务站、46 个村级电子商

---

① 何燊炜：《乡村振兴战略背景下乡村旅游业发展问题及对策探究》，《农村经济与科技》2019 年第 30 期。

务服务点。此外，发展配套的光伏产业，抢抓国家大力实施光伏扶贫的有利契机，加大与中利腾辉集团光伏扶贫产业合作力度，从而为保障尼勒克县人民生活用电提供了便利。

（五）围绕"特色产业扶贫工程"推进劳动力就业

尼勒克县虽然是贫困程度较深的贫困县，地理环境也处于不利条件，但从反面考虑，可以另辟蹊径，利用其独特的地理优势来发展具有地域特色的产业。基于此认知，当地招商局积极推动诸如"龙头企业+基地+农户""前厂后院"等一系列产业发展模式，从而引导贫困劳动力解决就业问题。具体来说，尼勒克县重点培育和引进了黑蜂系列产品、有机食品、肉制品、奶制品、绿色粮油、绿色无公害蔬菜、果品等富有当地特色的农副产品，精深加工系列特色产品，延伸产业链条，打造特色品牌。依托中小企业创业基地以及农副产品加工企业，带动一批贫困农户发展特色种植、特色养殖、特色手工制品等。另外，考虑到尼勒克县的地理条件，倘若能借助其他产业的有力带动，抑或得到区域外龙头企业的帮助，势必能加速尼勒克县的经济发展，解决更多实际的就业问题。由此，尼勒克县通过大力推广"扶贫产业园区+龙头企业+合作社+贫困户"的创新型合作方式，扶持发展了家庭农牧场、种养殖大户、专业合作社、社会化服务组织的产业化联合体；同时，奖励和支持当地农户以牲畜等生产要素入股专业合作社，吸纳建档立卡贫困群众入社，从而以发展合作产业的方式帮助贫困户顺利脱贫，进而推动了县域经济良性发展。

二、落实扶贫优惠政策，加强民族地区脱贫攻坚的政策支持

为了更有效地推进脱贫攻坚任务的完成，党和国家制定了一系列与之有关的公共政策。精准扶贫政策的目的就在于让真正贫困的人被

识别出来，再通过一系列帮扶措施让其脱贫，从而与其他人一道迈入小康社会。① 从"公共政策"这一角度出发，结合尼勒克县自身实际情况，分别从三个方面制定了扶贫举措。首先，充分利用现有的公共政策，对尼勒克县本地充足的生态资源加以开发并利用，通过"生态补偿"方式促进经济发展；其次，充分利用好当地的土地资源，对产权进行合理分配，对土地环境进行优化处理，这些也有助于为尼勒克县实现脱贫提供资源保障；最后，尼勒克县结合相关政策，以及当地的岗位需求，通过设置专门的岗位，调动起当地贫困劳动力的工作积极性，为贫困户拓宽了就业渠道。无论是生态补偿、土地资源治理，还是扶贫专项岗位的设置，都是将尼勒克县实际情况与相关扶贫政策相结合的扶贫手段，是发展尼勒克县少数民族经济的有效举措，对于各民族共享资源、协调发展具有明确的推动作用，坚定了各族人民团结一致、摆脱贫困的决心。

（一）通过实施生态补偿扶持一批，发挥生态资源的扶贫增收功能

对于尼勒克县的精准扶贫工作来说，最终目标就是要提高当地经济发展水平，特别是解决好贫困户的经济困难问题。但在发展经济的同时，对于尼勒克县的生态环境保护也应该同步进行。如果经济增长与生态环境保护之间不能保持平衡，那么这种发展必然是不可持续的。从扶贫角度考虑，生态补偿机制的建立和不断完善，则有利于调动起各方力量参与生态保护的积极性，从而实现生态保护地区和受益地区的良性互动。② 尼勒克县在脱贫攻坚过程中，始终秉持维护生态平衡的原则，在此基础上，根据该县所特有的生态环境特点，利用本地生态优势来促进经济发展。具体而言，通过实施生态修复工程、农

---

① 吴晓燕：《精准扶贫政策实施中存在的问题、原因及其完善——以公共政策的运行为分析视角》，《湖北民族学院学报（哲学社会科学版）》2019 年第 2 期。

② 凌振国：《建立健全多元化生态补偿机制》，《人民政协报》2019 年 12 月 5 日。

村环境连片整治工程等各种生态保护工程，以及基础设施建设工程等重点生态项目，加强尼勒克县生态功能区建设，从而逐步改善县域生态环境质量，促进全县生态经济得到大力发展，贫困人口也从生态改善过程中获得了实实在在的经济收益。

1. 大力开展生态保护工程

尼勒克县当地有多种生物，且其中有部分物种珍贵，因此首先要对生态保护区、水源涵养区及湿地管护区开展生物多样性现状调查和评估，从而摸清生物物种资源家底，完成资源编制任务，更好地保护其生物多样性不遭到破坏。利用电视、网络、宣传册等传播途径，向当地居民普及生物多样性知识，从而提高人们的生物多样性保护意识。尼勒克县在维护生物多样性方面的具体做法包括：第一，该县就地申报了尼勒克县天山黑蜂、湿地古杨等两个生物多样性保护项目，从实际出发对当地生物多样性进行保护；第二，对其天然林的保护也至关重要，组织编制了天保工程年度实施方案及森林抚育年度作业设计，确保尼勒克县森林资源得到有效保护；第三，通过对森林抚育项目资金以及生态补偿资金的合理运用，促进有能力的劳动人员上岗成为生态护林员，纳入生态保护管理体系当中；第四，健全公益林补助标准动态调整机制，按照林业厅每年下达的任务，验收合格之后给予一定的经济补助。

其次，积极探索生态补偿机制。针对当前尼勒克县面临的实际生态损失情况，采取相应的补偿措施，争取把损失降到最小。具体而言，通过生态补偿方式来弥补引水工程对尼勒克县造成的不利影响，重点围绕调水工程对尼勒克县经济发展、生态环境的影响以及保护生态环境所产生的成本等方面进行补偿；同时，争取将尼勒克县河谷次生林保护工程项目纳入自治区"十三五"环境保护规划，加大对喀什河库区投资力度，从而保障了尼勒克县各族群众的饮用水安全。

最后，对县域内农村环境实施连片整治。尼勒克县自身由于贫困程度较深，贫困地区欠缺有效管理，农村环境较为恶劣。因此，有必要对农村环境进行专项整治，帮助营造更为良好、优美的自然生活环境。通过对农村畜禽养殖、生活垃圾、生活污水等进行有针对性的污染治理，从而保护了农村饮用水水源地，为居民的生活用水安全提供有力的保障。

2. 完善草原生态保护机制

尼勒克县拥有大面积的草原，对草原资源的合理利用可以增加当地民众的经济收入。因此，对于草原的生态保护必不可少。尼勒克县通过实施退耕、退牧还草建设项目，保证草原最基本的生态环境，确保其生命力的稳定。同时在喀拉苏乡大喀拉苏村实施高标准饲草料地建设项目，在项目建设中优先考虑当地有劳动能力的贫困户，通过项目的实施，增加现有饲草料地产草量，使贫困户有稳定的收入，从而帮助贫困户尽早脱贫。为了改善贫困户生产基础条件，结合尼勒克县实际，通过对"西三乡"实施 25 度以上坡耕地退耕还林工程，从而使生态环境得以治理和改造。林业局则按照生态补偿脱贫一批的要求，结合退耕还林还草政策，努力让一部分农牧民借此实现脱贫。此外，还积极与国土部门协调，调整现有的耕地保有面积，在"西三乡"地区大力实施退耕还林还草政策，以栽植抗旱、抗寒的"树上干杏"为主，这样既解决了农牧民增收问题，也明显改善了"西三乡"的生态环境治理问题。

3. 加强生态旅游建设项目

利用尼勒克县特有的生态环境优势，大力发展当地的旅游产业，把旅游与扶贫互相结合，充分发挥贫困地区的资源优势，从而实现农村经济发展模式的创新。[①] 为此，当地政府鼓励各乡镇积极推广乡村生态旅游，采用多种形式，让更多的贫困户可以不出村就有就业机会。在生态旅游方面进行扶贫，需要以贫困乡村的自然人文资源为依托。而在实际工作中，尼勒克县尝试先发展一批旅游扶贫试点村，打

---

① 向文梅：《乡村旅游扶贫精准化路径探讨》，《中国商论》2019 年第 22 期。

造诸如"农家乐""牧家乐"等一系列示范品牌，从而形成了诸如自然生态观光、农业农事体验等旅游产品。此外，通过适度加大扶贫项目中旅游规划的编制力度，有效整合旅游扶贫项目的专项资金，同时对旅游基础设施建设以及旅游产品体系进行完善，使得贫困劳动力从生态旅游建设中切实受益。

4. 加强水土保持工程与水利生态治理工程建设

客观来说，尼勒克县所处的地理特征使其表现出一定的生态脆弱性。因此，水土保持对于当地生态的保护显得尤为重要，必须做好地质灾害治理规划与地质环境治理工作，加强地质灾害监测预警。在实际工作中，尼勒克县努力从根本上控制水土流失问题，积极实施水土保持、河道整治以及小流域治理等项目。通过在当地进行高效节水工程建设，推广管道输水、喷灌等节水技术，加快灌区的节水改造。除了高度关注生态治理工作，尼勒克县也非常重视落实与水利有关的优惠政策：一是对于自筹资金实施高效节水工程的乡（镇）及农户，经验收合格后，由县水利局负责按照国家、自治区相关项目资金给予补助；二是对自筹资金打井解决安全饮水、灌溉用水的乡（镇）场，经检验水质达标后，每口井给予 5 万元补助；三是对于获得自治区、州级的健康养殖示范场等示范基地认证的养殖户，自治区认证的补助 3 万元、自治州认证的补助 2 万元。总之，尼勒克县在脱贫攻坚进程中，通过加强水土保持及水利生态治理工程建设，促进了县域生态与经济要素之间的和谐互动。

（二）通过土地清理再分配扶持一批，利用土地资源助力脱贫攻坚

尼勒克县通过对本地弃用、废用的土地进行重新清理和整治，对其产权进行重新分配，从而更好地利用当地的土地资源。具体来说，一方面，统筹安排生产、生活与生态保护，尤其强调易地搬迁工程建设要与当地生态保护、发展农牧业生产相结合，与农村水电路建设及

土地整治开发相衔接，保证搬迁的贫困人口搬得安心、住得放心。根据当地实际情况进行科学规划，合理布局帮扶搬迁安置点，切实做到宜聚才聚。

另一方面，通过大力整治村容村貌，提升贫困群众生活水平。从农村环境整治下手，推进农村环境建设，建设一批乡风文明的美丽乡村。对于居住聚集而又布局合理的村庄，结合危房改造项目，对旧房危房进行重点改造，并鼓励对破旧大门、围墙等进行优化，将有限的资金切实用于改善住房条件和建设基础设施，促进尼勒克县的环境资源更大程度地助力脱贫攻坚工作。

（三）通过生态护林员岗位扶持一批，拓展贫困户的就业脱贫渠道

尼勒克县的建档立卡贫困户大多是当地农牧民群众，由于其脱贫意识不强、文化水平不高，并且没有资金或技术做支持，这就使得贫困户在生产生活上得不到有效保障。鉴于此，按照相关文件精神，尼勒克县制定了《尼勒克县建档立卡贫困人口生态护林员选聘实施方案》，并将政策及时落实至尼勒克县各乡（镇）场。根据生态护林员的选聘要求，结合贫困人口比例和森林资源分布情况，将选聘的生态护林员指标分解到各乡（镇）场，并重点扶持"西部三乡"（即苏布台乡、喀拉苏乡、加哈乌拉斯台乡）的建档立卡贫困户，把具有野外巡护能力的贫困人口转化为生态护林员，每位护林员都享有100元人身意外伤害保险以保证外出作业安全。由此，尼勒克县通过设置生态护林员岗位进一步拓展了贫困户的就业脱贫渠道。

三、完善就业创业工作，提高各民族贫困人口的脱贫质量

农村贫困劳动力转移就业工作的实施可以帮助加快城乡一体化建

设步伐，使城乡要素资源得到优化配置。[①] 尼勒克县把提升贫困居民的就业能力，帮助其实现就业作为主要方向，通过采取多类扶持手段，建立起人社、农办、教育、商务经信委、招商等部门及乡（镇）政府等各方合力推进的就业扶贫机制。坚持"志智"双扶，开展分类分业分"菜单式"的课程、"点单式"的培训方法和实践指导，对尼勒克县的贫困群众及剩余劳动力进行全方位的技能培训。拓展就业扶贫的思路，包括就近就地就业、外出务工、自主创业、发展民族手工制品等。另外，还依托于新疆内外劳务合作基地和本地就业创业孵化园，以此开发就业扶贫岗位，并在协警招聘、企业和重点项目用工方面优先录用贫困家庭劳动力。尼勒克县通过转移就业助力扶贫攻坚，其具体举措包括以下几个方面。

（一）舆论宣传树立典型，引导贫困居民观念转变

首先，各乡（镇）场充分利用巴扎日等重要节日，在人员较聚集的地方以宣传单、宣传标语、LED 电子屏幕等方式宣传就业政策及招聘信息；同时，县文广局在广播、电视黄金档时间开辟就业专栏，每周 1—2 次、每月不少于 4 次宣传转移就业创业优惠政策、企业用工信息、典型事迹等。尼勒克县各乡（镇）场采取"一对一"帮扶措施，每月安排乡镇包村领导、村干部、驻村工作人员入户，向城乡富余劳动力、贫困劳动力等重点就业人群宣传就业政策；贫困乡适时组织不同群体的劳动人员代表深入企业参加观摩活动，了解企业文化、工作环境，引导劳动力转变就业观念。

其次，加强创业就业典型的宣传。在尼勒克县各乡（镇）开展创业就业摸底调查工作，每年新树立 5—10 名的创业就业典型，并且通过巡回宣讲、邀请典型人物与劳动力进行座谈交流，制作典型专题片并在县电视台对其事迹做专题报道等途径，以此来充分发挥创业就

---

① 郭敏艺：《精准扶贫视域下的农村人力资源转移就业》，《农业经济》2019 年第 10 期。

业典型示范作用，鼓舞并引领一批有能力的当地民众开展创业活动。

最后，加快落实劳动力的就业补贴政策。各乡（镇）场向县域企业、餐饮服务、酒店住宿等中小微企业宣传中央、自治区、自治州吸纳本地劳动力就业的社保补贴优惠政策，要保证辖区内企业吸纳本地劳动力不低于70%、其中贫困劳动力不低于30%的社保补贴，要求各企业在帮助贫困家庭人员就业工作中，充分强化扶贫责任意识，积极安排合适的岗位，做好贫困家庭就业人员的就业帮扶工作。

（二）实施就业援助，帮扶贫困劳动力就近就业

尼勒克县政府精准识别本地贫困人口，以人力资源社会保障平台为依托，对贫困户进行清查。通过对贫困人员的组成结构和创业需求进行了解，详细掌握本地贫困人员的基本情况、就业愿望。此外还对贫困劳动力提供"零距离"就业服务，充分利用组织优势，积极与工业发达地区，诸如奎屯市、昌吉、乌市等地方总工会联系；各乡（镇）场及时督促相关企业统计缺工岗位，从中为城镇就业困难的各类贫困劳动力提供工作岗位；组织包村领导、村干部、驻村工作人员进村入户，及时将岗位信息送至劳动者手中，促其上岗就业。

积极帮扶贫困毕业生实习就业。经济发展的主力军是青年群体，尼勒克县的发展同样也要充分依托于当地的青年毕业生。因此，各乡（镇）场、社区、村队准确掌握贫困毕业生人数、专业、语言能力等具体情况，建立好贫困毕业生信息档案，积极帮助毕业生成功就业。同时各乡（镇）、人社局加强与县内各类企业、学校和医院的联系，宣传落实好自治区每月的实习基本生活补助，本地毕业生就业全额返还基本养老、医疗、失业保险补贴政策，从而为促进贫困毕业生就业打下牢固的基础。

努力创建乡镇、社区（村队）就业扶贫车间，为当地人民提供合适的就业机会。县人社局充分发挥就业援助金作用，大力鼓励尼勒克县贫困乡（镇）、村队建立本地农副产品加工、民族手工、商贸物

流等就业扶贫车间（加工点），并且利用就业援助金添置生产设备，有条件的贫困村还结合自身特点，利用闲置场地至少创建 1 个 80 平方米以上的就业扶贫车间，使得每个就业扶贫车间建成后都能够带动 20 人以上本地贫困劳动力就业。

打造优秀经纪人队伍，壮大劳务经济。针对尼勒克县自身的贫困状况，除了做好各种具体的帮扶就业以外，各乡（镇）还要注重从有能力的青年人中培养劳务经纪人，重视以老带新，做好贫困劳动力就业帮带工作，带动贫困群众脱贫致富。利用"小援疆"模式，邀请优秀培训师到尼勒克县对劳务经纪人进行培训，拓展劳务经纪人的工作思路；同时落实"以奖代补"资金政策，并积极鼓励成功就业的劳动力带动其他劳动力发展，有效帮助贫困劳动力顺利实现就业愿望。

（三）重视劳务输出工作，分类推进稳定就业

对于尼勒克县劳动力的就业，除了就地就业以外，还尽可能对外寻找拓展的机会。一方面，积极巩固和新建尼勒克县劳务输出基地。各级人社部门主动联系县域企业以及疆外企业，实地考察各地用工环境，在巩固原有奎屯锦孚纺织、华孚色纺、乌鲁木齐中泰、北京巴依老爷等 24 家劳务合作基地的基础上，各乡（镇）场每年还努力新建 1—2 家县内外劳务输出基地，积极为本地劳动力提供稳定的就业岗位。另一方面，实行分类转移促进就业。对愿意外出就业的劳动力，根据其就业意愿和掌握的技能情况，推荐适当人选到县内外的工业园区、产业园区等企业稳定就业，并促使其逐渐向产业工人转化。对于学历较低，年龄偏大的劳动力，引导他们参加季节性劳务创收活动；对于少数民族劳动力，引导他们在编织、刺绣等特色岗位实现就业，或者依托"乡镇、社区就业民生坊"进行就业。此外，还鼓励各个县内中小微企业积极招用新疆籍劳动者，并为其缴纳基本养老保险费，给予最长 3 年的全额补贴。

　　除了强化对外劳务输出力度，尼勒克县也重视扩大县域主导产业吸纳劳动力就业的承载作用。商务经信委、招商局重点培育了尼勒克县水电、煤电、光电、有色金属加工冶炼产业、现代农牧业产业、旅游文化产业，将中小企业创业园作为承接基地，延伸出许多特色农副产品加工产业链条，引进各类劳动密集型企业入驻园区，由此带动尼勒克县剩余劳动力成功就业。诸如柯赛绣、地毯编织等民族特色的传统产业带动了约1500余名少数民族贫困妇女在家就业。同时，各乡（镇）场、社区（村队）也发挥出就业服务平台作用，每年举办各类专场招聘会，对城乡劳动力统一管理，在劳动力之间实现了市场信息资源共享。

（四）加强劳动力供需对接，保证劳动力培训质量

　　解决尼勒克县当地居民的就业问题，还需要保证当地劳动力市场的供求平衡。因此，尼勒克县以新型工业化和特色产业发展为方向，围绕劳动密集型企业、农副产品深加工等产业，着力提升转移到第二、三产业就业的劳动力质量。通过加强与江苏对口援疆单位对接，拓展教师培训渠道，并采用创新办学模式，以联合办学、校企合作等方式提升技工学校办学质量。同时，还探索开设了"引导培训+技能培训+典型引路"与"创业培训+技能培训+创业扶持"的课程模式，实现对劳动力的培训内容有需求、有市场、有成效，突出技能实用性，从而高度契合于尼勒克县当地劳动力需求结构。只有保证待就业人员的人力资本质量，才能以此为基础加强劳务对接，从而开拓就业服务市场。

　　尼勒克县的就业实践表明，不仅要注重对于各类劳动力的能力培训，还要对其培训质量做好保障工作，以此来提升培训质量。尼勒克县在培训机构的选择上引入竞争机制，采取招投标方式来确定培训机构，吸收符合条件的优质资源到培训项目中来，并通过对培训信息进行公示，使得培训效果考核机制更加完善。注重发挥各乡（镇）在

职业培训组织、管理、监督中的主体作用，将劳动者参加职业培训、成功就业与享受各项优惠扶持政策结合起来，建立职业培训激励机制，从而提高了尼勒克地区城乡劳动者主动参与职业培训的积极性。此外，还充分发挥商务经信、教育、团委、妇联、残联、工会、科技、扶贫、民宗等相关部门在职业培训中的职能作用，对培训资源进行整合，以扶贫办"雨露计划"、民宗局少数民族手工艺培训等项目为依托，部门联动，加强协调，进而形成了区域内大培训工作格局。

（五）激发贫困劳动力创业动力，以自主创业带动就业

受到当前"大众创业"浪潮的推动，越来越多的劳动者开始选择自主创业，这有利于充分挖掘每一位劳动者的创业潜能。在多民族农村地区，政府应该重视激发贫困村民的内在脱贫动力，促使其创造更好的生存和发展空间，从而形成政府与村民共赢的双向互动模式。[①] 由此可见，激发贫困者的创业积极性也是提高其就业机会的重要举措。

为此，尼勒克县在县域范围内开展了"全民创业行动"，鼓励贫困人员学习掌握创业知识以提升创业能力，同时也积极为贫困人员提供一条龙服务，全力帮助他们实现创业。具体来说，一方面鼓励贫困居民进行创业活动。当地人社局对有创业能力的贫困人员给予诸如免费培训等政策支持，把在网上进行创业的人员认定为灵活就业人员，可以享受灵活就业人员扶持政策，对其进行政策鼓励，从而使得各民族同胞都有更多创业的机会。

另一方面，尼勒克县也意识到电子商务平台吸纳劳动力的优势，并借此帮助保障与提高自主创业的实际效果。在大力鼓励创业活动中，重点鼓励电商创业的发展。由当地商务经信委牵头，鼓励贫困人

---

① 李双：《民族地区政府精准扶贫与村民自主创业——广东连南县连水村的经验与思考》，《黔南民族师范学院学报》2018 年第 2 期。

员以电子商务为依托进行创业,具体做法是:首先,加强电子商务知识普及、实操技能培训和政策引导;其次,积极培育电商创业带头人,使其发挥电商创业带头作用,并尝试让每一位适合开展电商业务的贫困人员注册运营一家淘宝店;最后,按照县、乡(镇)、村(队)电子商务展示、推广及运营三位一体的模式,以尼勒克县群众办事大厅闲置厂房和村队闲置办公地、创业孵化园区、基地(中心)为依托,建设产品展示区、快递收发等服务站点,从而为当地网商以及创业人员提供低成本的电商公共服务。

四、做好兜底保障措施,改善各民族贫困人口的生活质量

兜底保障,就是要保障各民族贫困居民的基本需求,满足其温饱、住房等方面的基本生理需求,这也是国家对于脱贫工作提出的最低要求。农村低保承担着脱贫攻坚兜底保障的重要职责,是脱贫攻坚战中的重要环节。[①] 尼勒克县在"兜底保障"工作中,制定了两个方面的扶贫举措:一方面,做好贫困居民的易地搬迁工作,完善住房相关的基础设施;另一方面,充分利用不同的社会保障政策,发挥其应有的功能,保障各民族居民的基本生活条件,努力为各民族贫困群众切实谋求福利。

(一)做好易地扶贫搬迁工作,完善搬迁贫困户的生活保障

尼勒克县部分地区居民的生活条件较差,基础生活设施得不到有效保障。在此背景下,易地扶贫搬迁这一扶贫举措就显得尤为重要。当地政府高度重视满足搬迁贫困人口的差异化生活需求问题,从而使

---

① 任建华:《为脱贫攻坚织牢兜底保障之网》,《人民公安报》2019年11月28日。

得各族人民都能保持良好的生活心态，推进民族团结进而实现民族融合。实际工作中，尼勒克县优先保障贫困人口的基本生活水平，不仅将部分地区的贫困人口转移安置到生活设施更为完善的地区，而且还对其安置地区的生产生活条件进行改善，并对其经济结构进行调整，帮助搬迁贫困人口能够落地生根并逐步脱贫致富。在易地扶贫搬迁方面，具体做法包括：

1. 加强扶贫搬迁住房建设

对尼勒克县贫困居民开展扶贫搬迁工作，首先要保证其拥有牢固稳定的住房，用"恒产"激发其主动脱贫的"恒心"。为此，该县严格参照国家扶贫搬迁的标准，争取最大限度地为当地贫困人口提供稳定、舒适的住房条件；同时，也结合弹性施策的方式，确定与不同地区贫困人口需求相匹配的建设标准，根据贫困户主观意愿和经济状况适当调整搬迁房的面积，防止出现脱离实际情况的"一刀切"做法，尊重每一位贫困居民的意愿。这么做有利于凝民心、聚民力，促进民族团结工作的开展。

2. 改进扶贫搬迁住房配套基础设施

有了稳定的基本住房保障，相应的配套基础设施也必须跟上。尼勒克县为当地贫困户提供了更为便利的生活条件，而推进扶贫地区的基础设施建设工作也有助于提高农村地区的生产力，促进文明乡村建设。① 据统计，在脱贫攻坚进程中，尼勒克县建设了牲畜棚圈1387座，共8.322万平方米；青贮窖1387座，共5.548万平方米；围墙110.96千米，户均80米；铺设饮水管网66公里，其中胡吉尔台乡索孜木特安置点35公里、乌赞乡乌赞村安置点2公里、喀拉托别乡萨依博依村6公里、加尔托汗村4公里、土普辛村3公里。这些务实措施旨在确保全县各民族贫困群众都能够安心搬迁，切实满足其基本生活的需要。

---

① 冯以武：《扶贫基础设施建设项目浅析》，《珠江水运》2019年第7期。

3. 完善扶贫搬迁住房周边公共设施

在满足基本的搬迁住房要求之后，还要对搬迁住房周边的公共设施进行完善，全方位满足人们的生活需求。为此，尼勒克县新建、改建村级学校 2 所，共 1600 平方米，其中胡吉尔台乡索孜木特安置点建学校 1200 平方米、喀拉苏乡阔孜巴斯村安置点新建学校 400 平方米；村级卫生室 4 座，共 500 平方米，分别是胡吉尔台乡索孜木特安置点 200 平方米、乌赞乡乌赞村安置点 80 平方米、喀拉苏乡阔孜巴斯村安置点 100 平方米、加哈乌拉斯台乡套乌拉斯台安置点 120 平方米。通过上述务实举措，有效满足了当地各族居民的公共教育与医疗需求。

（二）充分利用社会保障政策，发挥民政工作的兜底扶贫功能

在尼勒克县的扶贫体系中，社会保障政策是非常重要的一个组成部分。从某种程度上说，扶贫的底线目标是要满足贫困居民的基本生活需要。通过实施"社会保障兜底脱贫一批"，分批次、分阶段、分措施将所有需要保障兜底人员纳入救助范围，将农村低保动态调整指标向贫困村倾斜，对重残、重病、单亲及生活困难对象的生活保障问题进行优先解决，落实贫困人口的低保政策。在实际工作中，因病致贫与因病返贫是扶贫涉及的一类棘手难题，而医疗兜底保障在应对这一难题时能够起到重要的作用。尼勒克县在构建社会保障体系时，非常重视基层卫生院及卫生室等医疗设施的建设，将其视为贫困人口实现医疗兜底保障的基本条件，而这对于构建和谐的民族关系具有重要意义。综合而言，尼勒克县主要从以下两个方面着手，开展社会保障兜底脱贫工作。

1. 精准确定社会保障救助对象

尼勒克县在确定社会保障对象方面，严格把控程序，仔细检查内容，把符合条件的贫困对象全部纳入享受低保范围之内。与此同

时不断扩大救助范围，把低收入家庭的老年人、重度残疾人等困难人员也纳入其中。此外，还通过调研本地农村贫困妇女儿童、单亲特困母亲的基本情况和生存状况，对这些弱势群体进行必要的兜底保障。

2. 精准实施社会保障救助工作

在精准确定保障对象基础上，实施兜底保障政策也要做到精准到位。对于每一项社会保障环节，尼勒克县尝试建立起诸如协同办理机制等惠民工程，确保贫困群众受助及时；把救助资金纳入到财政预算当中，并逐年加大投入力度，提高救助标准，从而发挥出救助资金的各项功能。

以对身体残疾的特殊贫困对象进行扶助为例，尼勒克县通过对各项残疾人保障制度进行完善，同时在城镇基本住房保障制度中纳入城镇低收入困难残疾人的家庭，实施贫困残疾人建房补贴，以促使其基本生活得到有效保障。当地积极推进按比例就业和残疾人集中就业基地建设，开展残疾人职业指导、职业介绍等就业服务，实施残疾人就业职业培训补贴制度，从而促进了城乡残疾人及其家庭成员稳定就业与增收。除此之外，还积极开展残疾人康复服务中心建设、社区（村队）康复站建设，为贫困地区残疾人提供医疗服务。针对残疾学生接受教育给予专项资助，努力完善残疾儿童特殊教育途径和机构建设，加强残疾人托养中心、残疾人阅览室等服务设施建设，实现公共场所和设施的无障碍改造。

总而言之，尼勒克县依据精准扶贫战略部署，并结合县域实际情况制定出上述四个维度具体扶贫举措。通过这些精准务实的扶贫措施，尼勒克县各民族同胞感受到党和国家的真切关怀，增强了当地各民族之间的团结意识，实现了多民族融合式发展。上述四个维度的扶贫举措作为脱贫攻坚体系的重要组成部分，为全面践行精准扶贫战略贡献了尼勒克县的智慧与经验。

第五节　民族融合导向的脱贫攻坚
政策体系总结

纵观尼勒克县的脱贫攻坚政策体系，可以看出各个构成要素之间存在着较强的内在逻辑性及关联性，能够将县域特征与党中央制定的精准扶贫战略予以有机结合。通过全面调动各个扶贫主体的参与积极性，围绕县域内不同村庄的实际情况从不同角度进行精准施策，从而实现了扶贫目标和手段上的高度一致性，有效完成了脱贫攻坚的各项工作要求。这不仅解决了尼勒克县的贫困难题，更重要的是促进了尼勒克县各民族内部以及与各民族之间的经济文化交流，从而加深了各民族之间的感情，营造出中华民族大团结的和谐氛围。归纳起来，尼勒克县的脱贫攻坚政策体系设计在以下三个方面具有借鉴价值。

首先，明确扶贫工作所要达到的目标，是脱贫攻坚政策体系设计的基本出发点。脱贫攻坚成功与否，归根结底就是要看能否切实维护当地各民族贫困人口的根本利益，而具体目标的确立则是保证后续工作得以有条不紊开展的重要条件。因此，只有找准脱贫靶心，明确扶贫目标，才可以在精准扶贫过程中提高工作效率，有的放矢地完成脱贫攻坚的各项任务，有效促进多民族融合式发展。

其次，厘清与精准扶贫相关的各个主体责任，这是脱贫攻坚政策体系设计的重要前提。后续的所有扶贫举措都需要依靠各个主体来具体实施，因此必须明确精准扶贫工作中所有参与主体及其所承担的角色职责。在这个过程中，帮扶人员和被帮扶人员都参与其中，大家目标一致、任务明确。这种团结齐心的帮扶模式，大大加深了各族人民之间的情感交流，增强了其民族团结意识，从而促进了民族间的协调与平等发展。具体来说，第一，要回答"扶持谁"与"谁来扶"这两个问题，即明确各相关主体的身份定位；第二，要讲清楚"怎么扶"这一问题，即确定好扶贫工作中每个参与主体的职责任务；第三，还要关注"如何持续"的问题，这是夯实既往扶贫成效的必要环节。对于扶贫干部而言，在思想上应该认识到帮助贫困户实现脱贫不是一时的任务。应该保证贫困户脱贫之后不会再次返贫，从而助其可持续性地解决家庭贫困问题，而这才是扶贫任务真正完成的标志。

最后，制定切实可行的扶贫举措，是脱贫攻坚政策体系设计的支撑要素。尼勒克县以精准扶贫的六个核心目标作为统领，探索出四个维度的精准扶贫举措。针对尼勒克县在人口构成、产业结构、生态环境等方面存在的实际问题，开展了一系列行之有效的扶贫措施，从而带领全县各族人民走上了脱贫致富的小康之路。

整体而言，在尼勒克县脱贫攻坚政策体系的制定及其实施过程中，各个阶段紧密联系，体现出整个扶贫工作的整体性与计划实施的连贯性，将实事求是的科学精神与人的主观能动性予以有机结合。[①]尼勒克县的脱贫攻坚实践不仅显著提升了各民族同胞特别是贫困居民的生活质量，还带动了当地传统产业和新兴产业的协同演进。更重要的是，尼勒克县不同民族之间实现了平等发展，让当地居民与外界有了更具深度的经济往来和文化交流，增强了各民族之间的凝聚力，从而推动了民族融合式发展，帮助各族人民共同朝着"全面小康"的目标砥砺前行。通过多年坚持不懈的努力，尼勒克县成功摆脱了长期贫困的阴影，紧跟新时代发展的步伐，其扶贫实践经验对于民族地区的脱贫攻坚工作具有重要的推广和借鉴意义。

---

① 李仁彬：《论习近平"脱贫攻坚"方略的世界观和方法论》，《中共成都市委党校学报》2019 年第 4 期。

第三章

民族融合导向下的脱贫攻坚：
尼勒克的五大特色

尼勒克县作为新疆地区少数民族聚居的贫困县，在民族融合式脱贫上具有一定的代表性。尼勒克地处亚欧大陆腹地，地域广阔，具有阳光充足、气候干旱和资源丰富等自然特点。同时尼勒克县有32个民族，占全国民族数量一半以上，主要包括哈萨克族、维吾尔族、回族、汉族、蒙古族等。这些民族在长期的历史发展中形成的生活习惯以及语言文化等方面均不尽相同，从而造成民族间的交流存在一定障碍，不利于民族之间的融合。这极具特色的自然和人文环境，对新疆尼勒克县的脱贫提出了挑战，让当地的脱贫攻坚战必须紧紧抓住少数民族这一核心基准点，走融合式发展的道路。首先，其具有战略意义的边疆地理位置以及少数民族聚居的现实，决定了该地区的扶贫工作必须以维护社会稳定为基础，离开了社会稳定的扶贫是缺乏扎实根基的。其次，脱贫的核心工作是要发展经济，尤其是以产业为龙头，只有发展经济才能为脱贫提供物质基础。再次，在物质扶贫的基础上，要从根本上解决贫困的问题就必须从精神扶贫这一层面入手，帮助贫困户挖掘内生动力。扶贫的关键在于要促进贫困人口就业，授人以鱼不如授人以渔，为贫困群众提供长期保障。最后，也是最为关键的，要坚持党的领导，明确县乡村各级分工，完善组织队伍建设是实现脱贫的保障。

第一节 民族融合导向下的脱贫
基础：社会稳定

社会稳定是发展的基础，也是脱贫攻坚的基础。在边疆地区，维持社会稳定对于保证脱贫工作以及其他工作顺利实施，具有重要意义。边疆地区的社会稳定既影响到整个国家的长治久安，也关系到如期实现脱贫从而全面建成小康社会。[①] 只有保持社会稳定，才有良好的环境发展经济，提升经济水平，使贫困群众在物质方面得到保障，贫困群众才能真正实现脱贫。

改革开放以前，新疆地区整体发展水平较低，如今在各方面取得巨大成就，正是在依托国家政策支持和保持社会基本稳定的前提下取得的。其中，加强民族融合和维护民族团结对维持社会稳定具有关键性影响。新疆伊犁尼勒克县有汉族、哈萨克族、维吾尔族、回族、蒙古族等 32 个民族，其中少数民族人口占 75%，是典型的少数民族聚居区。各民族在长期的生活生产过程中，由于生活方式、风俗习惯以及历史文化的不同，形成了各自独特且具有一定差异性的民族文化和宗教信仰，从而对形成统一的思想认识造成了阻碍。此外，与尼勒克县多民族特性相对应的是宗教体系庞杂，这一特点使得各民族群众不仅在生产、生活方式上存在着差异，更是在价值观念上容易产生分歧，对各民族交流融合形成了巨大的阻碍。因此，在少数民族聚居生活的背景下，如何在尊重各民族的基础上，将各种差异所产生的对于地区经济发展的不利因素进行消除，从而维护社会安全稳定，一直是各级政府工作的重要部分。

---

① 张军：《群众路线视域下的边疆民族地区社会稳定》，《改革与开放》2017 年第 18 期。

习近平总书记在 2014 年考察新疆时指出："新疆工作的着眼点和着力点要放在社会稳定和长治久安上。"社会稳定与脱贫是社会发展的一体两面：一方面，社会稳定了，经济才能发展，老百姓才有机会享受经济发展的果实；另一方面，老百姓生活幸福安逸了，也就不会参与恐怖活动了。社会稳定与脱贫是互相促进的，稳定有助于经济发展从而脱贫，脱贫则有利于减少社会不稳定因素。新疆的脱贫是在维护社会稳定的基础上开展的，这与内地的脱贫工作是有差异的，难度也更大。尼勒克县在促进民族融合、促进社会稳定工作压力大、任务重的情况下，主要通过教育、民生保障和管控的方式促进地方稳定。

一、通过教育促稳定

人是构建、维系民族地区社会稳定和谐的主体，要实现少数民族聚居地区的社会稳定和谐，根本在于解决人的问题。[1] 教育作为贯穿人的整个生命历程的一项社会活动，与人的成长紧密相关，其不仅塑造个体的价值观念、心理素质以及精神追求等，而且影响个人、民族交往等实践能力。采取积极的教育措施有助于促进少数民族聚居地区的和谐稳定。尼勒克县通过采取大宣讲、周一升国旗、全面普及汉语等多种教育方式，全方面对当地群众的价值和思想观念进行引导，在全县形成维护社会和谐稳定的良好局面。一是通过开展大宣讲活动，深入开展法治宣传教育和历史文化宣传教育，普及法律基本知识和政府的各项政策，不断提高各民族群众的政治鉴别力，增强抵御极端思想渗透的免疫力。例如，乌赞镇位于尼勒克县的城乡接合部，是典型的少数民族聚居区，早些年不稳定因素较多。该镇于 2015 年在兰干买里村率先建成了全疆首个农牧民思想政治教育基地。思想政治教育

---

[1] 朱筱煦、袁同凯：《论教育与民族地区社会和谐稳定》，《西北民族研究》2019 年第 2 期。

基地让原来只能在大城市看到的展览馆、博物馆进社区，让老百姓不进城就能对新疆的历史和宗教文化有全面的了解，从而对极端势力有更清醒的认识，对国家的认同和归属感进一步增强。该基地除了服务本地居民外，还成为了各级部门指定的思想教育基地，如伊犁州的农民工思想教育基地、武警部队军民共建的思想政治教育基地。二是结合周一升国旗、农牧民夜校、"民族团结一家亲"等活动，在全县所有村庄开展爱国教育，让各族群众认识到祖国统一、民族团结和社会稳定的重要性。尼勒克县领导亲自带头参加村庄周一升国旗，一人一周一村地宣讲国家政策。三是在学校普及学习汉语拼音，目前全县几乎所有教学单位均采用双语教学，让学生们从小在学习本民族语言知识外还学习普通话增强沟通能力，减少各民族之间的语言交流障碍，增进相互之间的认识，促进民族融合。尼勒克县正是通过这些宣传教育方式，培养和强化了各族人民维护社会稳定的意愿，从而保障了少数民族地区能够自发形成维持稳定的内在动力。

乌赞镇思想政治教育基地

二、通过民生保障促稳定

习近平总书记讲道："政之所兴在顺民心，政之所废在逆民心。"① 保障和改善民生，从而维持社会稳定是政府工作的重要组成部分。贯彻新发展理念，以经济发展和民生改善为目标，持续实施惠民工程，才能实现好最广大人民的利益。尼勒克县坚持以保障民生为根本，通过不断增加民生事业的投入，积极推进兜底性保障政策落实，持续用力办好民生实事。一是多方筹集财政资金实施脱贫攻坚工作，以改善少数民族聚居地区的贫困问题。自 2012 年到 2018 年总计投入扶贫资金 8.0962 亿元，其中 2017 年、2018 年先后分别投入 2.8 亿元、2.5 亿元。该县财政支出的大头主要用于民生支出，是名副其实的"民生财政"。根据当地教育部门的数据，2012 年至 2018 年投入 2.37 亿元用于改善义务教育薄弱学校办学条件，主要用于学校校舍改造、教学仪器设备购置、运动场地建设等。2017 年为 8473 名幼儿免除保教费、伙食费、取暖费、幼儿读本费 2372.45 万元；同年为义务教育阶段学生免除学杂费、取暖费、教科书费等，提供营养午餐，为贫困寄宿生发放生活补贴，共计投入 10177.3 万元；同年为高中阶段学生在减免学费、学杂费、书本费、住宿费和提供助学金上共支出 619.459 万元。此外，还有中等职业教育阶段、普通高校教育的"雨露计划"等教育扶贫补助。通过教育扶贫，切实减轻了农牧民家庭子女就学负担，有效防止了学生因贫失学、家庭因学返贫的现象发生。在住房方面，2011 年至 2018 年，尼勒克县共建成富民安居房 26054 套，为近 10.4 万各族农牧民群众解决了住房问题，这些住房经受住了县域境内多次地质灾害的考验，有力保障了各族农牧民群众的生命财产安全，为脱贫攻坚奠定了基础。二是通过向贫困户提供基本的社会保障

---

① 《习近平谈治国理政》第二卷，外文出版社 2017 年版，第 295 页。

服务为其解决后顾之忧，断掉外来势力渗透的机会。在以往的案例中，外来势力多利用贫困户的经济困难通过提供小恩小惠让其加入各种宗教组织。为解决贫困群众的生活困难，一方面，尼勒克县紧紧围绕"两不愁三保障"的目标，通过落实九项惠民工程（就业、教育、医疗、社保、扶贫、安居、暖心、兴边、安全惠民），为贫困户解决了吃饭、住房和看病等基本生存问题，为贫困群众在基本生活层面提供了稳定保障。另一方面，尼勒克县通过强化精准脱贫攻坚措施，采取更加精准的方式，加快推进贫困群众实现脱贫。在中央提出的六个精准的基础上，尼勒克县结合实际情况，推进贫困村"一村一品"和"一户一业"等行动，在分析各村资源条件的基础上发展村级特色产品，在结合贫困户发展意愿的基础上为贫困户提供合适的就业渠道，真正实现贫困村和贫困户的精准化帮扶，为贫困群众真正脱贫和提高生活水平提供长效保障机制。最终，尼勒克县通过加快补齐民生领域短板，推进保障民生工作建设，切实改善贫困乡村和贫困群众的生产生活条件，从而实现了贫困乡村和贫困人口如期脱贫。通过采取各项民生措施，不仅解决了各民族贫困群众的基本生活问题，减少了由于基本生活需求得不到保障而导致的社会矛盾，并且促进了各民族群众共同发展，缩小了民族间的发展差异，从而有利于从长期促进社会稳定。

三、通过管控促稳定

当今社会已不同于传统封闭社会，社会经济发展日新月异，是信息爆炸的时代，各种思潮泛滥，如何维护社会稳定在我国各地政府工作中占有重要位置。尼勒克县多民族和多宗教的复杂属性，使得境内外极端宗教势力通过各种方式进行思想渗透，蛊惑群众作出违法乱纪的行为，严重威胁社会安全与稳定。在中央维稳的工作要求下，全疆上下高度重视，在疆域内依法构建了集打击、防范、控制于一体的打防管控体系，对社会治安环境进行监督和管理。尼勒克县在县域内树立全民维稳理念，通过采取加强安全管控和强化管理的方式，防止发生严重大规模群体性事件和恐怖事件。一是在全县范围内加强安全管控，例如，在县城街道上设置了警务室，绝大部分学校在上学、放学时段，均有公安民警或特警及街道、社区治安巡逻队员执勤守护，并有交警在校园周边地段疏导交通。此外，驾车进入每一个县级区域，都得接受安全检查，所有的政府部门、事业单位、工矿企业以及酒店等都配备有 X 光机等安检设备，进入以上场所均需接受安检。这些严格的安全管控措施使得不轨分子无所遁形，近年来犯罪率大幅下降，社会朝着和谐稳定的方向发展。二是强化网络管理，尼勒克县借助于网络技术手段，坚持将正确的导向摆在突出位置，发挥出网络在传播信息过程中的影响作用，对网络舆论进行引导，积极培育社会主义核心价值观。总之，尼勒克县通过采取严格的管控措施，有效预防和打击违法犯罪活动，并通过网络技术，发挥出网络的正导向作用，在全社会形成积极向上的舆论导向与和谐团结的氛围。

尼勒克的社会稳定不仅关系到边疆地区的经济社会发展，更关系到整个国家的长治久安。因此，在少数民族聚居的尼勒克，维持当地的社会稳定，是各级政府工作的重要部分。尼勒克县通过采取加强教育的方式促进了民族间交流融合，并增强了少数民族群众抵御极端思想的能力；采取保障民生解决民生的问题，为社会稳定提供了坚实群众基础；采取积极管控的方式将不稳定因素扼杀在"摇篮"，形成了和谐的社会氛围。正是在保障了尼勒克县和谐稳定的社会局面下，脱贫攻坚其他工作才能顺利得以展开。

第二节　民族融合导向下的脱贫
核心：经济发展

习近平总书记深刻指出："脱贫攻坚任务重的地区党委和政府要

把脱贫攻坚作为'十三五'期间头等大事和第一民生工程来抓，坚持以脱贫攻坚统揽经济社会发展全局。"① 面对脱贫攻坚的严峻形势，发展地方经济是高效持久脱贫之道。经济发展和脱贫攻坚是相辅相成的关系：只有通过大力发展产业，提高经济发展水平，才能为脱贫提供物质基础；只有打赢脱贫攻坚战，贫困地区真正脱贫，才能更好、更快地发展经济。

改革开放以来，尼勒克县经济社会发生了翻天覆地的变化，特别是部分地区利用自身的资源优势和国家政策帮扶，实现了经济的快速发展，经济水平大幅度提升。但是总体来看，当前尼勒克县作为少数民族聚居地区经济发展仍然存在一些限制发展的因素。一是民族贫困地区贫困人数多，扶贫任务艰巨。尼勒克县地处边疆地区，恶劣的自然环境使得生产力发展水平较低，贫困人口数量较大，采取的扶贫措施和影响效果有限。二是少数民族聚居地区的生产、生活方式具有差异性，不利于各地统一发展。尼勒克作为典型的少数民族聚居生活之地，各民族在长期的发展过程中，在生活方式和生产力发展水平等方面存在着多种形态，这种差异性不利于采取规模化的经济发展活动。三是传统的农业发展方式，容易受到天气变化的影响，面临着较高的自然风险。这些因素都成为尼勒克县经济发展的重要阻碍，也是导致当地长期处于贫困状态的重要原因之一。

在面对各种阻碍因素的情况下，通过产业发展经济成为实现脱贫的根本之策。产业脱贫受到中央和各级地方政府的高度重视，也是尼勒克县少数民族地区脱贫的核心所在。党的十八大以来，在中央布局的脱贫攻坚战"五个一批"工程中，产业扶贫是处于第一位置的。在尼勒克县的扶贫实践中，产业扶贫亦已成为最具活力的扶贫模式之一。通过产业发展，能够有效激活脱贫致富内生动力。没有产业，就没有经济上的稳定后续来源，也就不能实现真正的脱贫。任何地区经

---

① 《十八大以来重要文献选编》（下），中央文献出版社 2018 年版，第 46 页。

济和产业发展都受到资源禀赋差异、产业状况和发展历史的影响。尼勒克作为贫困县，为快速促进经济发展，脱贫摘帽，充分考虑区域内的资源禀赋和产业发展状况，因地、因民族和因时制宜，依托产业发展提升经济发展水平，为脱贫攻坚提供了物质保障。

一、因地制宜发展产业

实践证明，传统的产业扶贫不是一个长期稳定的科学扶贫机制，各种弊端已经凸显。而因地制宜发展产业的精准扶贫与传统的产业扶贫相比胜在"精准"，扶贫效果更好。[①] 尼勒克县根据各乡镇、各村的自然资源条件和农牧业发展历史，提出"稳粮、强畜、增经（草）、扩果（林）"总体思路，结合开展贫困村"一村一品"活动，重点发展养殖业、优质饲草料、特色林果业、食用菌和中药材等特色优势产业。例如，在水域资源丰富的地区发展渔业：喀什河上游，水质清澈冷凉，在地县乡三级政府的支持和帮助下，新疆天蕴有机农业有限公司在喀拉苏乡克什喀拉苏村投资建设三文鱼养殖渔场，贫困户通过入股分红的形式，增加收入。在山地丘陵地区发展种植业：苏布台乡种植出的旱田小麦颗粒饱满，利用小麦粉制作的"旱田馕"受到市场好评，并打造了"贝纳木"品牌，利用品牌效应扩大市场，增加收益。在气候适宜的地区发展菌菇种植业：吉尔台乡吉仁台村菌菇生产基地兴建了州直规模最大、标准最高的平菇生产基地，并且每年吸纳 10—20 名贫困户长期稳定就业。尼勒克县在深入分析各地资源条件的基础上，找准资源优势，因地制宜发展产业，促进了当地资源的合理利用。同时，由于当地资源丰富，利用资源优势可以降低产品的成本，在市场上发挥出价格优势，提高在同类产品中的竞争力。

---

① 马兰、杨丽：《贫困地区因地制宜发展产业的原因和对策研究》，《农经》2019 年第 7 期。

二、因民族制宜发展产业

根据贫困地区的民族文化特点，将民族文化融入产业发展过程中，利用特色文化产业发展经济，从而发挥出少数民族文化在脱贫攻坚中的优势。[1] 尼勒克县各乡镇立足各民族自身的优势和特点，坚持因民族制宜，着力培育发展特色产业，发挥产业扶贫的最大效益。例如，哈萨克族有刺绣的传统，于是当地政府充分发挥当地居民的这一传统手工艺帮助他们脱贫。一方面是依托少数民族手工刺绣专业合作社，开展哈萨克族柯赛绣、十字绣工艺、服装制作等活动，把更多的贫困户纳入合作社，增加贫困群众收入；另一方面成立了"脱贫攻坚刺绣就业孵化园"。通过发展商贸产业增加就业岗位，为贫困群众增加就业渠道。此外，尼勒克县各少数民族利用各自民族特色发展旅游业。乌拉斯台乡巴音沟村哈萨克族建立了"毡房"营地，蒙古族则建起了"蒙古包"营地，各少数民族利用自身独特的生活方式吸引外地游客，增加收入；并依托少数民族特色小吃，开设食品、乳制品加工作坊，打造旅游小吃品牌，吸引游客购买，增加收入。少数民族聚居地区有其独特的自然条件和历史文化，将某些资源和技艺赋予民族特色的自然、人文之美，其文化艺术魅力将得到大幅提升，再与文化产品相结合，就能形成高附加值的产品和特色产业，从而成为少数民族贫困地区脱贫致富的产业。[2]

---

[1] 赵新生、李雪飞：《民族贫困地区如何发展特色文化产业》，《人民论坛》2018 年第 31 期。

[2] 杨静：《因地制宜发展民族特色产业助推贵州精准决胜脱贫攻坚》，《贵州社会主义学院学报》2018 年第 1 期。

克令乡阿依纳巴斯陶村脱贫攻坚刺绣就业孵化园

三、因时制宜发展产业

新疆地区独特的气候条件使得当地各民族群众经常根据时间的变化来调整自己获取收入的方式。新疆地区地处内陆高纬度地区，气候常年较为寒冷，降水较少，多数为晴天。新疆地区独特的自然条件使得当地各民族贫困群众获取生活来源主要依靠放牧，与内地在发展产业和获取收入的方式上有些许不同。由于游牧民族的历史传统，所以尼勒克县多数贫困群众依然有放牧的天然习性。但是，随着当地产业发展的多元化，传统的农业相较于二、三产业的收入较低。所以，当地贫困群众利用时间的差异，在不同的季节进行不同的生产活动，多渠道增加收入。在春夏季节，牧草较为丰盛的时间，则主要以放牧为主。在秋冬季节，牧草稀少，需要将牲畜赶至较远草场，时间成本高。因此，牲畜较少的家庭将自家牲畜委托给一位放牧者进行管理，自己则利用时间去本市县或者其他地方外出务工增加收入。当地各民族贫困群众改变传统单一的生产方式，高效利用时间以及政府的各项政策支持，通过外出就业增加收入，实现了脱贫。

打赢脱贫攻坚战，如期实现脱贫，就要攻克深度贫困难题，高度重视产业扶贫。只有大力发展产业，才能促进经济的发展，从而为扶贫提供坚实的物质基础和长期保障。因此，在尼勒克县的扶贫实践中，根据当地的地理、民族和时间条件，结合当地贫困群众的特点发展产业，为地区如期实现脱贫提供了物质保障，产业扶贫也已是最具活力的扶贫模式之一。

第三节　民族融合导向下的脱贫
支柱：精神脱贫

扶贫不仅要为贫困群众提供物质基础，还要助力贫困群众精神脱贫，通过文化和教育等方式改造贫困户的思想，从根本上解决贫困群众的精神难题。党的十九大报告提出："坚持大扶贫格局，注重扶贫同扶志、扶智相结合"。① 扶志就是扶思想观念，扶智就是扶知识技术。贫困群众不仅是脱贫攻坚的对象，更是脱贫致富的主体，只有转变其思想观念，并不断提高知识技术水平，才能真正实现脱贫。通过扶志和扶智，充分调动贫困群众的自身能动性，激发其脱贫致富的愿望，树立起脱贫致富的志气，并不断提升其脱贫致富的能力，脱贫才具有可持续的动力。②

新疆地域范围广阔以及民族众多，导致疆域内不同地区经济发展存在较大差异。同时，由于新疆地处边疆，相对比较闭塞，贫困群众的观念还停留在传统时代。在此背景下，贫困群众的思想转变不是一

---

① 《十九大以来重要文献选编》（上），中央文献出版社 2019 年版，第 750 页。
② 贺荣：《强化扶志扶智激活内生动力》，《行政管理改革》2018 年第 8 期。

朝一夕的事情。长期以来，我国扶贫的方式主要是"输血式"的物质扶贫，可以在短期内帮助贫困群众摆脱绝对贫困。然而，"输血式"的扶贫措施并未实现帮助贫困群众脱贫的初衷，反而为贫困群众脱贫设置了心理上的障碍。贫困群众意识到自身可以用贫困身份换取物质利益，所以也就对贫困产生依赖心理，大家争当贫困户，长期以来的"输血式"扶贫在一定程度上忽略了贫困群众希望提高思想道德素质和科学文化素质的要求，造成了其精神贫困。在扶贫过程中，一些贫困群众存在着严重的"等、靠、要"思想观念，等着政府和干部送小康，因此陷入"因穷而要，因要而懒，因懒而穷"的恶性循环。

当前，尼勒克县扶贫工作的重要任务之一就是调动各族贫困群众的积极性，从精神层面对贫困群众进行帮扶，解决贫困群众内生动力问题。尼勒克县坚持扶贫先从扶志和扶智做起，引导贫困群众树立自力更生的理念思想。主要通过培养贫困人口志向，拔除思想"穷根"；加快实施教育扶贫工作，拔除代际传递"穷根"，将扶贫和扶志以及扶智结合起来，从精神层面切实扭转了群众传统的"等、靠、要"狭隘思想，充分调动贫困群众积极性，增强其生存发展能力。

一、扶贫与扶智相结合

扶智即加强思想和文化教育，提高贫困群众综合素质，阻断贫困的代际传递。[1] 从根本上转变贫困群众的思想观念，提高贫困群众的整体文化水平和技能水平，就要发挥出教育在扶贫中的先导性功能。[2] 尼勒克县高度重视和支持教育的发展，通过加大扶智力度，帮助贫困地区人口提高文化程度，利用教育来切断贫困之藤，彻底摆脱

---

[1] 张蓓：《以扶志、扶智推进精准扶贫的内生动力与实践路径》，《改革》2017 年第 12 期。
[2] 王宇：《统筹扶志与扶智在精准扶贫中的关系》，《人民论坛》2019 年第 20 期。

当地的贫困状况。一是改善基本办学条件。2013—2017 年筹资 8.2 亿元用于教育事业，先后建成尼勒克县武进高级中学、乌赞中学、全民体育健身中心和风雨活动室，持续完善教育基础设施建设，并将乡村师资力量向贫困乡镇及贫困村学校倾斜。二是实行 15 年免费教育。在国家实行义务教育的基础上，尼勒克大力发展公办幼儿园，实现免费学前教育全覆盖，以及继续实施高中免费教育。三是加大对贫困学生补助力度。鼓励未升入高中的毕业生就读职业学校，对就读职业高中的贫困家庭子女进行资助，全面落实"两免一补""雨露计划"和援疆补助等助学政策；并落实贫困家庭大学生资助政策，给在校贫困大学生资金帮扶。这些政策让贫困家庭子女也能接受教育，保证不出现因家庭贫困而辍学的情况发生。尼勒克县通过实施教育扶贫，全面提升贫困群众的文化水平，为打赢精准脱贫攻坚战提供智力上的支持和保障。

二、扶贫与扶志相结合

扶志，是通过外在力量的介入来帮助脱贫主体摆脱依赖的心理，化解恐惧的情绪以及克服懒惰的生活习惯等，从而引导贫困群众树立正确的价值观，保持积极进取的精神状态，并获取适应市场经济的相关知识和技能。[1] 尼勒克县深刻领会习近平总书记提出的"扶贫先要扶志"等重要论述，把激发内生动力作为治本之举，通过营造氛围、树立典型、提升技能等方式着力提高贫困群众的生产发展能力。一是依托周一升国旗、农牧民夜校、农家书屋等方式，持续深入开展"思想扶志"活动，通过宣传国家相关扶贫政策、普及知识，大力营造脱贫扶志的热潮，让各民族贫困群众在脱贫致富的热潮中转变传统

---

[1] 王美玉、李大为：《党的十八大以来中国共产党扶志与扶智思想的发展——扶贫开发工作内生动力培育研究》，《湖南社会科学》2019 年第 1 期。

的"等、靠、要"观念。二是集中组织脱贫致富村民讲好先进事迹，新闻媒体宣传好典型人物，积极开展脱贫攻坚主题演讲比赛，让贫困群众学习身边的榜样。并且能够用潜移默化的方式不断提升群众的精气神，创造有利于"造血式"扶贫的大环境，增强贫困群众脱贫致富的信心。三是对贫困群众进行分类、分批、分阶段的培训和实践指导，促使每户掌握一至两门致富技术，提升贫困群众就业创业能力，增强贫困群众的致富能力。通过采取扶志措施，戒掉贫困群众"等靠要"的心理，让贫困群众传统的依赖思想观念得以转变，激发其通过自己的努力谋求脱贫和致富愿望和动力。

要打赢脱贫攻坚这场硬仗，就必须战胜精神贫瘠这个最大的敌人。尼勒克县将扶贫和"志智双扶"结合起来，充分调动贫困群众自身想要脱贫致富的积极主动性，通过精神上的帮扶引导贫困群众脱贫。在尼勒克的扶贫工作中，全县上下各级干部积极行动起来，确保各项精神扶贫措施精准落实到位，取得了显著成效。

第四节　民族融合导向下的脱贫
关键：促进就业

促进贫困人口就业增收，是打赢脱贫攻坚战的重要内容。党中央、国务院对此高度重视，习近平总书记多次对就业扶贫作出重要论述，强调一人就业、全家脱贫。就业是民生之本，就业扶贫是"精准扶贫"中的重要一环。通过就业扶贫的方式，促进贫困群众快速就业，是最直接有效的脱贫方法。长期坚持就业扶贫，可以从根源上改变一个人未来发展的基础，从而能够有效解决贫困问题代际传递。

少数民族就业问题不仅事关我国整个就业全局，更影响着民族的团结发展，倘若处理不当，将对社会的和谐稳定造成不利影响。① 但是少数民族在就业方面，仍然存在着一些障碍和难点。例如，由于文化水平和技能水平较低，少数民族农民工外出务工工资普遍不高，以及由于生活、文化习俗的不习惯会产生较强的孤独感和较低的社会融入感，不能从现有的工作中获得归属感。究其原因，主要有历史原因导致的民族地区群众教育水平不足和民族风俗习惯的差异、语言沟通的困难，以及企业难以消除对少数民族的刻板印象和民族群众自身择业观念落后，等等。新疆作为各民族聚居生活的地方，少数民族人口占主要部分，尼勒克县的少数民族人口更是达到了78%，如何在本地区促进少数民族贫困群众就业增收，从而实现脱贫是政府和各部门的重要任务和职责。

在通过就业促脱贫方面，尼勒克县主要以提升贫困群众的就业创业能力和拓展就业渠道为主要方向，通过落实各项促进就业的政策方针，帮助贫困群众多种渠道就业从而获取稳定收入来源，能够有效防止贫困代际传递。

一、提升贫困群众就业创业能力

尼勒克县通过对贫困群众进行就业技能培训、加强政策扶持和加强职业教育等方式，从各方面提升各民族贫困群众人口的就业创业能力。一是加强贫困劳动力转移就业技能培训，通过采取贫困群众职业培训、技术培训和科技扶贫等措施，增强其就业创业的能力素质，从而能够促使当地各民族群众以多种方式就业增收。例如，在2018年，尼勒克县共开展各类职业培训班56期，培训2717人。其中包括：县扶贫办面对所有贫困群众，组织开展了贫困家庭劳动力就业培训；县

---

① 刘莉：《治理少数民族就业难问题的法律对策》，《中共南宁市委党校学报》2018年第2期。

妇联组织则成立了妇女培训专班，通过开展刺绣、烹饪等方面的学习，提升妇女群众的就业能力；各乡镇则根据各地实际情况开展了农村实用技术培训。二是通过落实创业扶贫政策，加大创业贷款担保力度，鼓励创业致富带头人带动贫困群众创业，从侧面提升贫困群众的就业创业能力。三是加强贫困家庭子女职业教育，开展免费职业技术培训，通过教育的手段提升贫困家庭新生代就业能力和素养。总之，通过多方面提升贫困群众的就业创业能力，让贫困群众能够获得自力更生的发展能力，为自身的长期生活发展提供保障。

二、有效拓展就业渠道

在提升贫困群众就业能力的基础上，尼勒克县还通过采取产业带动、外出务工和就近就业等多种方式，多方面扩宽贫困群众的就业渠道。一是利用产业带动增加就业岗位，依托当地劳动密集型产业和传统手工业，充分挖掘就业岗位，增加就业岗位的需求，促使贫困家庭劳动力能够选择适合自己的方式就业。二是外出务工就业一批，通过打造劳务经纪人队伍、兑现"劳动力转移以奖代补"的政策，充分调动劳务经纪人发挥劳务输出领头作用，分类转移就业。尼勒克县积极与疆内外各地合作，与奎屯市、霍尔果斯市、上海市、南京市等多地企业、劳务派遣公司对接合作，收集和掌握企业就业岗位，并将企业用工信息进行分类筛选，向社会发布，引导贫困群众外出务工。外出务工的方式有效地拓展了就业渠道，促进了贫困家庭就业增收。三是就地就近解决就业问题，通过建立企业招用当地劳动者就业承诺制度，要求县域生产经营企业当年新招录本地劳动力不少于70%。依托唐布拉大草原、湿地古杨风景区等旅游资源优势，鼓励引导贫困群众发展旅游餐饮、住宿、纪念品和娱乐等相关产业，开发旅游区服务性就业岗位。就地就近就业，不仅解决了当地贫困群众就业的问题，更是满足了少数贫困群众不愿远出务工的愿望。通过产业带动、外出务工和就近就业等方式扩展了贫困群众就业渠道，帮扶贫困群众实现稳定就业，形成稳定脱贫致富的长期效应。

就业作为民生之本，是贫困群众实现脱贫的重要路径。尼勒克县大力实施就业惠民工程，通过提升贫困群众就业创业能力和有效拓展就业渠道的方式，促进贫困劳动力转移就业。通过实施就业扶贫，解决贫困户的实际困难，提高他们的收入，增强脱贫致富的能力，强化告别贫困的信心。

第五节　民族融合导向下的脱贫保障：组织队伍

没有强有力的组织队伍去落实就难以推进脱贫攻坚任务往深处走、往实处走，因此组织队伍是实现脱贫攻坚的重要保障。精干紧密的组织队伍无论是对内还是对外，都能承担组织动员、决策担当、领导执行的职责，保证政令畅通无阻，将政治资源、社会资源更好地配置到贫困地区，提高脱贫攻坚的效率和精准度。

越是在"百米冲刺"的紧要关头，少数民族聚居的贫困地区在精准扶贫过程中面对的情况就越为复杂。一是党的基层组织必须实现自下而上的一致性和服从性，因此要求每名党员坚定立场与信念、明确方向与原则、一心一意跟党走，自觉遵守党中央的政治要求并内化为组织的行为规范，在思想和行动上与党中央保持高度一致，有效维护党中央权威和集中统一领导。但因长时间忽略民族关系和党群关系，导致新疆地区"党群离心"，党组织的实践中心局限于党组织内部，而不是倾向于做群众工作。[1] 科层化和官僚化的基层党组织特

---

[1]　杜鹏：《迈向治理的基层党建创新：路径与机制》，《社会主义研究》2019 年第 5 期。

征，使得人民群众对它越来越陌生，群众与党组织的关系越来越疏远，加深了"领导"与"群众"之间的隔阂。[1] 同时，由于基层党员队伍的民族差异以及文化素质和认知能力等特殊性问题，导致党组织和党员的先进性不够，难以深入群众落实政策。二是尼勒克县地处边疆，交通闭塞，经济发展滞缓，教育观念落后，贫困村民甚至是干部的文化水平普遍不高，这不仅影响脱贫攻坚工作的推进，也阻碍人们对于新事物的认知与传播，难以打破传统习俗和观念。三是脱贫攻坚工作中部门分工过细、协调困难，存在垄断、职能混淆和责任能力不对等等问题，从而导致政策落实不力、互相推诿等现象层出不穷。如果出现了这种不作为、慢作为的风气而任由其蔓延，会大大削弱广大干部开展扶贫工作的动力和激情，降低人民群众的满意度和幸福感。只有通过组织队伍破除实施脱贫攻坚的民族障碍，打造相互信任与依存的民族关系，才能为少数民族聚居地区的社会稳定与经济发展、精神与就业扶贫奠定坚实的基础。

在组织队伍建设面对各种复杂问题的情况下，尼勒克县首先从党内建设着手，不断强化党的政治纪律和政治规矩，有效引导和塑造组织内部每个成员的具体行为，培育党内科学的价值观，并且通过摸排整顿提高基层党组织的纯洁性和战斗力，充分发挥党员的模范和榜样作用。其次是健全机构，明确各级分工，有效调配资源，将工作注意力集中转移到脱贫攻坚的任务上来，以各种各样的动员形式去执行政策，以行政资源的调动和权力再分配的方式去提高政府治理效能，从县乡（镇）村三个层面实现贫困地区群众的扶贫需求与扶贫供给无缝对接。在完善机构建设和职能分工的同时着手优化人员配置，综合考虑年龄、族别、语言、文化等因素，加强脱贫攻坚的队伍建设，实行少数民族干部和汉族干部相结合的强强配置。最后是严格考核问

---

① 赵大朋、简皎洁：《论新时代基层党组织组织力的内涵与建设路径》，《社会主义研究》2019 年第 5 期。

责，以此实现脱贫工作的最高目标，要保障民众的利益，就必须保证政令的执行效果和政策执行效率。

一、发挥党组织的引领作用

尼勒克县通过从上到下深入抓党建促进脱贫攻坚工作的落实，强化各级党组织在发展少数民族农牧民党员工作中的职能作用，通过多种途径实现党建与脱贫工作的紧密结合。一是夯实基层党组织基础，落实基层党建责任制。通过大力实施抓党建促脱贫攻坚，让广大干部服务大局讲担当。统筹兼顾城乡发展，整合城乡资源，做好稳定与脱贫工作，把脱贫攻坚工作嵌入基层组织建设中，凝聚力量一举脱贫。二是在进行脱贫攻坚工作时，细化和明确各项基本要求，自上而下构建起基层党组织政治建设的指标体系和考核体系，强化政治任务的可操作性。三是加强日常管理工作，确保基层党组织实现自我调整和整合常态化。坚持利用每月1次常委会、每季度1次党建工作领导小组会议研究部署党建工作。四是充分发挥支部引领作用，以"强组织、强队伍"的党建目标引领"兴产业、富群众"的脱贫目标，解决困难群众的实际问题。尼勒克县根据地域特点发展相近的产业，发挥各自优势互补合作以实现多方共赢，创建了"支部+企业+合作社+农户"发展模式，通过党组织负责人和大学生村官帮带，共同创建以强带弱等方式，培育了具有民族特色的村级创业单位，把少数民族妇女擅长的刺绣、奶酪制作、服装缝纫等进行规模性生产，辐射带动"一村一品"特色经济增加农牧民收入。

尼勒克县重视政治建设的问题导向。立足于自身实际，把党中央的原则性要求与基层党组织所面对的具体问题、具体情况结合起来，采取灵活多样的措施，提高基层党组织战斗力。2016年以来，尼勒克县基层服务型党组织以解决问题为主要方向，防控风险把握基层建设主动权，对全县89个基层党组织进行倒排，对存在基础不牢、内部不稳定、影响工作开展等问题的基层党组织进行挂牌整顿，建立对软弱涣散基层党组织的整顿机制。一是对软弱涣散的后进基层党组织，采取县委书记亲自带头，县级领导班子成员共同参与治理，深入整顿部分基层党组织软弱无力、松散懈怠的工作作风。二是对黑恶势力进行清除，指导乡（镇）场对全县换届后的两委干部、村民小组长、网格长再次进行政治审查，建立村干部县级联审和动态调整机制，深入开展村两委换届回头看。三是结合"不忘初心、牢记使命"主题教育深入净化基层党组织，把不符合任职资格的村干部清理出去，打造一支强健的村干部队伍。

在完成脱贫攻坚任务的过程中，党组织和党员的先进性主要体现在践行群众路线的能力。不断激活并强化党员身份意识，可确保基层党组织自我整合与调整的深层化。激发党员本身的政治觉悟，不仅能对上级政策予以配合与执行，还能在群众中发挥带动作用，从而使得党员和群众均成为为扶贫脱贫工作冲锋陷阵的主力。老党员对当地情况比较熟悉和了解，在群众中有威望，往往可以成为基层干部能够依靠的对象。借助他们出面做群众工作，可取得较好的效果，从而有效调动和串联起群众的参与动力，最终形成干部和群众联动的工作氛围。一是充分发挥老党员、少数民族党员的作用，让党组织和党的工作深入人民群众、密切党员干部和人民群众的关系。二是全面推行"一支部+五中心+网格+党员（联户）+村民"五级联动管理体系，提高村级党组织的组织领导力。村民小组长和党员干部在支部中心的领导下加强服务与管理。根据村民居住连片、集中的情况划分网格并配备网格长、网格员。将居住地的10—15户划分为一个联户单位，民主选举产生联户长，明确网格长、联户长的工作职责。三是不断加强流动人员和重要人员的管控，织密防控摸排网络。严格贯彻落实《中国共产党农村基层组织工作条例》，探索基层党组织治理新模式。

二、完善组织机构建设

脱贫攻坚需要各级政府部门的投入，然而现有的政府架构条块分割、各司其职，不利于脱贫攻坚的协同。尼勒克县抓住组织机构建设这个关键点，构建和完善组织架构体系，通过打通各级、各部门来统筹脱贫攻坚工作。一是尼勒克县建立了具有权威性的"脱贫攻坚指挥部"，对扶贫工作进行统筹布局、统一安排。从而打破了常规的分科设岗、分工配合的官僚体系，建立起了整合资源、集中执行的模式。① 县脱贫攻坚指挥部由县委书记任总指挥，县委副书记、县长任副总指挥，指挥部的建立打破了既有的政府系统的独立性，强化了跨部门的合作，加强了其融合性，以整合内外资源推进扶贫工作。指挥部小组成员的纳入范围很广，包括党委、人大、政府、政协四大家的领导，县扶贫领导小组成员单位负责人，各乡（镇）场党政主要领导，县直各帮扶企业负责人。指挥部小组成员互通有无，融汇各领域的经验与问题，提高政策信息的传达和执行效率。二是成立了扶贫开发领导小组，领导小组下设办公室在县扶贫办，具体负责领导小组日常工作，起着上传下达的承接作用。领导小组各成员单位明确参与脱贫攻坚巩固提升工作的具体职能，确定一名联络员专门负责脱贫攻坚有关工作的协调沟通，参与下乡指导调研，定期报告工作开展情况。三是在办公室下设脱贫攻坚"十四个专项行动组"，专项小组的领导由相应的职能部门负责人担任，凝聚横向力量推进脱贫攻坚任务的实施，提升各项工作任务的落实力度。四是各乡（镇）场同步完善相应的组织机构，实行脱贫攻坚领导小组"双组长"制，乡（镇）场党委、政府一把手担任脱贫攻坚领导小组组长，各副职领导任小组成

---

① 徐明强、许汉泽：《运动其外与常规其内："指挥部"和基层政府的攻坚治理模式》，《公共管理学报》2019 年第 2 期。

员，有效落实县级领导下达的扶贫任务。

尼勒克县委县政府从组织机构上下功夫，各部门承担了脱贫攻坚所需要的具体职能。但要最大程度确保每个环节的扶贫任务都能落实到位，还需要明确各级分工。尼勒克县通过明确县乡（镇）村各级责任，有效分工，深入推进脱贫攻坚任务的完成。主要表现在以下三个方面：

其一，县级层面负责统筹推进。在明确脱贫目标和脱贫任务的前提下，制定全县脱贫攻坚实施规划和年度计划，并做好组织安排与实施工作，统筹安排该县现有人力、物力等资源，根据实际情况调整优化财政支出结构，对与扶贫相关的项目、资金、措施给予重点支持；并统筹对口支援项目、专项扶贫资金、行业帮扶力量等其他帮扶主体资源，真真正正地为贫困群众解决实际困难，实实在在地给贫困户提供帮助，提高扶贫资源的利用效率；统筹督导考核，县委和政府督导乡（镇）场组织根据退出办法把关贫困村、贫困人口精准识别和退出的标准、条件与程序，做好建档立卡和引导退出工作，对其具体情况进行检查考核，保证贫困户退出是真实有效的，避免乱退、错退。

其二，乡镇负责落实扶贫任务。各乡（镇）场党委和政府围绕脱贫攻坚目标，科学制定本乡（镇）脱贫攻坚总体规划和年度计划，因地制宜编制扶贫项目书，做好项目的申报、储备和实施，建立村级脱贫发展项目库；组织帮扶单位和帮扶干部分别落实项目，指导贫困村建立精准扶贫、精准脱贫工作落实平台，做好承接和实施项目的准备工作；根据县级要求组织人员进村入户开展精准识别、针对贫困村民的实际情况实施精准帮扶，全面建立贫困人口档案卡册和脱贫台账，不漏一家一户，确保建档立卡信息真实完整、准确有效；及时收集、更新辖区贫困人口脱贫、贫困村退出信息，做好档案资料收集、整理和管理工作，保证达到脱贫攻坚"两率一度"的标准。

其三，村两委负责一线工作。村两委在乡镇指导下建好、用好村级扶贫脱贫工作落实平台，统筹好村级班子、警务室、住村管寺干部、支教干部等村级和各类到村帮扶力量，积极发挥各自能力和作用，确保各方面帮扶措施落实到位。村级领导充分结合民族特点，挖掘当地特色优势，制定适合本村的、科学的脱贫规划和计划，精准选择对当地脱贫有针对性的扶贫项目。鼓励支持党员干部在技术上、产业上获得发展，使家庭变得富裕起来，并以此为示范来引导困难群众积极探索走出贫困的道路。

三、加强队伍建设

有了完善的组织机构和明确的职责分工，还需要强有力的队伍去执行任务，为此尼勒克县通过强化脱贫攻坚中的人员配置保证政策的有效落实。一是合理配置人员。从各成员单位抽调有能力的人到县级脱贫攻坚领导小组工作，配齐人员进行分工与协作；领导干部的选用对维持贫困乡镇和谐稳定与发展十分重要，给贫困乡镇配备的党政领导都是立场坚定、政治素质高、作风过硬、工作能力强、经验丰富、熟悉基层情况的干部，以不脱贫不换人为原则，让其发挥优势带领贫困群众脱贫致富；乡村是开展扶贫工作的一线战场，乡村领导班子是落实相关政策和措施的基本保障。少数民族聚居地区，少数民族干部发挥着重要作用，精准选配贫困村第一书记，选举有能力的少数民族村民担任村长，将有能力的少数民族村民转化为扶贫工作者，打破村民与干部之间沟通的障碍，让贫困村民自觉主动讲困难、渡困难。二是储备人才力量。有计划地安排优秀的后备干部到贫困乡（镇）村工作，便于及时调整人员流失问题。在人才招录上放宽条件，及时录用本地人才以保持人员稳定性，特别是优秀返乡大学生、带头致富及带领群众致富的能人、复原退伍军人、务工返乡工人等要优先考虑。留住这类人才既能让其发挥聪明才干，又能为本地脱贫事业发展作贡献，还能解决农村干部人才断层的问题。三是给基层干部提供培训和学习的机会，提高整体能力素质。通过派送干部到浙江、江苏等地参观、学习，让干部们开拓眼界找差距，改变自身的陈旧观念，有助于创新工作思路和工作方法；邀请专家、学者等到县里对干部进行有针对性的培训，提升其学习能力和专业能力，培养一批不仅懂扶贫还会帮扶的扶贫干部。四是加强激励关怀。扶贫工作是一项长期而艰苦的任务，意味着很多扶贫干部长期处于高强度的工作状态，一年到头有家不能回、有假不能休，身心皆经历着磨炼与考验。因此尼勒克县在事业发展、工资待遇、经费保障、工作条件和生活环境等方面为扶贫干部排忧解难，缓解紧张急迫的环境氛围，以调节工作和生活压力，提升干部做事创业的积极性。

四、严格考核问责

要实现脱贫工作的最高目标，保障民众的利益，就必须保证政令的执行效果和政策执行效率。尼勒克县充分发挥考核问责的指挥引导作用，从多个方面督促广大干部切实高效地开展脱贫攻坚工作。只有实行严格的考核督查问责，规范领导干部的工作行为和工作方式，充分发挥监管作用，遏制干部的投机行为，才能最终确保脱贫攻坚各项决策部署贯彻执行。一是制定考核依据，通过制定和完善《尼勒克县直机关、企事业单位定点帮扶工作考核细则》，对各部门（单位）及干部的扶贫工作情况进行认定与考核，考核结果作为单位或个人年度考核、绩效考核的重要依据。二是明确考核主体，县扶贫开发领导小组负责监督部门和乡（镇）场，工作不实、落实不到位的就向县委县政府报告并提出责任追究建议，对没有完成年度脱贫任务的党政主要领导进行约谈，对没有按时间规划完成整村推进任务的乡（镇）场进行问责。基于所在村两委在乡党委牵头下提供的帮扶单位、企业及干部一对一帮扶情况，由县委组织部、县纪检委牵头，县脱贫攻坚十四个专项行动组和县扶贫办具体配合，对乡、村两级脱贫攻坚工作进行考核。由县脱贫攻坚指挥部具体负责，县委组织部、县纪检委具体配合，对县脱贫攻坚十四个专项行动组进行考核。三是实行通报制度，县脱贫攻坚指挥部督导组不定期进村入户开展督查，实行一月一通报制度。定期在全县范围通报各乡（镇）场、各贫困村脱贫攻坚工作完成情况和存在的问题以及帮扶单位一对一精准帮扶情况。定期向上级主管部门通报驻县帮扶单位、企业和垂管部门的帮扶情况。四是公开资金、项目的使用，遵守扶贫资金公告公示及监管制度，真实主动地将扶贫资金、项目使用情况面向大众公开，自觉接受审计监督和社会监督，严厉惩处借助职务之便侵占挪用，弄虚作假、扰乱扶贫资金使用等职务犯罪行为。

有效的监管机制不仅能够管控干部行为，也能够激励干部不断提升自身能力素质。一是按照有关规定对出色完成脱贫工作任务的单位和个人予以适当的表彰，并作为干部选拔晋升时的重要参照依据。领导干部需要在年度述职报告里说明脱贫攻坚责任制的落实情况，各级领导干部的政绩考核与脱贫攻坚挂钩，实行一票否决制。约谈在第三方预评估中发现脱贫任务推进缓慢和工作较差的乡（镇）场党政主要领导和村两委责任人，实行末位淘汰问责，排位靠后的进行党内处分，原则上不得提任。二是对在自治州、自治区、国家核查验收和正式第三方评估中，未完成年度脱贫攻坚任务的乡（镇）场党政主要领导和村两委责任人就地免职，且在问责上上追一级，包村包乡县级领导一同追责。三是对在一对一精准帮扶工作中玩忽职守、草草了事、造成不良影响的单位、企业、"访惠聚"工作队和个人，依规依纪依法追究相关责任，且所在单位和"访惠聚"工作队不得评优评先，绩效补贴全额扣除，若是文明单位、民族团结模范单位的一律取消资格，所涉及企业一律停业整顿。

偏远的地理位置、薄弱的经济基础、复杂的民族关系，以及落后的教育水平导致尼勒克县的脱贫攻坚任务极具复杂性和艰巨性，在这一场"拔寨夺营"的攻坚战中面临着重重困难。高质量的组织队伍在民族融合导向下的脱贫攻坚中发挥着关键作用，因为他们是具体的政策制定者、执行者和监督者。组织是否有效、队伍是否强大是决定脱贫攻坚工作成败的关键因素。尼勒克县坚持党的领导，强化组织队伍建设，使得各项扶贫脱贫工作都能落到实处，实现预期效果。

第四章

民族融合导向下的贫困
人口能动性整合

尼勒克县的贫困人口能动性困境主要表现为"志短"和"智乏"。其中，历史传统、宗教信仰、地理环境和传统扶贫方式等方面因素共同导致了尼勒克县贫困人口的"志短"困境，教育资源缺乏、教学质量偏低、普通话推广不利、技能培训落后导致尼勒克县贫困人口的"智乏"困境。对此，尼勒克县开展了整合多民族脱贫动力的思想"扶志"与整合多民族脱贫能力的教育"扶智"的尼勒克县贫困人口的思想整合实践。"扶志"方面的实践主要体现在舆论亮剑、思想引领、宗教祛魅、文化建设四个方面；"扶智"方面的实践主要体现在教育质量提升、教育服务均等化、普通话推广和职业技能扶持四个方面。从成效上来看，"扶志"提升了贫困人口的脱贫动力，"扶智"提升了贫困人口的脱贫能力。尼勒克县"志智双扶"经验启示是，主体性交融是民族融合的重要机制之一，"扶志"与"扶智"本质上是对贫困人口能动性的整合，"扶志"带来的思想文化交融和"扶智"带来的社会化融合有助于促进各民族间的融合。

第一节　尼勒克县贫困人口的能动性困境

在尼勒克县贫困人口的能动性困境中，"志短"和"智乏"反映了一种贫困亚文化①，这种贫困文化又促成了贫困再生产。在社会学

---

① Lewis, Oscar, *Five Families: Mexican Case Studies in the Culture of Poverty*, New York: Basic Books, 1959.

层面，贫困的污名化以及社会排斥使贫困人口感到缺乏尊重，容易形成自卑情绪，进而对外界产生排斥[1]，难以实现个人发展。在心理学层面，由于人类大脑的认知能力有限，而贫困人口面临的资源匮乏问题耗费了其认知能力，导致其在面临选择时认知能力下降[2]。有研究认为，贫困人口偏向收益小而快的选择会导致一种恶性循环，即贫困会造成短视的选择，而这种选择又会加剧贫困[3]。由此可见，"志智"困境本质上是反贫困主体缺失[4]的问题，即贫困人口自身的动力、能力不足，难以依靠自身摆脱贫困，往往会造成贫困再生产。在精准扶贫开展以前，反贫困主体的缺失在主观层面极大制约了尼勒克县的社会经济发展，阻碍了全县的脱贫进程，使得该县自20世纪80年代以来长期陷于贫困。

一、"志短"：内生动力困境

"志短"是一种认知问题，主要表现为贫困人口缺乏脱贫致富的动力和意识，在精准扶贫中长期处于被动地位。尼勒克县贫困人口"志短"的内生动力困境成因主要可以从以下四方面进行分析。

（一）历史脉络。尼勒克县具有悠久的游牧传统，历史上，塞种人、大月氏人、乌孙人、匈奴人、突厥人等马背民族曾先后在此繁衍生息。受传统生产生活方式的影响，当地人的思想观念具有典型的游牧特征，一方面，农牧民热情好客，生活积极乐观；但另一方面，与现代化浪潮相比，农牧民多安于现状，缺乏一定的进取精神。

---

① 杨雅莉、庄子豪、邱锋露、李怡林、刘飞翔：《脱贫决胜期"志智"双扶存在的问题与对策》，《台湾农业探索》2018年第5期。
② Mani A., Mullainathan S.Shafir E., & Zhao, J., Poverty Impedes Cognitive Function, *Science*, Vol. 341, August 2013, pp.976-980.
③ 梁竹苑、刘欢：《跨期选择的性质探索》，《心理科学进展》2011年第7期。
④ 蒋永穆、万腾、周宇晗：《基于政府集成的中国特色减贫道路（1978—2018）：历史进程和逻辑主线》，《当代经济研究》2018年第12期。

（二）宗教信仰。一直以来，尼勒克县少数民族多信仰伊斯兰教，由于缺乏合理引导，一些迷信思想和极端宗教思想开始在部分群体中蔓延，固化了尼勒克县部分群众的保守落后思想，导致贫困人口对现代化发展观念和生产方式存在一定排斥心理。

（三）地理环境。尼勒克县地处天山西段的喀什河谷，南北受天山阻隔，东西狭长，地理位置相对封闭。在精准扶贫开展以前，尼勒克县域内道路交通长期不畅，有线电视、互联网等通信设施十分滞后，进一步限制了当地人与外界的沟通，导致尼勒克县贫困人口的思想相对闭塞。

（四）扶贫方式。尼勒克县自20世纪80年代就被确定为国家级贫困县，在精准扶贫开展之前，对尼勒克县的贫困帮扶主要以"输血式"扶贫为主，这种扶贫方式难以激发贫困人口的主观能动性，导致部分贫困人口逐渐养成了依赖思想。

守旧的历史传统、极端的宗教思想、闭塞的地理环境和低效的扶贫方式等多方面因素共同导致了尼勒克县贫困人口"志短"的贫困亚文化，表现为贫困人口思想保守、观念落后、容易自我满足，存在小进即满、小富即安的狭隘思想，再加上与外界的交流受阻，贫困人口较少接触发达地区的现代化生产方式、生活方式和价值观念，因此长期处于低水平发展状态，贫困代际相传。此外，长期"输血式"扶贫使部分贫困人口产生了"等、靠、要"的依赖思想，对"扶我贫"的期望高，而"我脱贫"的行动少，甚至还有一些贫困人口对脱贫攻坚政策不清晰、不理解，甚至误解、曲解，乃至经常提一些不合理的诉求，阻碍了脱贫攻坚进程。

二、"智乏"：发展能力困境

"智乏"主要表现为贫困人口普遍受教育程度不高，脱贫致富的发展能力和对疾病等风险因素的应对能力偏弱。尼勒克县"智乏"

的发展能力困境成因可以从以下四方面进行分析。

（一）教育资源。教育资源问题主要表现在教师资源上，尼勒克县的教师资源缺乏，存在区域结构不合理、年龄结构不合理、学科结构不合理等问题。一直以来，尼勒克县教师数量的缺口偏大，部分学校在投入使用时面临着教师短缺的问题。同时，尼勒克的县聘教师数量多，不少教师还要承担社会性事务，加上教学任务重、工作压力大，导致每学期都有教师辞职，教师队伍不够稳定。教师资源不足限制了尼勒克县贫困人口的受教育机会，在一定程度上固化了当地的贫困亚文化。

（二）教育质量。过去尼勒克县学校的内涵式发展滞后，办学特色不明显，违背教育教学规律及学生身心发展规律的行为时有发生，导致了教育质量偏低。同时，全县城乡村教育质量不尽均衡，城区学校的管理水平、师资配备、教研发展和教学水平普遍高于乡镇，乡镇又普遍高于农村，再加上转岗教师的影响，导致农村地区的一线教师短缺，任课教师难以承担授课任务，教育质量偏低且提升缓慢。教学质量不足限制了贫困人口的素质提升，客观上导致了贫困的代际传递。

（三）普通话推广。尼勒克县双语教师的汉语教学能力不足，基本胜任的教师都或多或少存在着语言不规范、书写能力和教学能力偏低的问题，在一定程度上影响了普通话推广的质量。此外，由于缺乏有效措施，尼勒克县国家通用语言文字教学的推进过程缓慢，导致少数民族群众的普通话交流水平整体偏低，限制了其与外界的交流。

（四）职业教育。尼勒克县的职业教育面临师资力量薄弱、专业教师不足的问题。按照正常的中职师生比例，全县的教师储备不能满足职业教育需求。职业教育落后限制了尼勒克县贫困人口的技能提升，加上在精准扶贫之前技能培训缺乏，导致贫困人口的生产能力不足，难以实现就业增收。

教育资源缺乏、教学质量偏低、普通话推广缓慢、技能培训落后导致了尼勒克县贫困人口的"智乏"困境，加剧了贫困亚文化，表现为素质教育和职业教育长期落后，国家通用语言文字教学推进缓慢，不少农牧民文化程度偏低，普通话水平较差，生产技能不足。此外，结合尼勒克县所处的现实社会背景来看，就贫困家庭在校生而言，部分学校的教育管理不强，对在校学生养成教育和感恩教育不足，埋下了贫困代际传递的隐患。就贫困家庭劳动力人口而言，由于畜牧业的流动性较大，影响了培训班出勤率，而课堂外又缺乏良好的语言环境，导致普通话能力提升缓慢。同时，由于职业教育发展不足，农牧民的劳动技能缺乏，难以胜任技术性工作，无法满足疆外企业的务工条件，导致农牧民依靠自己摆脱贫困的能力不足。

第二节　尼勒克县贫困人口的能动性整合实践

"扶志——扶智"增强贫困群众内生动力是习近平总书记扶贫思想的重要内容和战略取向[1]。虽然社会学和心理学的解释视角都在一定程度上论述了贫困亚文化会促成贫困的再生产，但是这种困局并非是不可逆的。针对贫困人口因选择造成的贫困恶性循环，有研究认为，作为信仰系统的最高层，价值观对人格具有统领作用，是贫困人口行动的核心动力，决定了其生活目标和生活方式[2]。因此，克服贫困亚文化的影响，改造贫困人口的贫困价值观，激发贫困人口的内生动力是脱贫攻坚的前提条件。贫困人口价值观的改造本质上是一个"主体意识"唤醒的过程，人本主义认为，个体的尊严和价值会激发

---

[1]　黄承伟：《论习近平新时代中国特色社会主义扶贫思想》，《南京农业大学学报（社会科学版）》2018 年第 3 期。

[2]　傅安国、吴娜、黄希庭：《扶贫先扶志：心理学的研究结果与质疑》，《西南民族大学学报（社会科学版）》2019 年第 5 期。

其"自我实现"动力①。所以说,"志智双扶"的关键就是注重贫困人口的自身发展,从内生动力和能力两方面完成对贫困主体的增能。具体来说,"扶志"就是通过宣传引导贫困人口摆脱依赖思想,化解其自卑的消极情绪,帮助其树立积极向上的价值观念,增强其脱贫致富的主观动力;"扶智"就是通过知识教育和技能培训,增强贫困人口脱贫致富的客观能力②。

尼勒克地处西北边疆,县域内民族构成多元。在"志智双扶"中,地区内的贫困文化需要被根除,全域性的扶贫思想需要被认同,通过这一实践,贫困人口的消极思想会逐渐被社会主义核心价值观取代。在地区层面,个体低能动性整合进群体高能动性中,体现了县域内各族群众在个人主体意识上的融合。在国家层面,地方低能动性整合进全域高能动性中,体现了边疆地区和国家中心地区在社会发展观念上的融合。从实践意义上看,尼勒克县的"志智双扶"整合了各族群众的能动性,增进了县域内各族群体间的思想交融,具体来说,"扶志"体现了对各族群众脱贫动力的整合,"扶智"体现了对各族群众脱贫能力的整合。

一、思想"扶志"

扶贫要加大力度培育内生动力。基于多方面原因造成的内生动力不足是尼勒克县贫困发生的重要原因,不提升贫困人口的内生动力,单纯靠外界"输血式"扶贫不可能从根本上解决贫困问题。增强内生动力的关键就是扶志,以此搭建贫困人口内生动力的基石,化解贫困

---

① 莫光辉、张菁:《基于"人本主义"视角的贫困人口扶志扶智路径创新》,《中共中央党校学报》2018 年第 3 期。

② 王美玉、李大为:《党的十八大以来中国共产党扶志与扶智思想的发展——扶贫开发工作内生动力培育研究》,《湖南社会科学》2019 年第 1 期。

人口与非贫困人口之间的"报复差距"①。尼勒克县的"扶志"集中体现在舆论亮剑、思想引领、宗教"去极端化"、文化建设四个方面。

（一）舆论亮剑

按照精准、高效、全面、立体的宣传要求，尼勒克县利用县广播电视、"尼勒克零距离"、互联网等媒体资源以及各贫困村阅报栏、宣传栏进行了广泛密集的扶贫宣传，开展了一场舆论亮剑行动，具体包含四个方面。

1. 宣传扶贫思想。尼勒克县着重宣传习近平总书记关于新时期扶贫开发工作一系列新思想、新观点、新论断，并以此为理论源泉，着眼准、实、新，引导各族干部群众用习近平总书记扶贫开发战略思想武装头脑，开展了脱贫攻坚战。

2. 宣传扶贫实践。尼勒克以县委县政府在脱贫攻坚中取得的效果为基础，结合各乡（镇）场、各部门（单位）、"访惠聚"（访民情、惠民生、聚民心）工作队等一线帮扶人员工作实践，宣传了在产业发展、就业帮扶、易地搬迁、教育支持、医疗服务、兜底保障等与民生息息相关的帮扶领域取得的成效及经验，激励全县各族群众坚定了打赢脱贫攻坚战的决心。

3. 宣传先进典型。通过深入挖掘全县各级党组织和党员干部带领群众脱贫致富的鲜活典型、先进事迹和感人故事，尼勒克县制作并展播了反映扶贫工作先进事迹、展示精准扶贫发展成果的优秀专题片，锻造了独具尼勒克特色的勇于担当、事迹突出、群众认可的先进典型。

4. 宣传社会扶贫。尼勒克县大力宣传社会力量的脱贫攻坚实践，并以政策问答、"一封信""明白墙"等系列活动为载体，引导社会各界关注贫困问题、关爱贫困人口、关心扶贫工作。通过上述工作，

---

① 刘合光：《精准扶贫与扶志、扶智的关联》，《改革》2017 年第 12 期。

尼勒克县提升了社会扶贫的影响力和号召力，动员了广泛的社会力量参与脱贫攻坚，营造了各类资源聚集脱贫、各界人士共助脱贫的良好氛围。

（二）思想引领

思想引领的核心是通过宣传扶贫政策和社会主义核心价值观为贫困人口注入脱贫动力，引导贫困人口树立自主脱贫的思想意识。尼勒克县的思想引领主要通过政策宣讲和教育引导两方面进行。

1. 政策宣讲。尼勒克县的政策宣讲的方式包含集中宣教和入户宣讲两种，集中宣教主要是通过周一升国旗和农牧民夜校等平台，以扶贫惠民政策宣传、脱贫典型宣传和感恩教育为重点内容，采取领导干部深入讲、宣传员反复讲、脱贫致富创业代表现身讲等形式开展的群众教育宣传活动。入户宣讲的形式较为灵活，既包括通过组织各级帮扶干部和"访惠聚"工作队员担当信息员、宣传员和讲解员，深入基层、深入群众开展思想教育宣传，又包括依托送政策、送信息、送法律、送文化、送科技、送健康的"六送"活动进行宣传。此外，尼勒克县还紧抓"10·17全国扶贫日"、"民族团结一家亲"和"两个全覆盖住户"等契机，发挥包联干部、结亲干部、住户干部的作用，开展"政策宣讲进万家"活动，并通过"名师大讲堂""六学七讲"下基层等宣教手段组织巡回宣讲。政策宣讲的主要内容是宣讲全国、全区、全州、全县的脱贫攻坚总体思路、方针政策以及具体惠民政策，以使贫困户掌握政策享受的申报程序、所需资料和政策标准，弄清自家已经享受的扶贫政策。同时，尼勒克县将现代生产生活方式的推广融入政策宣讲，引导各族农牧民群众吃饭上桌、睡觉上床、改革旱厕和经营庭院，以转变其传统生活方式。

2. 教育引导。教育引导的重点对象有妇女和青少年。尼勒克县对妇女的引导以"妇女之家"为载体，通过"百万妇女大宣讲"活动对各乡（镇）场贫困妇女宣传党的方针政策，引导她们树立正确的世界观、人生观、价值观，鼓励其自力更生、艰苦奋斗，增强她们对发展致富的信心，引导其做好家庭成员的思想工作。尼勒克县对青少年的引导着重加强对青少年的爱国主义教育、去极端化教育、民族团结教育和法治宣传教育，通过广泛开展各类文化体育活动，以农村青年喜闻乐见、便于参与的方式宣传党的政策，引导农村青年进一步坚定跟党走的理想信念和脱贫致富的信心。教育引导的核心是思想，通过思想引领，有助于促进各族群众深化认同社会主义核心价值观，推动贫困人口思想观念转变，培养贫困户成为政策上、经济上、思想上、表达上的明白人，让贫困群众明白只要劳动、只要付出就一定能够改变贫困落后的局面，激励其向贫困宣战的斗志。

（三）宗教"去极端化"

在尼勒克县，极端宗教思想在部分群众中的蔓延在很大程度上阻碍了贫困人口的思想转变，限制了其脱贫致富的主观能动性，混淆了贫困人口的价值认同。对此，尼勒克县开展了"去极端化"宣教的宗教祛魅行动，具体包含以下七个方面。

1. 打造祛魅载体。尼勒克县开展了如"美丽长头发比赛""麦西来甫进庭园""刺绣作品展""传统民族服饰展演"等一系列民间文艺特色活动，推广精品民俗，提高了各族群众抵御宗教极端思想渗透的"免疫力"。

2. 创新祛魅形式。尼勒克县充分发挥草根宣讲员和民间艺人的作用，通过小品、情景剧、快板、阿肯弹唱等文艺活动，提高宣传教育的吸引力、感染力，把人们的思想和行动引导到谋发展、盼富裕、促和谐上来。

3. 丰富祛魅手段。尼勒克县采取集体学习与个人自学相结合、集中培训与专项教育相结合、民汉干部结对互学等方式，把宣传教育活动推向深入。同时，组建"巴扎宣传队""巴扎文艺队""马背宣传队",深入各偏远农牧区居民点开展上门送学,进行入户宣讲、互动宣讲和以案说法,确保宣传教育到户、到人,不留死角。

4. 定位祛魅重点。遵循"因地制宜、因人而异、因需授课"的原则,尼勒克县对"80后""90后"青年采取了法律法规教育、"去极端化"宣讲以及订单、定向、定岗技能培训;对特殊人群采取了"一人一组一方案"有针对性开展法律法规和"去极端化"宣讲培训;对普通群众开展了"双语"、法律法规、民族宗教政策、种养殖技术和职业技能等方面培训。通过上述实践,尼勒克县提高了各族群众的思想觉悟和是非辨别能力,提升了贫困人口的致富能力和就业能力,将群众的思想愿望引导到了运用党的优惠政策发家致富上来。

5. 加强网络祛魅。尼勒克县通过"尼勒克县发布"官方微博和"与你同行"微信公众平台,开设专栏大力宣传党的大政方针、惠民政策和民族团结教育,揭批极端宗教思想,让各族群众深刻认识到了极端宗教思想的危害。

6. 狠抓祛魅实效。尼勒克县通过经验交流、现身说法、案例分析等方式,开展了知识竞赛、结对互学、技能比武、才艺比拼等多种形式的活动,增强了各族干部群众的积极性和"去极端化"宣传教育的实效性。

7. 加强法治教育。一方面,尼勒克以县乡两级"理论讲堂""农牧民科技培训学校"为平台,以县乡两级司法部门为主体,以"一反两讲"和"两文件一条例"为重点,在各族农牧民群众中开展千名律师进乡村(社区)法律宣讲、"法治讲堂"、法制"六进"、普法知识竞赛、法制宣传有奖问答等活动,以理论讲解、案例分析、法律问题解答的方式向基层群众宣传法律法规、民族宗教常识,讲解"法律援助"政策以及26种非法宗教表现。另一方面,尼勒克结合全县"揭盖子"工作成果制作法制宣传教育警示片,组织警示教育图片展，开展了"以案说法"警示教育，引导各族群众学法、知法、守法、遵法、用法，提升法治意识，以消除"教大于法"的错误观念。

（四）文化建设

贫困文化既是尼勒克县贫困发生的主观原因，也在一定程度上造成了贫困再生产，形成了贫困的代际传递。基于贫困文化与贫困之间的联系，精准扶贫应该注重改造贫困文化，突破贫困文化产生的社会规范[①]。在脱贫攻坚中，为了革新贫困亚文化，尼勒克县进行了文化建设实践，具体包含以下四个方面。

1. 贫困村公共文化服务体系建设。贫困村公共文化服务体系建设包含文化阵地建设和文化人才建设两方面。在文化阵地建设中，尼勒克县以伊犁州创建国家第四批公共文化服务体系示范区为契机，通过实施基层公共文化设施完善和效能提升计划，从乡镇到农村，建立了"综合文化站——文体活动室——文化中心户"的多层次文化设施体系，实现了13个乡（镇）场均有综合文化站，89个村队（社区）均有健身广场、文化活动室，以及1—2户具有示范作用的"文化中心户"的多层次文化功能区，切实提升了乡村综合文化站的服务功能。在文化人才建设中，尼勒克县积极开展了"结对子"文化交流行动，通过连接江苏常州武进区对口援疆单位和奎屯市对口扶贫工作单位，突出"采、创、送、种"，深入开展了文化结对交流，通过与对口单位宣传文化互访、文学艺术交流、书画摄影采风等文化交流活动，培养了一批宣传文化人才，提升了人才队伍水平。

2. 文明尼勒克建设行动。文明县城建设是尼勒克文化建设的重要抓手，通过文明尼勒克建设，有助于从整体上革新尼勒克的贫困亚

---

① 贺海波：《贫困文化与精准扶贫的一种实践困境》，《社会科学》2018年第1期。

文化，消除贫困亚文化等对社会的侵蚀。在具体实践中，文明尼勒克建设主要体现在四个方面。

（1）深入道德建设"五个一"活动（一堂夜校课、一场知识竞赛、一次考学、一支宣讲队队伍、一次专题讨论），将社会主义核心价值观贯穿于群众性精神文明创建活动始终。

（2）建立文化演出、社区家政、文明劝导、维稳和"爱心妈妈团"等志愿者服务队，构建县、乡、村三级志愿服务网络体系。

（3）深化"讲文明树新风"主题实践活动，组织开展诚信典型评选、宣传、学习，把诚信建设纳入文明单位、文明村镇、文明小区等评选活动的评分细则，营造诚信光荣、失信可耻的社会氛围。

（4）选树道德模范和身边好人，举办"最美尼勒克人"评选表彰活动和尼勒克县道德模范暨"十佳美德少年"表彰活动，选树民族团结进步模范、道德模范，推动全社会形成人人学典型、争先进、做模范的良好风尚。

3. 民族团结文化建设。作为多民族贫困县，尼勒克的文化构成具有多元化色彩，通过民族团结文化建设，有助于整合尼勒克不同文化背景的各民族贫困人口形成脱贫致富的积极文化。在实践中，尼勒克民族团结文化建设主要包含三个方面。

（1）通过开展"面对面畅谈交心"、民族团结"六进""六互""四邻里"等主题实践活动，增进各族干部群众之间互访互助互拜、互相学技术、学语言、互相担保贷款等社会生产生活互动。

（2）通过城镇规划推进"嵌入式"居住、牧民定居混杂式居住以及单位、学校不同民族交叉居住等方式促进民族交融，深入开展"民族团结好伙伴""小手拉大手""民族团结一家亲""双语"教学等活动，让各族学生学在一起、住在一起、玩在一起，促进全县各民族群众共居、共事、共学、共乐。

（3）充分发挥典型示范引领作用，大力宣传全国道德模范陈俊贵、自治区民族团结模范阿勒玛斯别克和乔吉力加甫等典型人物，开展"百名典型模范、千场巡回宣讲"、学习民族团结先进模范事迹报告会等专题活动，用身边事教育身边人。

4. 文化惠民服务。文化建设落脚点是文化服务，具体包含文化活动展演和文化设施供给两部分。

（1）文化活动展演。尼勒克县各乡（镇）场、村（社区）党组织通过发挥基层文化带头人和民间艺人等文化群体的作用，在贫困村广泛开展了群众喜闻乐见、形式多样、寓教于乐的文化活动。例如，尼勒克县组织开展以"我们的节目"为主题的系列活动，包括科技文化卫生法律"四下乡"、百日文化广场、农村大舞台、草根艺人演出周、农民绘画大赛、农牧民小品大赛等多种形式，推动了贫困群众的文化参与，提升了贫困人口的文化素养。同时，尼勒克县还注重将文化建设与脱贫攻坚相结合，通过"送文艺演出进贫困村"活动，将帮扶干部的工作实践、贫困群众的脱贫故事编排成了歌曲、舞蹈、小品、快板书等文艺节目，以更加生动的形式展现了脱贫攻坚中的鲜活案例，激发了贫困人口脱贫致富的内生动力。

（2）文化设施供给。尼勒克县实施了"科技大篷车""农业科技文化进村入户"等工程，推出了乡村全方位科技服务方式，成立了以致富能手、土专家、科普带头人、农村专业技术员为主体的"科技扶贫"服务团，并通过脱贫攻坚"冬季攻势""科技之冬"和"六送"等活动，到村到户"零距离"进行宣传指导和实用技术培训，提高了贫困人口的科学素质。此外，尼勒克县以每年每个村送电影不少于1场次的标准组织电影放映队持续开展"送电影进贫困村"活动，同时还根据不同节点开展送图书下基层活动，确保图书馆持续免费开放，并加大了对贫困村农家书屋管理的指导力度。针对过去电视网络信号弱的问题，尼勒克县通过在贫困乡村实施直播卫星村村通、户户通工程，为群众免费提供了中央和地方广播电视基本节目，促进了现代文化的传播。

二、教育"扶智"

治贫先治愚[1]。"智乏"是尼勒克县长期贫困的内在根源，由此导致的贫困人口发展能力不足在不同层面产生了巨大的消极作用。在个人发展层面，贫困人口的"智乏"会形成一种"智能鸿沟"，使贫困人口难以在信息社会中掌握相应能力来实现个人与社会的协调[2]。在社会发展层面，人力资本开发是实现乡村振兴的首要前提[3]，而贫困人口的发展能力不足则是提升农村人力资本的主要障碍。在脱贫攻坚层面，"扶志"与"扶智"之间相互联系、相互促进[4]，智不足会加剧志不足，即"智乏"会强化"志短"，固化贫困人口的贫困亚文化。因此，只有通过与"扶志"相配套的"扶智"才能从根本上提升贫困人口的能动性，消除贫困亚文化，推动社会发展。教育被认为是扶智的根本手段[5]，对贫困人口的个人发展具有重要意义[6]，是阻断贫困代际传递的关键[7]。尼勒克县的"扶智"以教育扶贫为重要抓手，在教育质量提升、教育服务均等化、普通话推广和职业技能扶持四个方面开展了广泛实践。

---

① 《十八大以来重要文献选编》（下），中央文献出版社 2018 年版，第 42 页。
② 冯仰存、任友群：《教育信息化 2.0 时代的教育扶智：消除三层鸿沟，阻断贫困传递——〈教育信息化 2.0 行动计划〉解读之三》，《远程教育杂志》2018 年第 4 期。
③ 《中共中央国务院关于实施乡村振兴战略的意见》（中发〔2018〕1 号）。
④ 张志胜：《精准扶贫领域贫困农民主体性的缺失与重塑——基于精神扶贫视角》，《西北农林科技大学学报（社会科学版）》2018 年第 3 期。
⑤ 任友群、郑旭东、冯仰存：《教育信息化：推进贫困县域教育精准扶贫的一种有效途径》，《中国远程教育》2017 年第 5 期。
⑥ 朱成晨、闫广芬、朱德全：《乡村建设与农村教育：职业教育精准扶贫融合模式与乡村振兴战略》，《华东师范大学学报（教育科学版）》2019 年第 2 期。
⑦ 曹艳春、侯万锋：《新时代精神扶贫的现实困境与路径选择》，《甘肃社会科学》2018 年第 6 期。

（一）教育质量提升

作为"智乏"的原因之一，教育质量不高是尼勒克县贫困文化长期存在的重要结构因素，对此，尼勒克县采取了大量措施提升教育质量。

1. 加强党的领导。为了确立教育方向，尼勒克县充分发挥了党组织在学校发展中的领导核心作用，开展了"六个好"学校服务型党组织建设，深入推进了平安校园、绿色校园、文明校园、和谐校园创建活动。

2. 完善育人机制。尼勒克县着力构建了政府、家庭、学校、社会"四位一体"的育人机制，以尼勒克县教育微信服务公众平台为导向，建立校内微信公众服务平台，完善网络育人平台的搭建和服务，通过正面网络舆论引导学校、家庭和社会积极参与到教育中来。

3. 维护校园稳定。为了优化教学环境，尼勒克县着力加强"去极端化"、整治"三非"、反邪教宣传教育工作，筑牢意识形态反分裂、反渗透防控体系，确保了教育系统的和谐稳定。

4. 丰富教育内涵。尼勒克县加强了学校在体育、卫生、艺术等方面的教育，大力普及"阳光体育"运动，利用奎屯市对口支援，用一年时间对音体美教师进行全员培训，努力做到"一校一品一特色"。

5. 创新教育管理。为了提升教学管理水平，尼勒克县以"强化责任管理"为抓手，强化了以校长为首的学校教学管理责任和以教师为主体的学科教学管理责任，完善了青年教师达标考核制度和双语教学达标考核制度。

6. 提高课堂效率。尼勒克县以"打造高效课堂"活动为抓手，创新教学方法，建立了教学质量监测、抽测、分析报告制度，实施了教学质量表彰激励和问责制度，充分发挥教学评价机制的激励作用。

7. 推动教育信息化。尼勒克县构建了县、片区、校三级教研网络，深入贯彻落实了教育信息化 2.0 计划，提高"三通两平台"的使用率，实现信息化基础设施和互联宽带网络覆盖城乡各级学校和教育机构。利用信息化平台，尼勒克县开展了"一师一优课、一课一名师"晒课、远程教育送课、网上微课、智慧课堂等多形式普通话教学。

8. 建设素质教育特色基地。尼勒克县在县直小学、中学及在每个乡镇中心学校结合当地文化底蕴和特色，建立特色教育基地，广泛开展了公益劳动、志愿服务、社会调查、主题教育、素质拓展等素质教育活动，以增强学生整体素质。

9. 实现资源共享。在教育扶贫中，尼勒克县广泛开展送教下乡、联片教研、区域教研等活动，重点扶持指导贫困地区薄弱学校教育教学改革，推动了城乡优质教育教学资源共享。

（二）教育服务均等化

教育扶贫的关键是保障贫困家庭子女的受教育权利，其根本内涵就是教育服务均等化。改革开放以来，我国的教育不平等逐渐加强[1]，在小学、中学、高中乃至大学都存在明显的城乡差异[2]。这种差异的主要原因就是家庭的内生资源不足，尤其是父母的受教育水平有限[3]。然而，教育不平等并非是不可改变的，基于社会经济和制度条件的家庭资源对教育的影响会随外部社会力量的作用而变化，比如社会平等化运动[4]。在现实生活中，贫困家庭的收入少，贫困人口的

---

[1] 李春玲：《社会政治变迁与教育机会不平等——家庭背景及制度因素对教育获得的影响（1940—2001）》，《中国社会科学》2003 年第 3 期。

[2] 李春玲：《教育不平等的年代变化趋势——对城乡教育机会不平等的再考察》，《社会学研究》2014 年第 2 期。

[3] 吴愈晓：《中国城乡居民的教育机会不平等及其演变（1978—2008）》，《中国社会科学》2013 年第 3 期。

[4] 刘精明：《中国基础教育领域中的机会不平等及其变化》，《中国社会科学》2008 年第 5 期。

受教育程度低，其子女的受教育机会也会受限，进而造成贫困的代际传递。为了拔除文化穷根，阻断贫困的代际传递，尼勒克县在"扶智"实践中加大力度推进了全县的教育均等化，为农村贫困家庭子女提供了教育条件。尼勒克县的教育均等化措施主要包含三方面内容。

1. 精准摸排。精准摸排的第一步是对全县学生进行登记造册。自 2016 年起，尼勒克县整合教育局、扶贫办、民政局等部门建立了贫困户学生档案，为教育精准扶贫提供了可靠依据，提升了教育扶贫的针对性，确保了贫困家庭学生获得有效资助。2016 年，教育部门针对全县 23677 名学生（包括学前教育、义务教育、高中教育、职业教育）逐一进行了登记造册，共统计贫困户学生 5855 人，其中，享受免学费 5098 人，免书费 3954 人，免住宿费 843 人，免生活补助费 1717 人，享受营养餐人数 3705 人。为了保证摸排的精准性和时效性，尼勒克县进一步完善了贫困户学生管理机制。首先是对建档立卡贫困户学生实行动态管理，做好数据汇总和上报工作，建立控辍保学、贫困户学生和留守中小学生信息台账。其次是对已脱贫且经民主评议和公示无异议后的农村家庭停止对其上学子女的政策扶持，对因灾、因病、因学返贫的非在册贫困户就学子女，经申请审批后纳入扶贫补助范围，提升教育扶贫的灵活性。最后是各乡（镇）场及辖区学校准确掌握外地就读学生情况，防止因易地就读辍学。

2. 教师资源均等化，重点是优化农村贫困地区的师资水平。对此，尼勒克县采用了多管齐下的方式。

（1）采取"补血工程"和"造血工程"相结合的方式，以"县管校聘"为导向，持续推进县域内义务教育学校教师交流轮岗制度，并通过自主招聘补充一批、"三区"支教和援疆教师支教一批、自治区免费师范生安置一批、内地实习大学生顶岗一批，多渠道补充教师队伍。

（2）实施教学能手、学科带头人、教学名师培养工程，以"课外比师德""课内比教学"活动为抓手，大力开展争当具有新疆特色的"四好老师"系列活动，通过教学能手培养工作室建设、教科研学科带头人和名师引领，提升教师队伍素质。

（3）充分利用援疆教师组团式的资源优势，发挥优质学校教师传帮带作用，提高教师管理能力和教学能力。

（4）做好校际间的联盟捆绑发展，通过县直、乡中心学校与乡村薄弱学校联盟捆绑，鼓励优秀教师到贫困乡村中小学、幼儿园支教，加大教师交流力度，提升薄弱学校的师资力量。

（5）建设乡村教师队伍，将教师招聘、培训向贫困乡村倾斜，对到贫困乡村中小学、幼儿园支教教师在提高待遇、评职评先上优先考虑。

3. 贯彻落实教育保障机制。在教育资源分配上，尼勒克县将教育经费重点向贫困乡村、基础教育、职业教育倾斜，建立健全农村学前教育经费保障机制、农村义务教育经费保障机制和农村家庭经济困难寄宿生生活补助机制，实施十五年免费教育政策，保证贫困学生"有学上、上好学"。

（1）学前教育阶段。尼勒克县以加快发展少数民族学前双语教育为重点，依托中央扶贫资金和援疆资金，根据扶贫村实际需求在乡镇、贫困村、易地扶贫搬迁安置点新建、改建公办双语幼儿园，实现了全县所有贫困村幼儿园全覆盖，为贫困家庭子女接受学前双语教育提供硬件保障。同时，尼勒克县全面落实学前三年免费教育，确保了4—6岁适龄儿童幼儿园"应入尽入"。

（2）义务教育阶段。尼勒克县通过统筹配置城乡义务教育资源，将教育经费重点向贫困乡村、基础教育倾斜，配齐了附属设施、教学仪器、设备、图书以改善办学条件，使全县义务教育薄弱学校的办学条件满足了基本需求，巩固了入学率。在具体实践中，义务教育帮扶主要包含四方面内容，一是优化城乡教育资源配置集中办学，依托武进实验学校建设撤点并校，同时在教育需求大偏远地区升校建点；二是实施义务教育薄弱学校改造项目，对贫困学校配套附属设施进行改造维修；三是投入资金实施贫困村学校教师周转房建设；四是落实

"两免一补"政策和营养改善计划，切实解决广大学生离家远、吃午饭难的问题。

（3）高中教育阶段。尼勒克县实施了高中免学费教育，在实现贫困村家庭经济困难高中学生应助尽助的基础上，扩大普通高中贫困家庭学生资助面，对普通高中按 30% 的比例确定家庭经济困难学生进行资助，平均资助标准为每生每年 2000 元。同时，尼勒克县还在县第一中学新建学生食堂、宿舍楼、国家高考标准化考点等设施，减轻考生的家庭负担，有效解决了学生的食宿问题。

（三）普通话推广

尼勒克县少数民族众多，不少民族拥有自己的语言，少数民族群众的普通话水平普遍偏低，这在很大程度上限制了其与外界的交流。为了提升少数民族群众的交流能力，推动少数民族劳动力向外输出，尼勒克县开展了普通话推广行动，具体包含五方面内容。

1. 大力培训双语教师。尼勒克县实施了双语特岗教师计划和双语幼儿园教师招聘计划，以校、县、州、区"四级"培训及出疆培训为平台，鼓励少数民族教师通过自学、校本培训的方式达到教学与培训"两不误、两促进"，强化少数民族教师的普通话能力和普通话教学水平。

2. 科学选择教学模式。尼勒克县将普通话教育作为学前教育的重点，加大力度抓实了学段衔接，同时，通过推广现代远程教学的方式提升了普通话教育质量。

3. 开展国家通用语言文字教学。自 2019 年起，尼勒克县取消了全县所有学校的双语教学模式，全部改为普通话授课，并针对原来双语班的教师和学生开展了"5+1""6+1"国家通用语言学习，利用假期开展国语强化培训。

4. 开展公务员普通话培训。尼勒克县以确保行政服务中心等窗口服务单位的工作人员普通话水平均达标为目的，通过集中、自学、结对等多种学习形式对公务人员进行了普通话培训。

5. 利用职业技术培训推广普通话。尼勒克县将普通话列入技能培训的重点教学内容，全面推行普通话学习与运用。截至 2019 年 9 月，尼勒克县教育局共选派 178 名教师开展了授课，确保每天不少于 1 小时的就业常用普通话培训，确保参训学员学懂、学会、走出去。

（四）职业技能扶持

为了增强贫困人口的劳动技能，尼勒克县重点从职业学校教育和农牧民夜校技能培训两方面进行了实践。

1. 职业学校教育。尼勒克县建设了包含烹饪、汽修、汽车驾驶等多样化的实训基地，加大了职业学校"双师"型教师的培养力度。利用奎屯市对口支援，尼勒克县依托新疆应用职业技术学院开展了合作办学和联合招生，着力培养技能型人才，确立了通过技能培训脱贫一批的"扶智"思路。针对建档立卡贫困学员，尼勒克县实施了中职学校国家助学金政策，对贫困学员提供资助。为了提升职业教育的带动作用，尼勒克县还探索了"校企合作"之路，与奎屯市企业开展校企合作，依照"校企联办""工学结合"的理念，通过"订单式"培训进行劳务输出。对于未升入高中的初中毕业生，帮扶人员积极引导他们就读职业学校，力争使上不了普通高中的初中毕业生全部进入职业学校学习。

2. "农牧民务工人员夜校"。作为尼勒克县独具特色的"扶智"手段，"农牧民务工人员夜校"是通过充分利用晚上和其他农闲时间，多层次、多形式在全县开办的面向市场需求和农业产业化要求的农牧民务工人员培训，旨在使农牧民掌握 1 至 2 门适用技术，增强农牧民市场竞争力和创业能力，促进人力资源向人力资本转变的一项系统工程。在贫困村，"农牧民务工人员夜校"重点突出脱贫攻坚培训，鼓励贫困劳动力掌握生产技术和职业技能，增强贫困群体的内生动力和自我"造血"能力，为脱贫攻坚提供了强有力的人才保证和智力支持。

（1）培训方式。农牧民夜校的培训方式主要是就近组织农牧民集中在本乡镇、村队夜校开展务工培训，并建立培训转移就业台账。

（2）培训场地。夜校的培训场地主要依托村级远程教育站点进行建设，整合了村民服务中心、村级周转房、村民小组活动室、村双语幼儿园、村文化室等多种场地资源。

（3）培训师资。夜校的师资库通过精选双语能力强、理论水平高、经验丰富的优秀人才组成，包括乡镇、村队就业创业典型、村第一书记、农技人员、教师、医生、致富能人等，每所农牧民夜校至少有6名相对固定的专职或兼职教师。

（4）组织管理。"农牧民夜校"以村党支部为核心，通常以"访惠聚"活动驻村工作组组长兼任校长，管理人员主要从村两委班子成员、驻村工作组成员、大学生村官、村小学教师、村级后备干部、优秀党员中选定。

（5）培训制度。为了提升夜校的作用，尼勒克县建立了多项"农牧民夜校"培训制度，一是培训信息预告制度，要求提前公布当期课程名称、授课师资和上课时间等信息，方便群众按时参与学习。二是培训学时管理制度，要求平均每月开展集中学习2—3次，每次不少于2小时，根据农时农事，采取灵活多样的课时安排。同时，对学员的学习情况实行台账纪实管理，稳定学员的参与率。三是培训效果检查评估制度，要求通过查阅台账、走访调查等形式，重点考核群众参与学习和教学活动开展等情况，以改进教学管理。四是培训需求调研制度，要求各乡（镇）场、县人社局工作人员深入贫困村听取群众意见和建议，及时制定以需求为导向的教学计划和教学安排。

基于因地制宜、注重实用，因材施教、分类培训，形式多样、方便群众的原则，"农牧民夜校"力求干啥学啥、学啥干啥，根据性别、文化、年龄、务工需求和普通话水平，设立基础班和提升班，开展分类分层培训，有效提升了农牧民的生产技能。

第三节 尼勒克县贫困人口的
能动性整合成效

贫困人口思想开放程度不高、发展动力不足、就业技能缺乏是尼勒克县贫困发生的主观层面原因。针对上述问题，从"现代文化引领""教育扶贫"到"志智双扶"，尼勒克县开展了多阶段的"扶志—扶智"工作。通过"扶志"，尼勒克营造了全县脱贫的热烈氛围，增强了各族群众的脱贫意志，有效清除了极端宗教思想，革新了消极贫困文化，提升了贫困人口的主观能动性，整合了贫困人口的内生动力，强化了各族群众的价值认同。通过"扶智"，尼勒克县优化了教育资源配置，提升了教育质量，完善了技能培训体系，提升了贫困家庭学生的文化素质和贫困家庭劳动力的职业技能，为当地贫困人口脱贫致富注入了强大的内生动力，有效阻断了贫困的代际传递，整合了各族群众的脱贫能力，进而巩固了各族群众的价值认同。

一、内生动力增强

在"扶志"工作中，尼勒克县聚焦舆论亮剑、思想引导、宗教祛魅和文化建设进行了广泛实践。2018年，尼勒克县下发电子版的《十九大宣讲提纲》（群众版）、《党的十九大精神宣传挂图》800套、《党的十九大精神宣传挂历》2000张、《新疆维吾尔自治区双语学习——明白册》900册、《党的十九大精神20讲》（汉哈双语）1200册、汉哈维三种语言《万村千乡文化产品》760套、社会主义核心价值观宣传挂历及日历120册、十九大基层宣传材料320本、群众法制宣传教育宣传单近 10000 份，播放各类优秀影片 907 场次，实施公益性下乡演出 96 场次，开展新旧图片 2 期，发布 21 次，展出图片 445 张，通过各级电视台、广播宣传报道自主创业脱贫致富等系列的最美脱贫人 160 多条，结合"十佳尼勒克人"选拔活动，推荐选树脱贫攻坚典型人物 26 人。截至 2019 年，尼勒克县累计开展政策宣讲 2778 场次，到场 102871 人次。

在规模化、体系化"扶志"工作下，尼勒克全县上下形成了"人人都讲脱贫话、人人都做脱贫事、人人都有脱贫情"的浓厚氛围。谈到脱贫攻坚最成功的地方时，尼勒克县扶贫办党委书记说："最成功的是思想意识的转变，哈萨克族的变化要大一点，哈族贫困户多的原因之一就是容易满足，不思进取，现在发生了改变。……现在不愿意脱贫可能只占 10%，前几年可能要占到 90%。"通过推动贫困人口从"要我脱贫"到"我要脱贫"转变，"扶志"为尼勒克县脱贫攻坚工作奠定了基础。

案　例

提留江是尼勒克县乌拉斯台镇的村民，2017 年 5 月，提留江一家被识别为建档立卡贫困户，其主要致贫原因是本人文化素质低，与妻子二人的普通话水平较差，思想保守，缺乏发展动力。俗话说"人穷志短"，对于提留江这样的贫困户来说，他们的心理很脆弱。对此，帮扶工作人员在落实各项扶贫措施的时候十分注重对贫困户的心理疏导。针对提留江的贫困帮扶，工作人员采取了三步走策略：第一步，先采取精神扶贫，从"扶志"入手，通过思想引导提升信心，增强提留江和家人摆脱贫困的动力；第二步，加强政策宣传，通过帮扶工作人员认真讲解扶贫政策，培养提留江成为政策上的"明白人"，清楚自己能够享受和已经享受的帮扶政策；第三步，深入开展调查并召开贫困户座谈会，让提留江自己分析致贫原因，寻找脱贫措施，制定脱贫计划，在充分尊重提留江意愿的基础上，帮助其确立脱贫致富的路子。根据提留江的贫困现状和真实意愿，帮扶人员决定通过夜校学习来提升提留江夫妻二人的普通话水平和劳动能力，并帮助他们通过稳定就业来摆脱贫困。

通过精准帮扶，提留江与妻子逐渐树立了信心，决心靠勤劳奋斗摘掉贫困户的帽子。在脱贫内生动力推动下，提留江夫妻二人起早贪黑，不仅外出务工，还在闲暇时间为畜牧养殖人员代喂畜牧，让家庭收入比帮扶前增长了一倍。随着家庭经济状况的改观，提留江夫妇的精神面貌也发生了巨大变化，不但没有了以前那种因为家庭贫困而自卑的感觉，同时也改变了左邻右舍对他们的看法。"不勤快，再好的政策也没用"，提留江说道，现在他和家人认识到了勤劳的重要性。"并不觉得贫困户是多么光荣的事情，现在政策这么好，总不能坐享其成等着别人给，别人给的始终没有自己劳动得来的踏实。"提留江深知"等、靠、要"不是出路。现在的提留江信心十足，他说将来他会不断提高自己的家庭收入，自力更生，努力把日子越过越好。"现在的日子越来越有奔头了，感谢共产党的好政策"，脱贫后的提留江由衷感谢党的扶贫政策，并表示愿意和政府一起帮助更多像他们曾经一样困难的家庭摆脱贫困。

二、"造血"能力提升

在"扶智"工作中，尼勒克县以学校教育和职业培训为抓手，对不同年龄阶段的贫困人口进行了有针对性的教育和培训，极大提升了贫困人口的发展能力。在学校教育方面，尼勒克县现有公办幼儿园72所，学校43所，其中，小学32所，九年一贯制学校7所，初级中学2所，高级中学1所，职业学校1所；全县现有教师3396人，其中幼儿园教师634人，小学1813人，初中680人，高中242人，职业教师 27 人。2019 年，尼勒克县春季学前幼儿入学率达 100%，小学入学率 99.9%，初中入学率 98.1%，残疾儿童入学率 81%。在普通话推广方面，全县所有学校均实现了国家通用语言授课全覆盖，针对普通话能力较弱的师生，开设了假期培训班 151 个，参训人数达 4876 人。在技能教育方面，截止到 2019 年 8 月，尼勒克县已累计开展贫困户技能培训 954 场次，参训 36381 人次，"农牧民夜校"从最初的 13 个贫困村试点发展到了 79 个行政村每户家庭有 1 名劳动力参加培训，累计培训超过了 3.2 万人次。

通过教育"扶智"工作，一方面保障了贫困家庭子女的受教育机会，有效阻断了尼勒克县贫困文化的代际传递"穷根"。另一方面，"扶技"提升了贫困人口的脱贫能力，有效增强了尼勒克县贫困人口的"造血"能力。在"扶智"基础上，尼勒克县大力推进转移就业，将"扶智"延伸到生产领域。2019 年，尼勒克县邀请县内外企业赴乡镇、村队举办了专场招聘会 125 场次，提供就业岗位 400 余个，转移贫困家庭劳动力 1630 人，其中，就近就地转移 1341 人次，疆内转移就业 108 人次，疆外转移 181 人次。脱贫攻坚以来，尼勒克县已累计实现贫困家庭劳动力转移就业 8031 人，其中，就地就近就业 4100 人次，疆内转移就业 3682 人次，疆外转移就业 249 人次。党的十九届五中全会指出要巩固脱贫攻坚成果，改善人民生活品质，对于贫困人口而言，通过"扶智"提升其文化素质和劳动素质无疑为其摆脱贫困打下了坚实基础，也为其生活水平的提升创造了主观条件。

案　例

吐尔逊阿力是尼勒克县加哈乌拉斯台乡的农民，2014 年，吐尔逊阿力一家被确定为建档立卡贫困户。在此之前，吐尔逊阿力一家长期以旱田种植为生，家庭收入不足，遇上雨水少的年份收成就更差，而他和妻子又没有其他技能，无法外出打工挣钱，家庭因此长期陷于贫困。2014年以来，吐尔逊阿力的大女儿和二女儿先后考上了江苏河海大学和新疆医科大学，每年的教育开支近2万元，面对巨大的教育负担，两口子一筹莫展。然而，吐尔逊阿力并没有让女儿放弃上学的打算，他说："以前穷，就是吃了没文化、没技术的苦，现在孩子们好不容易考上了大学，说什么都不能让她们辍学。"被识别为建档立卡贫困户后，"援疆教育资助"对吐尔逊阿力一家伸出了援手，大女儿两年享受了1.2万元的援疆资助政策；二女儿在开学时也得到了社会力量为她资助的生活费，并利用寒暑假勤工俭学，帮村上的孩子辅导文化课，每个假期能够获得2000元的收入。教育扶贫政策让吐尔逊阿力的两个女儿得以顺利进入大学，接受高等教育。治贫先治愚，扶贫先扶智。除了接受教育帮扶，吐尔逊阿力两口子还参加了村里举办的技能培训班，并在农牧民夜校接受了国家通用语言学习培训。通过党和政府送政策、送科技、送技术，吐尔逊阿力和妻子提升了劳动技能，增强了脱贫致富信心。

2018年6月，吐尔逊阿力的大女儿从河海大学毕业，现在在尼勒克县政协上班，年收入3.6万元。吐尔逊阿力的妻子在培训班上掌握了刺绣技术，日常在家做刺绣，每年增收3000元左右，并在驻村工作队的帮助下发展了庭院经济，通过种植洋芋、玉米和各类蔬菜，每年至少增收500元以上。吐尔逊阿力把家里的1匹马、4头牛、10只羊交给合作社集中代管，并将现有的20亩土地外包流转，自己则在加哈乌拉斯台乡加油站从事保安工作，一年有近3万元收入。2014年以前，吐尔逊阿力一家五口人的收入只有1.5万元，2018年，吐尔逊阿力全家的收入已近7万元。教育帮扶、技能培训等一系列"扶智"脱贫工作极大解决了吐尔逊阿力一家的困难，提升了吐尔逊阿力一家的"造血"能力，使这一家人在致富奔小康的路上越走越远。

第四节 尼勒克县"志智双扶"的经验启示

在脱贫攻坚中，尼勒克县的"志智双扶"从内生动力和发展能力两方面促进了各族群众的交融，推动了民族间的融合。尼勒克县民族众多，全县有包括哈萨克族、回族、汉族、维吾尔族、蒙古族等在内的32个民族，少数民族人口占全县总人口的75%以上，其中，哈萨克族占总人口的46.3%。不同民族间的文化习俗、宗教信仰和价值观念存在一定的异质性，整合难度相对较大，这给尼勒克县的脱贫攻坚带来了巨大挑战。对此，在"志智双扶"中，尼勒克县走出了一条以民族融合为导向，以交融促融合的扶贫道路。

民族融合是不同民族在历史进程中相互吸收，形成一个新的民族共同体的现象[1]，具体表现为民族间的共性增强，界限淡化[2]。不同于民族同化，民族融合更多保留了不同民族的原有特征[3]。从形式上来看，民族融合是一种社会规律，既是一个结果，也是一个过程[4]。当前，各民族之间的共性因素增多是一个社会现实，体现了社会发展的基本趋势，但同时，民族间的发展差异依然存在[5]。作为一个多民族国家，中国的民族融合既是社会发展的必然趋势，也是一直以来都在推进的长期历史过程，其关键在于增进民族间的交融。当然，民族

---

① 李龙海：《民族融合、民族同化和民族文化融合概念辨正》，《贵州民族研究》2015年第1期。

② 王希恩：《民族的融合、交融及互嵌》，《学术界》2016年第4期。

③ 孙进己：《论民族融合的不同类型及中华民族融合的不同状况》，《史学集刊》2003年第1期。

④ 王希恩：《关于民族融合的再思考》，《西北师大学报（社会科学版）》2010年第1期。

⑤ 金炳镐、肖锐、毕跃光：《论民族交流交往交融》，《新疆师范大学学报（哲学社会科学版）》2011年第1期。

融合并非是单纯的自然过程，社会运动往往会推动民族融合，例如，
20 世纪六七十年代我国在宁夏开展的三线建设就在一定程度上促进
了当地的民族融合①，而在脱贫攻坚中，尼勒克县的"志智双扶"与
之有异曲同工之妙。

一、思想文化交融促进民族融合

"扶志"思路的关键在于从思想上强化贫困人口的奋斗意识，让
贫困户的思想观念实现从"要我脱贫"到"我要脱贫"的转变，拔
除思想"穷根"。首先是去旧，即把正信、扶智、励志贯穿于脱贫攻
坚和建设小康社会全过程，彻底打破"等、靠、要、熬"的陈旧观
念，使贫困人口自觉摒弃"小进即满、小富即安"的狭隘思想，从
根源上去除其内生动力不足的思想意识。其次是认同，即深入推进
"去极端化"宣传教育，用现代文化对冲宗教极端思想，引导广大贫
困人口崇尚科学、追求真理、拒绝愚昧、反对迷信、远离极端，着力
解决愚昧落后、封建封闭、宗教极端思想滋生蔓延等突出问题，使贫
困人口深化认同社会主义核心价值观，巩固贫困人口感恩党和政府的
民心。再次是整合，即坚持重视硬件建设与加强软件建设并举，使脱
贫攻坚成为争取和凝聚人心的过程，提升贫困人口对脱贫攻坚的参与
感和成就感，在脱贫实践中增进各族人民之间的互助交流与民族情感。

"扶志"内容的重心在于宣传引导和文化建设。首先是加强党的
领导宣传，即立足精准扶贫、精准脱贫的基本方略，坚持内外结合、
上下联动、重点突出的策略，弘扬时代主旋律，凝聚发展正能量。其
次是加强先进模范宣传，即认真讲好脱贫攻坚的先进事迹，全面营造
"比学赶超"的脱贫氛围。再次是加强思想引导，即加强集中宣教、

---

① 袁世超、马万利：《迁移、发展与融合：宁夏三线建设历史考察》，《宁夏社会科学》
2019 年第 5 期。

入户宣讲和学习教育，引导贫困人口争当脱贫先进模范，树立主体意识、法律意识和民族团结意识。最后是加强文化建设，即建立多层次文化设施体系，提供多形式文化服务，培育贫困人口用知识改变命运的思想观念。

结合"扶志"的思路和内容来看，通过"扶志"工作，尼勒克县为打赢脱贫攻坚战提供了良好的舆论氛围，激发了贫困人口的内生动力，强化了贫困人口的主人翁意识、赶超意识、感恩意识和文化意识，坚定了贫困人口脱贫致富的信心，以及感党恩、听党话、跟党走的决心。在此过程中，各族群众在摒弃落后传统价值观念的基础上学习内化社会主义核心价值观，逐渐从传统游牧生活向现代信息化生活转变，提升了贫困人口的自我效能与社会认同，增进了思想文化层面的融合。

二、社会化交融促进民族融合

"扶智"思路的关键在拔除贫困技能"穷根"和代际传递"穷根"，让贫困户实现从"我要脱贫"到"我能脱贫"转变。首先是坚持立德树人，即通过内涵式教育提高尼勒克县贫困人口的受教育水平，保障贫困家庭子女的受教育机会，提升贫困家庭子女的文化素质。其次是推普，即通过普通话推广工作增强少数民族贫困人口的沟通能力，打破其自身发展的语言障碍，建立不同民族间的沟通桥梁。再次是"扶技"，即坚持"走出去"和"请进来"相结合，立足既"富口袋"又"富脑袋"的理念，通过技能培训增强贫困人口的"造血"能力，开拓贫困人口的思维和眼界。

"扶智"工作内容的重心是教育。首先是加强学校素质教育，即大力实施教育扶贫攻坚工程，完善教育基础设施建设，合理布局教育资源，巩固教育阵地，提升教育水平，加大力度优化教师队伍，提升学校的教育质量。同时，将教育资源重点向贫困乡村倾斜，实现家庭经济困难学生教育资助全覆盖，建立保障农村和贫困乡村学生上重点高校的长效机制，推进城乡教育服务均等化及普惠性，巩固学前教育、义务教育和高中教育入学率，创建全国义务教育标准化建设县。其次是全面强化双语教育，即把双语教育作为"一号工程"，推进国家通用语言文字教学，大力开展普通话能力的普及推广工作，促进各族师生同学间的交往、交流、交融。再次是加强劳动技能教育培训，立足贫困人口就业需求，通过"菜单式"和"点单式"课程输送知识、培养技能，开展针对性技能培训，提升贫困劳动力人口的劳动技能。

结合"扶智"的思路和内容来看，通过"扶智"工作，尼勒克县提升了贫困人口尤其是普通话普及化程度偏低的少数民族地区贫困人口的受教育水平、普通话水平和劳动技能，提高了尼勒克县贫困人口的整体素质，阻断了贫困的代际传递，增强了贫困人口在生产生活中的造血能力。在此过程中，通过学校标准化教育，各族贫困家庭子女培养了同质性的思想文化素质，从学习和生活层面提升了交流的广度和深度。通过普通话推广，各族群众建立了共同的语言基础，从文化层面提升了交流的广度和深度。通过职业培训，各族贫困劳动力人口习得了标准化的劳动技能，从劳动层面提升了交流的广度和深度。结合上述三个方面来看，"扶智"工作提升了各族贫困人口的标准化素质，在学校、工作单位等多种社会化场所推动了各族群众的再社会化，增进了各族群众间的社会融合。

第五章

民族融合导向下的贫困
人口生产实践

尼勒克县贫困人口的生产困境表现为产业基础薄弱，带动能力不足，贫困人口缺乏就业增收的生产机会。传统产业效益低下、交通条件落后、产业发展保障不足和环境保护压力等多方面因素是造成上述生产困境的原因。对此，尼勒克县开展了内源式产业转型与外源式产业带动相结合的产业扶贫实践。内源式产业转型主要体现在发展农业、畜牧业和特色产业三个方面，外源式产业带动主要体现在发展旅游产业和电商产业两方面。此外，为了提升产业发展成效，尼勒克县还采取了产业配套措施，主要包含基础设施建设和产业带动机制建设两方面。从成效上看，内源式产业的升级和外源式产业的发展共同带动了贫困人口的生产就业，助力了尼勒克县的脱贫摘帽。尼勒克县"产业扶贫"的经验启示是，产业发展是民族融合的重要机制之一，传统产业、特色产业和潜力产业发展本质上是现代化进程中贫困人口的生产实践，从传统到现代的转型过程中，生产方式的转型促进了生活方式的转变，二者共同促进了尼勒克县各民族间的融合。

第一节　尼勒克县贫困人口的生产困境

很多深度贫困村发展产业欠基础、少条件、没项目，少有的产业项目结构单一、抗风险能力不足，对贫困户的带动作用有限①。边疆

①　习近平：《在深度贫困地区脱贫攻坚座谈会上的讲话》，《人民日报》2017 年 9 月 1 日。

贫困地区如此，调查发现，新疆国家级贫困县最显著的经济特征就是产业结构单一，非农产业发展不足，劳动力闲置，农业转型升级面临较大阻力[1]。不仅如此，贫困地区普遍缺少具备市场竞争力的农业龙头企业，由于缺乏带动，农产品难以具备品牌效应，经济效益十分低下[2]。因此，在没有外力帮扶的前提下，贫困地区的产业尤其是农业发展往往陷入类似传统小农经济模式的内卷化[3]，造成贫困人口的生产困境。

在尼勒克，一位政府退休干部说："以前外来的人都说尼勒克是泥巴坑，只有一条街，一个馕可以滚到街头街尾。"作为国家级贫困县，尼勒克自20世纪80年代以来一直处于贫困状态，县域社会经济发展水平低下，产业基础薄弱是根源。究其原因，尼勒克县的产业困境可以从以下四个方面进行分析：

1. 传统产业效益低下。尼勒克县以农牧业发展为主，虽然是一个农牧大县，但并非是农牧强县。在农业方面，尼勒克县耕地面积广，但多以旱田为主，全县有旱田近30万亩，占耕地总面积的大半。在农业经营中，由于西北地区降水稀少，而尼勒克县的农业灌溉设施又相对落后，再加上农民长期粗放式种植，因此农业效率低下，农民收入严重不足。在牧业方面，尼勒克县草场广阔、水草茂盛，牲畜总量多但品种相对低劣，市场竞争力不足，难以卖出高价，再加上牧民内生动力不足，安于现状，难以形成规模化养殖，因此整体效益低下。从尼勒克县传统产业的发展特征来看，生产条件不足、生产资料缺乏、生产方式落后是造成产业低效的主要原因，此外尼勒克县的农牧产品加工业也相对滞后，导致农牧产品的附加值偏低，这也在一定程度上加深了尼勒克县传统产业的低效。

---

① 朱金鹤、崔登峰：《新形势下新疆国家级贫困县的贫困类型与扶贫对策》，《农业现代化研究》2011年第3期。
② 王国勇、邢溦：《我国精准扶贫工作机制问题探析》，《农村经济》2015年第9期。
③ 黄宗智：《华北的小农经济与社会变迁》，中华书局2000年版，第6—7页。

2. 交通条件落后。尼勒克县东西狭长，面积广阔，人口稀少，道路等基础设施建设成本高，因此，全县的交通发展相对落后。交通不畅导致运输能力不足、市场信息闭塞，进而阻碍了市场化进程，一方面限制了县域内的劳动力流动；另一方面也阻断了地方特色产品的销路，制约了尼勒克县的产业发展。

3. 产业发展保障不足。在人才保障层面，尼勒克县技术人才缺乏，发展能力有限，再加上农牧民内生动力不足，劳动素质低下，导致产业发展所需的人力资源不足。在资金保障层面，产业发展需要资金配套，而此前尼勒克县的金融贷款扶持额度难以满足特色产业项目的实际需求，使得计划实施的项目只能根据所获贷款资金分阶段实施或"打折"实施，进而导致特色产业很难壮大。

4. 环境因素制约。尼勒克县全境属于黑蜂自然保护区范围，环境保护压力大，为了降低环境污染，不少存在环境隐患的企业和工厂相继被关闭。以水电站为例，尼勒克县是新疆水力资源最丰富的地区之一，全县沿喀什河建设了大量水电站，水力发电量居全疆第一。为了保护黑蜂生长的自然环境，环保部门要求全县发电量低于5万千瓦/时的小型水电站必须全部关闭，尼勒克县有8家这样的小型水电站，目前5家已经关闭，还有3家正处于整改阶段。与水电站类似，为了环境保护，尼勒克县境内部分采矿厂也相继被关闭或整改。作为十九大确定的"三大攻坚战"之一，污染防治具有重要的全局意义，是地区可持续发展的关键，但环境保护也在客观上对尼勒克县原本就滞后的产业发展带来了巨大挑战，限制了高能耗产业发展的规模。

传统产业低效、交通设施落后、产业发展保障不足和环境保护压力等多方面因素导致了尼勒克县长期以来的产业发展困局，表现为产业基础薄弱、结构单一，农牧业等第一产业经济效益差，制造业、农副产品深加工业发展滞后，第二、第三产业发展不均衡，对贫困人口的带动能力不足。结合贫困人口的生产实践来看，农牧业长期低效发展，市场化程度低，经济效益差，农牧民缺乏扩大生产规模的动力和能力，因此长期处于低水平自给状态，贫困难以消除。同时，由于产业发展不足，就业机会少，造成农村大量剩余劳动力闲置，贫困家庭劳动力人口难以实现就地就业，家庭收入来源不足。由此可见，产业基础薄弱带来的生产困境并非单纯是收入不足，还包括生产机会和生产权利的不足。

第二节　尼勒克县贫困人口的生产实践

习近平总书记指出："发展产业是实现脱贫的根本之策。要因地制宜，把培育产业作为推动脱贫攻坚的根本出路。"① 贫困地区要实现脱贫，发展产业是重中之重，只有将贫困人口整合到产业发展的生产实践中，才能真正使贫困人口有生存之本，从而实现自我发展。产业扶贫的关键是通过整合政府、社会与贫困人口三者之间的关系实现对贫困户的带动②。然而，现实中产业扶贫并非一定带动贫困人口脱贫致富，政策目标与地方政府施政动力和能力之间的张力容易造成扶贫政策的扭曲，进而难以达到实际成效③。因此，产业发展应该注重精准度，这就需要精准定位产业发展方向，稳定产业发展政策，保护产业发展成果④。

在脱贫攻坚中，为了切实提升贫困人口的收入，实现输血式扶贫

① 《习近平治国理政"100 句话"》2016 年 8 月 2 日，见 http://news.cctv.com/2016/08/02/ARTI6ZIDQO0Y3Q6OZwZUDAeC160802. shtml.
② 刘辉武：《精准扶贫实施中的问题、经验与策略选择——基于贵州省铜仁市的调查》，《农村经济》2016 年第 5 期。
③ 梁晨：《产业扶贫项目的运作机制与地方政府的角色》，《北京工业大学学报》（社会科学版）2015 年第 5 期。
④ 马楠：《民族地区特色产业精准扶贫研究——以中药材开发产业为例》，《中南民族大学学报》（人文社会科学版）2016 年第 1 期。

到造血式扶贫的转变，尼勒克县开展了"产业提升"专项行动。按照"稳粮、强畜、增经（草）、扩果（林）"的总体思路，立足"一乡一业、多村一品"的理念，在明确产业发展定位和发展方向的基础上，通过聚焦特色优势产业，增强了产业发展活力，优化了产业发展结构，提升了产业带动水平，稳固了贫困人口脱贫致富的可持续性。一般而言，产业扶贫有两种模式，其一是内源式产业扶贫，即通过农业产业发展带动贫困人口增收；其二是外源式产业扶贫，即通过非农产业发展带动贫困人口就业[1]。按照上述分类，结合自身的农牧传统来看，尼勒克县的内源式产业扶贫主要是通过发展传统农牧业和特色产业带动贫困人口增收，外源式扶贫主要是通过潜力产业带动贫困人口增收。此外，为了保障产业发展成效，尼勒克县还在产业配套方面进行了实践。

一、内源产业转型带动的现代化生产实践

在贫困地区，产业扶贫与农业产业化发展紧密相关[2]，产业扶贫促进了诸多生产要素向农村和农业的流动，推动了资源要素的整合，同时也在一定程度上提升了贫困农民的发展能力，促进了农业现代化[3]。作为农牧大县，农业和畜牧业是尼勒克县的传统产业，具有地区内源性特征。长期以来，尼勒克县的农牧民在生产方式上因循守旧，难以形成效益化和规模化生产，导致收入严重不足，贫困挥之不去。通过产业扶贫，尼勒克县以现代化生产方式取代了传统的低效生产，提升了产业特色，并通过传统产业的现代化转型带动了贫困人口

---

[1]　蒋永甫、莫荣妹：《干部下乡、精准扶贫与农业产业化发展——基于"第一书记产业联盟"的案例分析》，《贵州社会科学》2016 年第 5 期。

[2]　莫光辉：《精准扶贫视域下的产业扶贫实践与路径优化——精准扶贫绩效提升机制系列研究之三》，《云南大学学报》（社会科学版）2017 年第 1 期。

[3]　黄承伟、覃志敏：《统筹城乡发展：农业产业扶贫机制创新的契机——基于重庆市涪陵区产业扶贫实践分析》，《农村经济》2013 年第 2 期。

的生产实践。

（一）农业发展实践

为了提升农业效益，推动传统农业转型升级，进而带动贫困农民脱贫，尼勒克县从三个方面开展了农业发展实践。

1. 推广农业科学技术。为了提升农业生产效率，尼勒克县推动农民优化了农业生产工具，改进了传统的低效生产方式。

（1）在生产工具方面，尼勒克县以农业示范基地建设为依托，大规模建设了机械化示范田，并以此为基础重点在农业生产落后的西三乡推广了机械化技术。同时，尼勒克县持续推进农机购置补贴政策的宣传工作，并以此对贫困户进行扶持，提高了农业机械化水平。

（2）在耕作技术方面，尼勒克县大力推广了保护性耕作技术，重点聚焦以松代翻和免耕播种①，一方面对"西三乡"坡度小于15度以下的土地进行深松作业，扩大农机深松整地规模；另一方面推广免耕播种方式，增强了土地的蓄水功能，提高了旱田的土壤肥力。此外，按照重点支持贫困乡村的思路，全县统一购买绿肥种子，并结合复播、翻耕等耕作方式，大幅度提高了耕作效率。

（3）在种植技术方面，为了提高粮食产量，尼勒克县建立了小麦标准良田示范片和小麦高产示范片，并结合良种应用、病虫害防治和测土配方施肥等技术，提高了农作物单产水平。以病虫害防治为例，尼勒克县大力实施小麦"一喷三防"项目，使小麦"一喷三防"面积达到了应防面积的95%以上，其中高产创建田"一喷三防"面积达到了应防面积的100%，将危害损失率控制在5%以内，有效降低了病虫害对农业生产的影响。

2. 提升农民生产技能。农民是农业生产的主体，在脱贫攻坚中，提升贫困农民的生产技能是发展农业的关键。

---

① 陈树文：《现代农业保护性耕作技术》，黑龙江科学技术出版社2004年版，第5页。

（1）农业科技培训。尼勒克县依托农业科技培训中心，分阶段、分批次有针对性地开展了农业新技术、新型职业农民、新型农业经营体系管理等多种形式培训。以农机新技术培训为例，尼勒克县坚持培训到村到户，重点对西三乡的贫困户进行农机驾驶等技能培训，提高了贫困人口的机械操作水平。此外，尼勒克县以合作社、种植养殖大户和家庭农场为载体吸纳贫困户成为新型农业经营主体，同时结合农业科技示范户建设，达到了一户一人学一技的目的，增强了贫困人口的农业生产、管理和经营能力。

（2）发展庭院经济。针对农牧民尤其是定居牧民庭院闲置的现象，尼勒克县实施了"155111"工程①，一方面广泛开展"阳光工程""职业农民培训工程"，举办庭院经济技术培训班，以提高贫困农牧民种植水平。另一方面，尼勒克县通过结对帮扶的形式为每户贫困农牧民免费提供番茄、辣椒、茄子、豆角等时令蔬菜苗，组织贫困农牧民种植好"1亩地菜园子"，并对庭院经济发展较好的贫困户予以奖励，提高了庭院经济的效益。

3. 优化农业经营模式。尼勒克县围绕农业供给侧结构性改革，坚持调结构、转方式、增效益，突出区域特色，大力发展绿色农业、有机农业，形成了粮经草三元种植模式，推动了传统农业保质增效。

（1）在规模化经营方面，尼勒克县以万亩农业科技示范园为载体，建成了旱作区绿色小麦示范基地、"贝纳木馕"产业孵化园等生产基地，通过规模化种植与农产品加工相结合，提升了粮食种植的整体效益。

（2）在优质化经营方面，尼勒克县发展了优质专用小麦、中药材、食用菌等种植业，完成了特一小麦粉和高筋旱田小麦粉等绿色食品认证，提升了农产品的市场价值。

---

① "155111"工程是指实现建档立卡贫困户有1名外出务工劳动者，户均5头大畜，人均5只生产母羊，1亩菜园或果园，100只家禽，1名手工制作者或从事二、三产业的人员。

（3）在安全化经营方面，尼勒克县加强了防灾物资储备，通过及时发布气象形势预测预报，提高了防灾避险能力。同时，尼勒克县扩大了农业政策性保险范围，加大了农业保险对贫困群众的支持力度，以应保尽保为原则，最大限度降低了自然灾害对农业发展的损害。

（二）畜牧业发展实践

为了提升牧民的养殖效益，带动贫困人口增收，尼勒克县从三个方面开展了畜牧业发展实践。

1. 推进畜牧养殖转型升级。尼勒克县畜牧业低效发展的困境之一在于养殖方式和养殖结构单一，导致畜牧业难以产生经济效益，贫困牧民收入不足。对此，尼勒克县从两方面改进了传统畜牧业经营方式。

（1）在养殖方式上，尼勒克县实施草原畜牧业与农区畜牧业并举，发展了以草定畜、种草养畜，推行牧区繁育、农村育肥的养殖方式，提高了养殖质量。

（2）在养殖结构上，尼勒克县依托万亩畜牧科技示范园调整畜种畜群结构，强化品种改良和疫病防治，加快推进马小群改良、哈萨克羊选种选配改良工作，重点发展优质新疆褐牛，推行小畜换大畜、劣畜换优畜，增强了畜牧产业的经济效益。

2. 加强高规格畜禽养殖场建设。尼勒克县畜牧业低效发展的另一个困境在于标准化程度低、养殖规模小，导致畜牧产业难以产生规模效应，对贫困人口的带动能力不足。对此，尼勒克县从两方面调整了畜牧产业的发展方向。

（1）在标准化养殖方面，尼勒克县加强了养殖基地标准化建设，变原来的散养为集中舍饲，一方面节约了饲养成本，另一方面推动贫困人口将牲畜通过承租的方式进行托管，解放了贫困家庭的劳动力，并通过养殖小区建设吸纳农村剩余劳动力带动了贫困人口增收。

（2）在规模化养殖方面，尼勒克县以贫困程度深的西三乡牛羊养殖小区为载体，加快了优质奶牛基地、肉用羊养殖基地等重点项目建设，扩大了养殖规模，增强了畜禽养殖的带动能力。

3. 完善草原生态保护机制。环境破坏导致的草场退化是制约尼勒克县畜牧业发展壮大的外部因素，对此，尼勒克县采取了畜牧发展和环境保护相结合的产业发展之路。

（1）依照"草原生态保护政策扶持一批"思路，尼勒克县开展了退牧还草建设、休牧区围栏建设和退化草原改良，建设了水源涵养禁牧区、一般禁牧区和草原平衡区，同时实施草原生态保护补助政策，以奖励补贴的形式对贫困户进行帮扶。

（2）依照"畜牧生产资料补贴扶持一批"的思路，尼勒克县实施了高标准饲草料建设，同时在县域内进行了毒害草治理，并对牧民发放舍饲青贮窖补助，以此降低牧民的养殖成本。

（3）依照"定居兴牧建设项目扶持一批"的思路，尼勒克县开展了游牧民定居工作，在易地搬迁集中安置地按 80 平方米的规模为贫困户新建住房和棚圈，落实了贫困牧民的住房保障和生产生活保障。

（三）特色产业发展实践

结合国外经验来看，产业扶贫应该立足地方特色①。对此，尼勒克县以市场为导向，依托富民产业"双百"工程，加快了各乡（镇）场产业孵化园和"短平快"项目建设。通过挖掘贫困村内部潜力，推动贫困乡村发展特色产业和拳头产品，尼勒克县构建了包括特色种养殖业和特色手工业在内的多元产业格局，重点发展了黑蜂养殖、三文鱼养殖、柯赛绣制作和精品林果种植等特色产业。

---

① 陈成文、陈建平、陶纪坤：《产业扶贫：国外经验及其政策启示》，《经济地理》2018 年第 1 期。

1. 黑蜂养殖。尼勒克县是新疆唯一的黑蜂自然保护区，县内唐布拉草原山花面积达 40 多万公顷，蜜源极其丰富，被誉为亚洲的"天然蜜库"，是国家级蜂业养殖基地。为培育和发展黑蜂，自治区在 20 世纪 50 年代组建了种蜂场，1965 年划归尼勒克管辖。在脱贫攻坚中，为了推进黑蜂的规模化养殖、标准化生产和产业化经营，尼勒克县种蜂场采取了"三结合"的发展方式。

（1）黑蜂产业与政策扶持相结合。种蜂场一方面通过项目扶持政策为贫困户申请黑蜂养殖项目，另一方面开展"上门培训"服务，通过组织专家集中授课、现场示范教学、农技员对口指导等形式，开展了疾病防治、饲养管理、蜂产品质量安全、育王换王等专题培训，提高了贫困人口的养殖技能。

（2）黑蜂产业与精准扶贫相结合。种蜂场结合唐布拉草原植被良好、蜜源充足的自然优势，依托新疆天山黑蜂产业股份有限公司等龙头企业和金玉蜂业养殖专业合作社大力发展黑蜂产业，通过"公司+村党支部+专合社+贫困户""村党支部+专合社+贫困户"等发展模式，推动贫困人口随养殖大户免费脱产学习，带动贫困人口增收。

（3）黑蜂产业与生态环保相结合。种蜂场遵循"把绿水青山打造成金山银山"的绿色发展理念，在全场 4 个村队开展牧转蜂工作，在保护唐布拉的生态环境的同时壮大了养蜂规模。

2. 三文鱼养殖。喀拉苏乡位于尼勒克县城西 30 公里，是一个农牧结合的自治区重点扶持贫困乡。全乡地处喀什河谷，乡内坐落着尼勒克三大库区之一的温泉水库，库区水温常年保持在 8℃ 至 13℃，水质清澈且流动缓慢，非常适合发展冷水鱼网箱规模化养殖。为了推动喀拉苏乡的产业发展，脱贫攻坚开展以来，尼勒克县依照"一乡一业、多村一品"的发展战略，紧贴该乡水库资源，确立了以渔业发展推动脱贫攻坚的思路。

（1）依托龙头企业打造产业链。尼勒克县依托新疆天蕴有机农业有限公司投资建设了三文鱼养殖渔场，形成了集研发、孵化、养殖、加工、休闲农业、冷链物流、"互联网+"等多位一体的融合发展绿色生态产业链。

（2）依托产业辐射发展附加产业。尼勒克县依托三文鱼绿色生态养殖，紧抓休闲渔业兴起的机遇，以"旅游+渔业"为导向打造旅游基地，发展集垂钓、美食、手工业、民宿为一体的休闲观光娱乐一条街，提升了三文鱼产业的附加值。

3. 柯赛绣制作。柯赛绣是以哈萨克族装饰图案为主要内容的传统刺绣技艺，其制作技术独具特色，图案层次分明，具有浓郁的民族特色。在"产业提升"专项行动中，尼勒克县积极探索刺绣产业发展新路子，引进内地刺绣工艺，将柯赛绣与苏绣相结合，引进规模化、标准化、现代化及品牌化生产的现代经营模式，打造了独具风韵的精品刺绣产业，并通过"公司+基地+农户"模式带动贫困人口就业。在发展民族手工刺绣产业过程中，尼勒克县从家庭入手，鼓励贫困妇女发挥自身优势，通过柯赛绣增加家庭收入，形成了前期有培训、中期有服务、后期有跟踪的发展模式。

（1）前期有培训。尼勒克县利用冬闲时节组织了冬季大宣讲、大培训等系列技能培训活动，以送教下乡、智力进村、培训到人的方式，积极引导贫困妇女由"要我脱贫"向"我要脱贫"的思想转变，将柯赛绣的技能培训送村入户到人，提升了贫困妇女的内生动力和发展能力。

（2）中期有服务。在刺绣产业发展过程中，尼勒克县为带动周围贫困人口从业的自主创业人员免费提供了刺绣场所、刺绣机、锁边机、缝纫机等物质支持，免费培训等技术支持，以及资金支持。同时，尼勒克县结合农村电子商务发展创立了"创业培训+项目支持+贷款扶持+创业基地"四位一体的工作模式，通过微店、淘宝等网络渠道实现了手工刺绣品的远销。

（3）后期有跟踪。为了提升产品质量，尼勒克县邀请专家从绘图设计、针法工序等方面对学员进行培训，开展各种评比活动，提高了柯赛绣制品的创新性和新颖性，以不断适应市场化需求，推动了刺绣产业发展。

4. 精品林果种植。尼勒克县坚持"因地制宜，适地适树，注重实效"的原则，按照突出重点、合理布局的理念，以自治区林业扶贫项目为依托，加快了花卉苗木基地和精品果园基地等林果生产基地建设。在此基础上，结合林下种植、林下养殖、林果采摘等形式，尼勒克县构建了基地建设规模化、树种配置精细化、区域布局科学化的林果发展产业化格局。

（1）增加精品林果业附加值。尼勒克县积极引进林果深加工企业，建设了干杏烘干房等配套设施，以优化林果产品储藏和林果深加工，打造了树上干杏、野酸梅酱等绿色品牌。为了充分发挥精品林果的品牌效应，尼勒克结合全县"一线三区"的旅游规划，建设了树上干杏采摘试点园，吸引游客进行实地采摘体验，扩大了精品林果产业收益。

（2）提升精品林果业带动能力。一方面，针对缺乏生产资料的贫困户，尼勒克县提供了果树、花卉、财林、经济林等多种形式的苗木供应，并按成活率进行奖补。另一方面，针对缺乏技术的贫困户，尼勒克县通过聘请州县林业专家和组织林业专业技术人员上门提供技术培训等形式，解决了产业发展的技术难题。

（3）推动精品林果业生态化发展。尼勒克县实施了退耕还林工程，重点对"西三乡"坡度25度以上的耕地进行退耕还林，改善了西部三乡生态环境恶化问题，提升了产业发展的可持续性。针对生态林保护，尼勒克县对贫困人口进行了培训，并将培训合格的建档立卡贫困户聘为生态护林员，带动贫困人口就业。

二、外源产业引领的现代化生产实践

与内源式产业扶贫不同，外源式产业扶贫主要是通过发展尼勒克县传统农牧业之外的潜力产业带动贫困户增收，潜力产业主要包括旅游产业和电商产业。不同于农牧业，尼勒克县的旅游业起步较晚，发展有待完善，但尼勒克县旅游资源丰富，产业增收幅度大，能够有效帮助带动贫困户，因此具有较大潜力。电商作为新兴产业，具有快捷高效的特点，一方面，通过电商平台，能够有效拓展地方特色产品的销售市场，拓展传统农牧业和特色产业的销售渠道；另一方面，通过电商创业也能在一定程度上带动贫困人口就业。为完善产业发展体系，提升产业的带动能力，尼勒克开展了旅游扶贫和电商扶贫，通过潜力产业蕴含的现代化元素引领了各族群众的生产实践。

（一）旅游产业发展实践

从功能上看，旅游业对区域经济增长贡献大，旅游开发可以带动贫困人口收益，对改善贫困地区的开放度具有促进作用[1]。然而，当前不少贫困地区的旅游开发存在不少问题，表现为旅游产业发展方向定位不准，容易造成垃圾污染、生态环境恶化和交通拥堵等问题[2]。从产业链的角度来看，旅游扶贫的高附加值产业环节薄弱、扶贫产业功能单一、产业链短，缺乏本土特色[3]。此外，旅游扶贫招商与项目选择往往并非基于贫困人口利益诉求，导致旅游产业对贫困人口的实际带动不足[4]。因此，发展旅游扶贫产业应该以贫困地区的现实需求和地方特色为导向，建立产业发展的长效机制，注重对贫困人口的带动作用。

---

[1] 党红艳、金媛媛：《旅游精准扶贫效应及其影响因素消解——基于山西省左权县的案例分析》，《经济问题》2017 年第 6 期。

[2] 陈希勇：《山区产业精准扶贫的困境与对策——来自四川省平武县的调查》，《农村经济》2016 年第 5 期。

[3] 邓小海、曾亮、罗明义：《产业链视域下旅游扶贫问题诊断及对策研究》，《当代经济管理》2014 年第 11 期。

[4] 邓小海、曾亮、罗明义：《精准扶贫背景下旅游扶贫精准识别研究》，《生态经济》2015 年第 4 期。

尼勒克县旅游资源丰富，全县沿喀什河形成的风景带具有较强的开发价值。然而，长期以来尼勒克县的基础设施落后，景点配套设施不完善，导致旅游业发展较为缓慢。精准扶贫开展以来，尼勒克县将旅游产业作为脱贫攻坚的潜力产业，围绕"百里画廊"唐布拉大草原、湿地古杨林风景区和乔尔玛烈士林园等标志性景点进行建设，开展了"旅游扶贫"专项行动，主要聚焦三个方面。

1. 坚持以"甜蜜尼勒克 宜居康养城"为发展目标，争创国家级全域旅游示范区，打响尼勒克全域旅游品牌。

（1）强化精品景区建设。对此，尼勒克县全面系统梳理旅游资源，综合考虑资源品质、区域交通情况、邻近地区贫困人口规模，以湿地古杨林等 A 级景区为重点，着力推进县域内 3A 级以上景区建设，全力推进唐布拉 5A 级景区建设，规划建设了一批知名度高的精品景区。

（2）发展特色康养旅游。按照"一线三区多节点"的思路，尼勒克县发挥喀什河景观线纵贯全境的地理优势，围绕"一带两滨河三大园"建设喀什河景观线，有序推进了乔尔玛小镇、唐布拉印记小镇、蜜蜂小镇等旅游风情小镇建设。同时，立足康养旅游"试验、试点、示范"融合发展，尼勒克县创建了自治区康养旅游先试先行区，打造了候鸟颐养、湿地康养、山水体养、温泉疗养、甜蜜食养、特色医养"六大特色康养基地"。

（3）打造地标集散地。尼勒克县以公司化运作和旅游合作社模式打造了一批有亮点、有特色、能形成效应的旅游集聚区和旅游新产品展示区，围绕乔尔玛和苏布台建设了"尼勒克县地标式特色旅游集散地"，使其具备快速中转、集散、分流、疏导等功能，成为了西进东出的重要引擎和风向标。

（4）夯实基础设施条件。通过加大对旅游扶贫重点乡村的建设投入，尼勒克县完善了旅游基础设施和公共服务设施建设，切实改善了重点村道路、步行道、停车场、供水供电等服务设施。同时，抓住实施"厕所革命"的机遇，全县推进了旅游景区、城乡和国道省道沿线公厕的建设和改造。

2. 立足"望得见山、看得见水、记得住乡愁"，打造乡村精品旅游文化。

（1）突出"一村一品"。尼勒克县以蜜蜂小镇牧业队、乌拉斯台三道湾、移民村、木斯红花、加哈土鸡、羊肚菌、树上干杏、喀拉苏乡民俗文化产业园、三文鱼养殖基地、苏布台乡鸽子一条街、贝纳木旱田馕等一批极具本土影响的特色品牌为示范引领，打造"农家乐""牧家乐""渔家乐"示范品牌，发展自然生态观光、农业农事体验、民族文化展示等旅游项目，逐步实现了每个行政村至少培育一个特色旅游产品的目标。

（2）打造"一乡一景"。尼勒克县依托贫困乡村自然人文资源，结合特色村寨建设和美丽乡村建设全面改善贫困村面貌，发展旅游扶贫村试点，突出了点上出彩、线上美丽、面上整洁。此外，尼勒克县在每个乡（镇）场至少成功建设了一个 A 级景区或星级乡村旅游示范点，打造了苏布台乡维吾尔鸽子民俗村、喀拉苏乡渔家村、科蒙乡民俗风情村、加哈乌拉斯台乡幸福苑小区、喀拉托别乡萨依博依村等一批特色旅游精品线路。

（3）培育"一业一加"。尼勒克县要求每个县直职能部门至少牵头一个相关产业、至少实施一个"旅游+"项目，打造出更多类似康养基地、民宿旅游、特色旅游、农（牧、渔）家乐等文化旅游衍生产品，合力推动旅游名县战略纵深发展。

（4）打造特色旅游商品。立足绿色、健康、生态的理念，尼勒克县大力兴办和扶持了一批从事特色手工艺品、绿色农产品开发的品牌企业和专业村、专业户，使旅游特色商品能够走出去，提升旅游产业的附加值。

（5）提升乡村旅游管理水平。尼勒克县大力推动旅游扶贫重点村成立乡村旅游合作社，以强化行业自律和自我管理，提升乡村旅游组织化、产业化、规范化水平。同时，尼勒克县鼓励贫困户申报星级农（牧）家乐，以建立乡土特色鲜明、民俗风味浓厚、环境卫生整洁、服务水平一流的农家餐饮住宿娱乐体系，打造高质量旅游文化。

（6）强化市场推广。尼勒克县鼓励和支持特色乡村开展富有地方特色的文化活动，通过微信、微博、媒体专栏专题、户外广告牌等多种方式进行宣传，推动特色乡村成为旅游热点，提升尼勒克旅游景区、景点的市场影响力。

3. 充分发挥旅游产业的辐射功能，带动贫困户就业增收。

（1）以住宿、餐饮、特色产品销售等旅游服务产业吸纳贫困人口创业。在旅游扶贫中，尼勒克县对开办农（牧）家乐、渔家乐、旅游商店等旅游经济实体的贫困户给予了贴息贷款、扶持资金和专人现场帮扶指导，扶持有条件的贫困户申报星级农（牧）家乐、渔家乐，并选树优秀典型给予奖励。

（2）以旅游交通、经营、管理等企业带动贫困人口就业。尼勒克县鼓励旅游景区（点）、农（牧）家乐等旅游实体单位吸纳贫困人口参与旅游商品生产销售、景区环境维护、接待服务、建设管理等工作，并对接收贫困家庭劳动力和高校毕业生就业并签订一年以上劳动合同的旅游企业，按企业为贫困户实际缴纳的基本养老保险费、基本医疗保险费和失业保险费之和给予社会保险补贴。同时，鼓励有农副产品需求的旅游景区（点）、旅游宾馆、农（牧）家乐等与贫困户实行"一对一"的定向结对帮扶，以订单、定量形式与贫困户签订定向种植、养殖协议，以带动贫困人口就业。

（3）以旅游附加产业带动贫困人口增收。尼勒克县一方面发展旅游纪念品、新疆名优特及精深加工农产品生产企业，吸纳贫困人口就业；另一方面支持贫困人口在旅游景区、城镇商业繁华路段摆摊设点，通过售卖旅游纪念品、民族特色手工艺品、土特产品等实现就业。此外，尼勒克县以风情小镇建设为依托，发展文化旅游产业，通过民俗展示、民族歌舞表演等旅游文化项目吸纳贫困人口就业。

（4）以旅游产业致富带头人带动贫困人口就业。在发展旅游扶贫中，尼勒克县对乡村旅游企业和乡村旅游经营户开展了针对性培训，重点加强对旅游策划、服务管理等方面的专业技能培训，充分发挥旅游业的带动作用。

（二）电商产业发展实践

电商产业作为信息化社会的标志性产物，在我国现代化程度较高的东中部地区得到了广泛发展。我国西部地区地广人稀，交通设施落后，市场化程度偏低，有观点认为西部地区应该重视电商产业的发展，通过电商进村推动贫困人口脱贫①。在扶贫领域，电商扶贫具有主体多元化、实施方式和作用对象多样化的特点，其扶贫效果主要体现在增收、节支和提能三个方面②。与旅游产业相似，电商扶贫目前也存在一定问题，主要表现为产业基础薄弱、创新能力不足以及公共服务不到位③。但从长远看，电商平台能够有效整合各方面社会力量参与扶贫，也在很大程度上增强了农产品与市场的链接，对贫困地区的特色产业发展具有积极意义④。为了提升市场化程度，拓展农牧产品的销售渠道，增加贫困人口的收入，尼勒克县开展了"网络扶贫"专项行动。在具体实践中，尼勒克县的电商扶贫产业发展主要集中在三个方面。

1. 完善农村电子商务物流配送服务体系。

（1）深化贫困乡村宽带网络覆盖。尼勒克县实施了"光网覆盖"工程，加大了对贫困村宽带网络建设的支持力度，推动了电信企业通

---

① 张夏恒：《西部山区县电商扶贫路径研究：以陕西凤县为例》，《当代经济管理》2017 年第 7 期。

② 颜强、王国丽、陈加友：《农产品电商精准扶贫的路径与对策——以贵州贫困农村为例》，《农村经济》2018 年第 2 期。

③ 王鹤霏：《农村电商扶贫发展存在的主要问题及对策研究》，《经济纵横》2018 年第 5 期。

④ 易法敏：《产业参与、平台协同与精准扶贫》，《华南农业大学学报》（社会科学版）2018 年第 6 期。

信基础设施的建设、改造和升级，实现了光纤宽带城乡全覆盖，全面推进了 4G 网络建设，鼓励并支持电信运营企业针对贫困地区、贫困户和扶贫干部提供电信服务专属业务套餐及产品。

（2）建设农村电商服务支撑体系。尼勒克县以国家级电子商务进农村示范县建设为契机，开展电商扶贫，将农村电子商务作为精准扶贫的重要载体，围绕"一课两会三平台"①，建立了农村电子商务县级运营中心、乡镇村队电子商务服务站点的县乡村三级"互联网+"电商网络体系。

（3）构建农村物流配送体系。第一步，大力引进、培训专业人才，组建运营团队，搭建县域电子商务服务示范平台，发挥其辐射功能，帮助传统企业开展线上销售；第二步，政府出台优惠政策，采取减免房租、免入网费等措施引进有规模的物流快递公司，建立中小企业仓储物流基地；第三步，整合现有物流快递企业，组建合作社，集中入驻县电商运营中心，集中配送，降低运输成本。

2. 开展电商进农村工程，充分发挥"互联网+"的作用。

（1）深入实施"快递下乡"工程，打通农村电子商务"最后一公里"。尼勒克县深入推进电子商务与快递物流协同发展，依托县内快递物流分拨中心优化农村电商服务网点布局，加快构建了乡村两级快递服务体系，并建设了淘宝分拣中心承担农村物流派送任务。

（2）协调农产品加工企业与电商扶贫企业对接。为此，尼勒克县推进了农副产品购销服务平台和农副产品质量溯源体系建设，支持农产品加工企业开展线上线下品牌推介活动，加大力度在援疆省市、兄弟县市打造特色农产品终端销售平台，提升尼勒克农产品的网上影响力和竞争力。

（3）推动县域农产品与现代流通体系对接。尼勒克县加快建设

---

① 一课：村级电子商务基础知识普及课；两会：尼勒克电子商务推进会、尼勒克微商交流大会；三平台：京东、苏宁、淘宝。

了城郊、社区、农村网点鲜活农产品营销公共服务平台，在有条件的地方建立了 OTO 电商体验店。同时，通过发展农产品订单直销、连锁配送、电子营销及综合服务网络，将农产品与大市场紧密联系起来，增加贫困人口在产品销售环节的利润分配。

3. 加大宣传引导，着力提升农村电商的带动作用。

（1）开展电商扶贫宣传引导工作。尼勒克县统筹了尼勒克新闻网站、政务网站和尼勒克"零距离"等新媒体平台，大力宣传了电商致富典型案例、典型人物，以讲好电商扶贫故事的形式引导贫困户通过电商发家致富。

（2）发挥农村电商建设示范引领作用。依托电子商务公共服务中心、快递集散中心和分拨中心，尼勒克县构建了农村新型流通网络，打造了"公共服务中心+电商+村级服务站+合作社或供应链企业+贫困户"的电商扶贫体系，上述体系推动了电商扶贫示范村创建工作，带动了电商企业参与贫困帮扶。

（3）支持贫困家庭利用电商创业就业。依托电商运营企业、职业技术学校和乡镇村级夜校等平台，尼勒克县对贫困户开展了互联网和电商知识培训，通过培养农村电商致富带头人，引导有条件的贫困人员利用电商平台自主创业，并对贫困家庭开设网店给予资费补助和小额信贷。

三、产业配套实践

为了发挥产业扶贫的成效，尼勒克县在脱贫攻坚专项行动过程中开展了一系列产业配套措施，在很大程度上推动了农牧业等传统产业的转型升级，促进了"黑蜂""三文鱼""柯赛绣"等特色产业的有效发展，增强了旅游、电商等潜力产业的发展活力，保证了产业发展在脱贫攻坚中带动作用的有效发挥。在实践中，尼勒克县的产业配套措施重点集中在基础设施建设和产业带动机制建设两方面。

（一）基础设施建设

基础设施建设是发展产业的基础，为了优化产业发展条件，尼勒克县开展了"农村基础设施建设"专项行动。

1. 交通道路建设。尼勒克坚持先解决"有"和"通"、再解决"好"的思路，实施了"连通工程""通畅工程""安保工程""四好农村路"建设，基本解决了"最后一公里"问题。2015 年以来，尼勒克县累计投入资金 59.94 亿元，修建道路 1355 公里，截至 2019 年，全县拥有公路 2119 公里，乡镇通达率和通畅率、行政村通达率和通油率均为 100%，初步形成了以国省道为主干线、县道为次干线、乡村道为支线的"五横四纵"① 的公路网络格局。

2. 水利工程建设。为了改进贫困乡村农田水利基础设施，尼勒克县实施了防洪工程、病险水闸除险加固工程、灌区节水配套改造工程和高效节水工程，落实了应急防洪续建和小流域治理、引水枢纽除险加固和万亩高效节水灌溉农田建设，有效解决了农业发展工程性缺水的问题。

3. 推进农网改造升级工程。为了配套产业发展，提高农村供电可靠性和电压质量，尼勒克县以满足家庭小作坊、养殖灌溉等生产用电为重点，实施了农村电网改造升级工程。自 2013 年以来，累计新建改造农村电网 1418.5 千米，并建成了全疆首座智能化变电站，实现了各村（队）生产生活用电全覆盖。

4. 推进"网络覆盖"工程。为了配套电商扶贫产业的发展，尼勒克县积极推进农村宽带光纤改造，实施了 58 个村队及居民点家庭宽带覆盖项目和 7 个村队 56 千米光缆建设，加快实现了光纤

---

① "五横"为 G218 线、S315 线、X779 线、X775 线、G578 线，"四纵"为 G217 线、S316 线、X774 线、S242 线。

宽带城乡全覆盖。与此同时，尼勒克县进一步落实了提速降费政策，将宽带平均单价从 50 元/月降到 30 元/月，保证宽带接入速率达 12M 以上。此外，尼勒克县开展了对建档立卡贫困户网络费用减免工作，为贫困户办理"定向扶贫专属"优惠卡，满足了贫困村、贫困户通信需求。

（二）产业带动机制建设

在产业扶贫实施阶段，政府、企业和农户的多方参与是关键，政府主导过强、企业和农户参与不足会导致产业发展瓶颈，因而需要激发企业与农户的参与动力，实现多元主体的良性互动①。因此，整合多元主体共同参与，构建合理带动机制是产业发展的重要前提。在脱贫攻坚中，尼勒克县推出了"扶贫产业园区+龙头企业+合作社+贫困户"的模式，一方面，扶持发展家庭农牧场、种养殖大户、专业合作社、社会化服务组织的产业化联合体，截至 2018 年 8 月底，尼勒克县共创办农牧民专业合作社 343 家，覆盖养殖、农机、旅游、农产品销售等多个门类。同时，依托黑蜂蜂蜜、三文鱼、奶酪、乳制品等特色产业，尼勒克县构建了国家级—自治区级—县州级农业产业化龙头企业建设体系，打造了一批具有示范带动作用的龙头企业。另一方面，尼勒克县鼓励贫困户以土地、林地、牲畜、劳动力等生产要素以及资金入股专业合作社，推动贫困人口土地出租挣租金、入社打工挣薪金、入股参股挣股金、进社参保降损失。此外，尼勒克县以高标准生产基地为依托，围绕县域主导产业和重点产品大力发展了订单农业，切实带动了农牧民脱贫增收。

---

① 胡振光、向德平：《参与式治理视角下产业扶贫的发展瓶颈及完善路径》，《学习与实践》2014 年第 4 期。

第三节　尼勒克县贫困人口的生产成效

经验表明，产业扶贫能够有效促进贫困户参与农业种植和畜禽养殖，进而增加家庭总收入，对贫困人口脱贫具有良好的促进作用①。一直以来，尼勒克县产业基础薄弱，农牧业经营效益低下，第二、三产业发展滞后，产业带动能力弱，这是该县贫困发生的客观层面原因。对此，尼勒克县进行了"产业提升"脱贫攻坚专项行动，在明确产业发展定位和方向的基础上，通过聚焦特色优势产业发展，增强了产业发展实力，优化了产业发展结构，提升了产业带动水平，稳固了贫困人口脱贫致富的可持续性。从内源式产业发展来看，尼勒克县推动了农牧业转型升级，提升了产业发展的市场化程度，构建了多层次的特色产业体系。从外源式产业发展来看，尼勒克县通过发展旅游产业和电商产业，提高了地区发展的开放性程度，丰富了贫困人口的增收渠道。

一、内源式产业升级

当前，尼勒克县形成了东—中—西部各具特色的产业布局：东部主打黑蜂产业，立足黑蜂自然保护区发展，注重黑蜂蜂蜜品质管理的提升；中部主打褐牛产业、奶产业、马产业、中药材和菌菇产业；西部主打三文鱼、肉鸽、旱田粉和土鸡加工产业。截至 2018 年年底，以上述布局为基础的产业体系带动超过 4000 户贫困户增收，推动了

---

① 胡晗、司亚飞、王立剑：《产业扶贫政策对贫困户生计策略和收入的影响——来自陕西省的经验证据》，《中国农村经济》2018 年第 1 期。

尼勒克县在 2018 年完成脱贫摘帽。

（一）农业产业升级

在农业发展方面，通过推广新式农具、示范培训农民技术员、改善农业生产条件、加大农业基础设施建设投入，尼勒克县完善了农业技术推广体系、调整了经济作物结构、优化了区域布局，使农业发展实现了从依靠资源要素投入到依靠科技进步的转型，提高了农业生产的规模化、产业化、信息化、标准化和农产品质量安全水平，实现了规模效益。基于"稳粮"思路，尼勒克县建立了绿色小麦原料标准化基地 15 万亩、玉米标准化基地 10 万亩，建设了绿色小麦示范基地 2 万亩，特色作物种植面积 4.5 万亩。在脱贫攻坚中，尼勒克县的农业产业累计带动贫困户 2183 户，户均增收 3000 元以上。

（二）畜牧产业升级

在牧业发展方面，基于"强畜"思路，尼勒克县在产业规模、产业结构和产业效益等多个方面推动了畜牧业转型升级，通过品种改良、疫病防治以及科学化养殖，大大提升了畜牧产业的经济利益。如表 1 所示，在产业规模升级方面，尼勒克县 2011 年牲畜存栏量和生产母畜分别为 89.37 万头（只）和 57.76 万头（只），牲畜出栏率为 59%，到 2018 年，上述数据分别为 97 万头（只）、70 万头（只）和 77.7%。在产业结构优化方面，尼勒克县 2011 年的生产母畜比例、商品率分别为 64.6% 和 70%，到 2018 年，上述数据分别为 75% 和 77.4%。2011 年，全县马、牛、羊的良种率分别为 25%、64%、40%，到 2018 年，上述数据分别为 34%、74%、50%。在产业效益方面，尼勒克县 2011 年的牧业产值为 74570 万元，牧业对农民收入的贡献率略高于 50%，到 2018 年，上述数据分别为 161600 万元、68.93%、60%。2018 年，尼勒克县牧民定居数量超过了 4500 户，农牧民的畜牧业人均纯收入达到 8800 元，远远高于 2011 年精准扶贫开展前的 1170 户和 3248 元。从 2011 年到 2018 年，畜牧业对农牧民增收的贡献率从 50% 上升到 60%。依托自治区绿色有机畜产品生产基地建设，尼勒克县通过畜牧产业共计带动贫困户 2787 户，户均增收超过 6000 元。

表 1 尼勒克县 2011 年与 2018 年畜牧业数据对比

产业项目	2011 年	2018 年
各类牲畜存栏	89.37 万头（只）	97 万头（只）
牲畜出栏率	59%	77.7%
生产母畜	57.76 万头（只）	70 万头（只）
生产母畜占存栏牲畜的比例	64.6%	75%
牲畜商品率	70%	77.4%
马良种率	25%	34%
牛良种率	64%	74%
羊良种率	40%	50%
畜牧业产值	74570 万元	161600 万元
完成牧民定居	1170 户	4550 户
农牧民纯收入中来自畜牧业部分	3248 元	8800 元
畜牧业对农牧民增收的贡献率	50%	60%

（三）特色产业升级

在特色产业发展方面，尼勒克县建立了多层次特色产业格局，包括三文鱼、黑蜂、马、土鸡以及肉鸽等养殖产业，馕制品、乳制品等农牧产品加工业，柯赛绣、马具等加工制作产业以及树上干杏等精品林果种植产业。

1. 在养殖产业方面，以黑蜂养殖和三文鱼养殖为例，2019 年，尼勒克县种蜂场发展规模养殖 300 群以上大户 30 余户，带动贫困户

18 户，通过蜂农驻场学习、实地指导培训等方式累计培训蜂农达 800 余人次，其中贫困户占 30% 以上。2018 年，喀拉苏乡三文鱼生产基地年产三文鱼 2038 吨，实现销售收入 1.03 亿元，通过入股分红的形式带动贫困户 609 户，户均增收 3000 元。2018 年以来，尼勒克县依托三文鱼绿色生态养殖，大力发展休闲渔业，实行了"公司+合作社+基地+贫困户"的全产业精准扶贫模式。截至 2019 年，喀拉苏乡克什喀拉苏村已有渔家乐 29 个，百货商店 10 个，为当地贫困人口提供就业岗位超过 100 个。

2. 在农牧产品加工方面，以"贝纳木馕"生产为例，2019 年，苏布台乡"贝纳木"合作社馕坑达到 15 个，馕的种类由最初的 4 种增加至 13 种，日均制馕接近 10000 个，销售 8000 个，除了在本地销售外，还远销到乌鲁木齐、克拉玛依以及深圳等地。目前，"贝纳木"合作社带动贫困人口近 40 人，月均工资可达 1800—2200 元。

3. 在加工制作方面，以"柯赛绣"为例，目前尼勒克县共拥有刺绣合作社或孵化园 10 余家，刺绣产品不仅销往疆内外，甚至远销哈萨克斯坦、乌兹别克斯坦等国，通过柯赛绣产业发展，尼勒克县激发了贫困妇女的脱贫动力和能力，为脱贫攻坚注入了充满活力的"巾帼力量"。

4. 在精品林果方面，以采摘园建设和鲜切花种植为例，2019 年，喀拉苏乡有休闲采摘园面积 800 亩，种植香妃海棠 2.3 万株、夏柠檬 3000 株、树上干杏 3000 株、二秋子 3000 株，带动农牧民 67 户。马场鲜切花种植基地现有 50 座大棚，包含百合、玫瑰、洋桔梗、康乃馨、勿忘我、非洲菊、满天星、向日葵 8 个品种，种植规模达 33.3 万株，带动贫困户 40 余户。

多层次特色产业体系激发了尼勒克县产业发展的内源活力，优化了内源产业结构，推进了内源生产的产业化、市场化。通过充分利用县域资源，特色产业为贫困人口就业增收创造了条件。

二、外源式产业发展

(一) 旅游产业发展

在旅游扶贫方面，当前尼勒克县的旅游产业发展已初具规模，2016 年至 2018 年全县共接待游客 305.51 万人次，实现旅游收入 30.55 亿元。2019 年 1—8 月接待游客 189.39 万人次，同比增长 66.34%，预计实现旅游收入 18.76 亿元，同比增长 61.31%。2016 年至 2019 年，尼勒克县实现旅游业新增就业 970 人，其中贫困户 184 人。从表 2 可见，在不同旅游产业项目的收益水平中，农（牧）家乐的效益最高，在 6 月至 8 月的旅游旺季，每户的收益可达 8 万元以上，而效益最低的住宿、餐饮、特色产品销售等旅游服务业仍旧可以给每个贫困人口带来 1.5 万元左右的年收入。作为吸纳贫困户就业的新就业渠道，旅游业的带动效益远远高于传统产业。当然，从整个产业格局来看，旅游产业带动的人数有限，但一方面旅游产业的收益水平高，脱贫效果显著；另一方面，随着旅游业的发展和旅游产业链的延长，其辐射范围会逐渐扩大。从脱贫攻坚巩固提升的角度来看，作为外源产业的旅游业具有巨大潜力。

表 2　不同旅游扶贫产业项目的增收能力

旅游产业帮扶项目	产业效益
农（牧）家乐	年户均增收 8 万—10 万元
住宿、餐饮、特色产品销售等旅游服务业	年人均收入 1.5 万元左右
旅游交通企业、旅游经营企业、旅游景区管理	年人均收入 1.8 万元左右
旅游纪念品、新疆名优特及精深加工农产品生产	年人均收入 2 万元左右
旅游基础设施建设	年人均收入 3.5 万元左右
休闲观光垂钓采摘等乡村旅游	年人均收入 2 万元左右

续表

旅游产业帮扶项目	产业效益
民俗展示、民族歌舞表演	年人均收入 1.5 万—2 万元
旅游小微创业带动就业	年人均收入 2 万—2.5 万元

（二）电商产业发展

在电商扶贫方面，自尼勒克县 2016 年 9 月实施电子商务进农村示范项目以来，电商产业得到了长足发展。截至 2019 年，尼勒克已建成县级电子商务公共服务中心 1 个、县级电商物流分拨中心 1 个、乡级电子商务服务站 13 个，覆盖率达到了 100%。村级电子商务服务点 51 个，其中，贫困村电商服务点 18 个，覆盖率为 60%，公共冷藏保鲜库 2 个，现已正式投入使用。此外，通过引进分销技术，尼勒克县鼓励个人开设"西域乡淘"分销店铺，截至 2019 年，全县个人开设的分销店面已达 2873 个。目前，尼勒克已经形成了相对完整的农村电子商务服务体系，电商产业已直接或间接带动 300 余户贫困户实现了增收。不仅如此，电商产业还在销售领域与内源产业实现了广泛对接，激发了内源产业的市场活力，提升了传统农牧业和特色产业的经济效益。

案　例

尼勒克县在 2016 年被确定为第三批国家电子商务进农村综合示范县，全县紧紧围绕国家和自治区发展农村电子商务相关部署要求，以农村贫困群体为重点，推动农村电子商务物流配送体系和农村电子商务公共服务中心建设，整合快递企业打通"最后一公里"，逐渐完善了电商扶贫布局，打通了农村地区电子商务双向流通渠道。同时，尼勒克县在站点建设过程中对精选的乡村电子商务服务站站长进行电子商务专业知识培训，培育电商发展主体，推进农副土特产品提质增效和乡村旅游电商服务提挡升级，对电子商务扶贫助贫理念进行推广和宣传，促进了农村电子商务在贫困乡村的推广普及。尼勒克县的电商扶贫模式主要是"电子商务公共服务中心+贫困户+企业+电子商务服务站点+新零售"，在带动贫困户方面，首先先由电子商务公共服务中心负责对县域内农产品摸底，对贫困户进行实地走访，再根据每个乡村的实际情况开展帮扶，帮助贫困户增收。

以喀拉苏乡的贫困村加林郭勒村为例，该村距离尼勒克县城约25公里，村里的土鸡和土鸡蛋质量较高，但由于交通不便，因此销路不畅。尼勒克县电子商务公共服务中心在2017年摸底调查中了解到了加林郭勒村的状况，之后便在该村建立了电子商务服务站。在站长的辅助下，电子商务公共服务中心专员对贫困户进行了入户调查，和贫困户商谈代售土鸡蛋和土鸡事宜。在具体帮扶中，电子商务公共服务中心预付200元作为定金，由公共服务中心孵化的电商企业康诺电子商务有限公司以每枚1.2元的价格进行收购，公共服务中心辅助康诺电子商务公司进行包装设计，打造了尼勒克当地土鸡蛋品牌"天誉"牌土鸡蛋，并以每盒（一盒30个鸡蛋）85元的价格销售到乌鲁木齐市。在此过程中，贫困户通过土鸡蛋销售获利，电子商务服务站点和康诺电子商务公司也通过品牌效益获得了销售利润，实现了共赢。

尼勒克县上述电商扶贫工作可以概括为"新零售"模式，主要是依托电子商务中心开展社群营销和社区营销，运作方式是邀请有条件的电子商务服务站站长成为社群团购的团长建立微信群，对当地的特色农产品进行不定期的预售，同时有购买需求的县城居民也可以在各个站长处进行订购。截至2019年，尼勒克县城内成立了3个社区农产品上行旗舰店，销售的农特产品种类有土鸡、土鸡蛋、野蘑菇、蘑菇干、奶疙瘩等。"新零售"模式在一定程度上带动了贫困增收，展现了电商扶贫的潜力，以土鸡蛋销售为例，当前外面对土鸡蛋每周进行一次团购，每次购买量在 5000 枚左右。

第四节　尼勒克县产业扶贫的经验启示

产业扶贫本质上是政策引导下各族贫困人口的生产实践，在产业扶贫中，贫困人口是主体，以产业发展带动贫困人口脱贫致富是根本目标。然而，从实践层面来看，产业扶贫背后的市场化逻辑和社会道德逻辑存在一定冲突，导致产业扶贫项目背离了政策目标[①]。但从根本内涵上看，产业扶贫的"唯经济效益论"本质上是一种简化论思维，忽略了贫困人口的主体性地位，造成了技术的"有用无效"[②]。由此可见，产业扶贫并非单纯是一种市场逐利的经济行为，还是一种嵌入性[③]视角下的社会行为。因此，产业扶贫应该立足经济、社会等多重维度，结合贫困地区的历史文化传统和现实社会背景进行实践。在国内经济体系优化升级的大背景下，尼勒克县的产业扶贫推动了当地现代产业体系的现代化转型，通过带动贫困人口的生产实践，产业扶贫的影响开始延伸至贫困地区社会文化变迁等深层次领域。

在尼勒克县，以哈萨克族为主的少数民族群众具有悠久的游牧传统，其生产生活方式具有浓厚的游牧特征。一直以来，尼勒克县的主导产业都是农牧业，尤其是畜牧业。然而，传统的生产方式效率低下，导致农牧民收入少，生活水平低。通过产业扶贫，传统农牧业得

---

① 许汉泽、李小云：《精准扶贫背景下农村产业扶贫的实践困境——对华北李村产业扶贫项目的考察》，《西北农林科技大学学报》（社会科学版）2017 年第 1 期。

② 黄承伟、邹英、刘杰：《产业精准扶贫：实践困境和深化路径——兼论产业精准扶贫的印江经验》，《贵州社会科学》2017 年第 9 期。

③ Mark, Granovetter. Economic Action and Social Structure: The Problem of Embeddedness. American Journal of sociology, Vol.91, No.3, (Nov 1985), pp.481-510.

到了转型升级，与新兴潜力产业共同推动了农牧民生产方式的革新，进而将各族贫困人口整合进了现代化生产实践。在这个过程中，一方面，原有的封闭性种养殖经营被开放的市场化经营取代，各族群众在现代产业体系中深化了融合；另一方面，生产方式的转型促进了生活方式的转变，各族群众在现代化生活方式中深化了融合。

一、从传统到现代：生产方式转型促进民族融合

融合不同于同化，其本质是不同主体间的交流互动。在生产领域，缺乏文化认同的生产实践容易造成产业发展与个人发展的脱节，包括利益联结机制的脱节和文化价值观念的脱节，进而导致贫困人口的低效参与。研究发现，缺乏社会性参与的产业扶贫容易产生负向效果①。由此可见，在少数民族聚集的贫困地区，忽略地域特性和民族差异的产业扶贫往往适得其反。对此，尼勒克县走出了一条"小产业、大民生"的产业扶贫道路。

产业扶贫的落脚点是民生。在产业基础薄弱、基础设施落后、市场需求不足的偏远地区，发展产业不应盲目追求"大而粗"，而应注重"小而精"，切实增强产业带动的实际效果和可持续性，以"小产业"撬动"大民生"。针对产业发展问题，尼勒克县委扶贫办书记在访谈中说："（尼勒克县）产业发展是比较稳定的，问题在于物流不是很方便，所以要因地制宜做小，……（以前）产业发展的特点是'一乡一业、一村一品'，后来发现思路不对，改成了'一乡一业、多村一品'。……产业不大好处是风险小，可以随时转型。"结合尼勒克县的实际情况来看，作为国家级贫困县，尼勒克的产业基础薄弱，盲目发展规模化产业不仅缺乏条件，而且存在巨大市场风险。访

---

① 孙兆霞：《脱嵌的产业扶贫——以贵州为案例》，《中共福建省委党校学报》2015 年第 3 期。

谈中尼勒克县委书记也说道："你们也看到了，尼勒克没有大的工厂……现在是转型期，要力求高质量发展，不能以牺牲环境为代价，图一时的发展。"结合环境因素来看，作为国家级黑蜂自然保护区，尼勒克县在污染防治攻坚战中承担着巨大压力，因此聚焦地方特色发展精品小产业更加具有可持续性。在"产业提升"专项行动中，尼勒克县立足"一乡一业、多村一品"的理念，聚焦特色优势产业发展，有效带动了贫困人口脱贫致富。

就影响而言，产业发展通过整合贫困人口的土地、资本和劳动力，凸显了贫困人口的主体性，同时也使贫困人口培育了公民精神和转变了思想观念①，这说明产业发展对不同个体具有整合能力。在尼勒克县，这种整合能力集中体现在生产方式上。结合尼勒克县"小产业、大民生"的特色产业发展思路来看，类似旱田馕、马具和柯赛绣等产业都包含有尼勒克的民族元素，是该县一直以来就存在的产业。在产业扶贫中，通过产业扶持和市场引入，尼勒克县实现了对上述特色产业的转型升级，进而将各族群众整合进了现代化生产实践。一方面，尼勒克县大力开展技能培训，在一定程度上赋予不同农牧民共同的现代化生产技能；另一方面，尼勒克县大力推进"合作社+农户"的带动模式，通过合作社、扶贫车间等载体将各族群众整合进了共同的生产空间，客观上促进了各族群众在同一生产场域内的交融，进而促进了各族群众之间的融合。

二、从游牧到庭院：生活方式转型促进民族融合

生产方式的转型往往带来生活方式的转变。以电商产业为例，从不同地区的电商扶贫成效来看，农村电商改变了贫困地区的生产销售

---

① 刘建生、陈鑫、曹佳慧：《产业精准扶贫作用机制研究》，《中国人口·资源与环境》2017 年第 6 期。

方式，同时也改变了贫困人口的生活方式，在一定程度上重构了贫困地区的经济、社会和文化意义①。所以说产业扶贫带来的现代化生产方式同样会产生现代化的生活方式，在生活方式的转变中，传统与现代的交融在客观上也促进了各族群众之间的融合。在尼勒克县，生活方式转变的典型表现就是从游牧到庭院的转型。

近年来，尼勒克持续发展庭院经济，一个个小庭院变成了贫困农牧民增收致富的"聚宝盆"，为全县打赢脱贫攻坚战、巩固脱贫成果提供了新动力。然而，庭院经济并非是尼勒克传统的经济形式，脱贫攻坚开展以来，尼勒克县开展了牧民定居工程，每户牧民在安置点都有大面积的庭院，但由于长期受游牧生活习惯影响，牧民缺乏经营意识，大量庭院被闲置，杂草丛生，造成了资源浪费，也不利于定居牧民生活水平的提升。对此，尼勒克县坚持规划引领、示范带动、一户一图、一家一策，指导贫困户对庭院进行科学规划，确定了庭院经济种什么、养什么、干什么。在此基础上，尼勒克县实行居住、种植、养殖"三区"分离，推行前院后圈、院内硬化、环境美化，改变了贫困农牧民生活饮食习惯。在具体实践中，尼勒克县围绕"家"字做文章，实施了"155111"增收致富工程，一方面举办庭院经济技术培训班，提高了农牧民种植水平；另一方面为每户贫困农牧民免费提供种子等生产资料，并结合奖补的形式提高了农牧民的经营积极性。通过挖掘现有庭院的可利用空间，尼勒克县发展了"高产、高效、高收入"庭院种植业和养殖业，拓宽了贫困农民增收渠道，使贫困户房前屋后的"方寸之地"变成了"创收之所"。

在发展庭院经济的过程中，游牧民生活方式的转变体现在多个方面。在居住习惯方面，过去牧民的居住地点随牲畜迁徙而变，缺乏固定居所，通过发展庭院经济，深化了牧民对定居地的适应与认同，稳

---

① 王盈盈、谢漪、王敏：《精准扶贫背景下农村电商关系网络与地方营造研究——以广东省五华县为例》，《世界地理研究》2017年第6期。

定了牧民的定居生活。在饮食习惯方面，过去牧民的饮食以面粉、肉类和奶制品为主，较少摄入绿色蔬菜，通过发展庭院种植，丰富了牧民的饮食选择，优化了原有的饮食结构。在卫生习惯方面，过去牧民的居住与养殖往往交杂在一起，周围遍布牲畜粪便，卫生状况较差，通过庭院规划实行居住、种植、养殖"三区"分离，净化了牧民的居住环境，改善了牧民的卫生习惯。上述转变体现了尼勒克县各族农牧民在居住、饮食和卫生等多方面生活方式上的交融，客观上促进了民族融合。

第六章

健康扶贫：民族融合导向下的
贫困人口增能促融

实施健康扶贫工程，事关贫困人口健康权益，事关脱贫攻坚成败，事关如期全面建成小康社会。党的十八大以来，以习近平同志为核心的党中央高度关注贫困地区脱贫攻坚工作，并越来越重视健康扶贫在脱贫攻坚中的作用。2015 年 11 月，中共中央、国务院颁布了《关于打赢脱贫攻坚战的决定》，提出"实施健康扶贫工程，保障贫困人口享有基本医疗卫生服务，努力防止因病致贫、因病返贫。"①随后，为贯彻落实该文件关于健康扶贫工程的具体精神，2016 年 6 月，国家卫生计生委等 15 个部门联合印发了《关于实施健康扶贫工程的指导意见》，更是明确了实施健康扶贫工程的总体要求、目标任务和保障措施，对组织实施提出了要求。2017 年 6 月 23 日，习近平总书记主持召开了深度贫困地区脱贫攻坚座谈会并发表重要讲话，就攻克坚中之坚、解决难中之难、坚决打赢脱贫攻坚战作出部署安排。2018 年 10 月，国家卫生健康委、国家发展改革委、财政部、国家医保局和国务院扶贫办联合制定了《健康扶贫三年攻坚行动实施方案》，进一步强调了贫困地区的健康教育和健康促进工作。由此可见，健康扶贫工程作为国家精准扶贫战略的重要组成部分，受到了党和国家的高度重视，成为打赢脱贫攻坚战的有力抓手。尼勒克县作为我国边疆的少数民族深度贫困地区，农村居民在应对疾病问题（尤其是重特大疾病）时，面临着更高的经济脆弱性和健康脆弱性，其陷入健康贫困的风险较高。在此种背景下，尼勒克县面临的脱贫攻坚

---

① 《十八大以来重要文献选编》（下），中央文献出版社 2018 年版，第 58—59 页。

任务艰巨而紧迫。精准扶贫战略实施以来，面对全县贫困人口因病致贫、因病返贫的严峻形势，尼勒克县党委和政府各部门深入贯彻落实习近平总书记关于新时期扶贫开发的重要战略思想，根据精准扶贫、精准脱贫工作要求，将健康扶贫列入重要工作日程，不断加大工作力度，以降低贫困人口经济脆弱性和健康脆弱性为工作抓手，围绕让农村贫困人口"看得起病、看得好病、看得上病、少生病"工作目标，因地因人因病施策，深入推进实施健康扶贫工程，有效地防止了贫困人口"病根"变"穷根"，增进了各民族群众的政策认同和情感认同，进而有力地促进了民族融合。

第一节　健康机会缺失：尼勒克县农村居民陷入健康贫困的风险较高

健康问题是农村居民陷入贫困的重要原因，"辛辛苦苦奔小康，得场大病全泡汤"，也是脱贫攻坚战略实施的"拦路虎"。受制于生存环境、地理空间、医疗资源配置、经济能力等多重因素的影响，农村家庭在应对健康风险方面具有天然的脆弱性特征，主要表现为健康脆弱性和经济脆弱性两个方面[①]。其中，经济脆弱性主要表现为农村居民处于经济收入弱势地位，应对疾病经济负担能力弱，容易形成灾难性医疗支出；健康脆弱性主要表现为由于农村医疗卫生资源分布不均等、人居生存环境卫生差、个体健康意识缺乏等原因，导致农村居民面临健康风险冲击的概率更大，疾病患者多发，尤其是大病、重病患者。经济脆弱性和健康脆弱性共同导致农村居民的健康机会缺失，

---

① 翟绍果、严锦航：《健康扶贫的治理逻辑、现实挑战与路径优化》，《西北大学学报》（哲学社会科学版）2018 年第 3 期。

应对健康风险冲击的能力不足，从而陷入健康贫困陷阱。尼勒克县作为我国边疆少数民族地区的国定贫困县，因地域性和社会性的因素，农村居民在应对健康问题时面临的经济脆弱性和健康脆弱性更为突出，从而陷入健康贫困的风险较高，具体表现在以下三个方面：

其一，尼勒克县农村居民收入水平较低，导致其在应对疾病经济负担方面显现出很高的经济脆弱性，"看不起病"问题较为突出。在经济发展方面，尼勒克县长期以来产业结构单一，以农牧业为主，但农牧业大而不强，同时第二、三产业发展十分薄弱，其经济发展水平较低。基层农牧民群众收入来源单一，主要依靠种植业和养殖业创收，且小富即安的意识较为浓厚，其收入水平低下且稳定性较差。1986 年，尼勒克县人均纯收入 307 元，被国务院确定为国家级贫困县，2010 年，按照国家确定的低收入人口标准 2300 元，再次被确定为国家扶贫开发重点县。社会经济水平往往会抑制居民投资自身健康的积极性，较低社会经济地位群体往往面临着更高的疾病风险①。"病倒一个人，拖垮一个家"。在农村这是许多因病致贫、因病返贫的百姓生活的真实写照。受制于多种因素的影响，尼勒克县农牧区居民大多存在健康脆弱问题，他们往往无力承担治病支出，尤其是重特大疾病带来的高额医疗费用，疾病成为造成其陷入贫困的重要因素之一。反过来，因为经济贫困而引发的健康投资不足、生病不能及时医治等不良后果，使其面临更高的疾病风险，由此形成健康、经济、贫困三者之间的连锁反应，形成"贫困—疾病"恶性循环链②。

其二，尼勒克县地广人稀，医疗资源分布的辐射半径较大，人均健康资源占有量少，加之农村医疗卫生资源缺乏，导致农村居民具有

---

① 方黎明：《农村中老年居民的健康风险及其社会决定因素》，《保险研究》2017 年第 5 期。

② 左停、徐小言：《农村"贫困—疾病"恶性循环与精准扶贫中链式健康保障体系建设》，《西南民族大学学报》（人文社科版）2017 年第 1 期。

较高的健康脆弱性。尼勒克县域总面积 10053 平方公里，东西长 243 公里、南北宽 70 公里。全县总人口 18.3 万人，县城城镇人口约 6 万人，其余大部分人口则分布在广袤的农牧区。由于农牧区地域广阔，人口分布零散，长期以来农牧区道路等基础设施建设落后，交通不便，医疗资源难以有效普及。尤其是在位置偏远的牧区，交通极为闭塞，甚至依靠现代性的交通工具都无法到达，加之牧民需要根据季节变换来调整放牧场地，其流动性很大，导致难以为其提供有效的医疗服务，缺医少药，"看不上病"的情形在农牧区便是常事。因此，相比城镇，农牧区居民对于健康资源的可获得性更差。

其三，基层农牧民群众，特别是贫困群众基本健康常识贫乏，受不良生活和饮食习惯影响，慢性病等疾病发病率较高，这是农村居民健康脆弱性的另一表现。尼勒克县人口由哈萨克族、汉族、维吾尔族、回族、蒙古族等 32 个民族组成，少数民族占 75%，是我国西北内陆地区一个典型的少数民族地区。在基层农牧区，多数少数民族人口具有放牧的生产传统，由于对健康卫生状况的忽视，长期形成的生产生活习惯和饮食习惯对自身的健康造成了很大的负面影响，如饮食种类单一，喜食高盐、熏制品、奶茶等，导致高血压发病率高；没有在床上睡觉的习惯，长期处于潮湿环境，导致风湿病频发；人畜不分离的居住环境致使疾病肆意滋生等。正是因为健康意识贫乏和不健康的生活习惯，尼勒克县农村地区少数民族群众的健康脆弱性更为突出，疾病的发病率较高。根据国务院扶贫办、国家卫生计生委下发的"因病致贫、因病返贫"名单，尼勒克县自 2016 年开始对名单中涉及的 736 户 2673 人进行摸底排查，共查出患 45 种主要疾病和 48 种次要疾病 503 户 666 人，主要疾病种类为类风湿性关节炎、慢性阻塞性肺气肿、糖尿病、脑血管疾病、心肌病、重型老年慢性支气管炎、重型精神疾病、重型癫痫、肺结核等，体现出了很强的地域性特征。

第二节 健康机会的公平性弥补：
尼勒克县健康扶贫实践

　　如前所述，在健康保障问题上，长期以来因多种因素的制约，尼勒克县农村居民面临着更为突出的经济脆弱性和健康脆弱性，导致其陷入健康贫困的风险较高，因病致贫、因病返贫现象突出。自全国脱贫攻坚战略实施以来，面对健康扶贫领域的紧迫形势，尼勒克县在自治区、自治州党委政府的坚强领导和上级部门的大力支持下，把健康扶贫工程作为最大的政治任务和第一民心工程来抓，紧紧围绕社会稳定和长治久安总目标，着眼于降低贫困人口的经济脆弱性和健康脆弱性，将健康扶贫工作与深化医药卫生体制改革紧密结合，突出重点地区、重点人群、重点病种，采取补齐卫生健康服务短板和堵塞因病致贫返贫源头的办法，提升农牧区贫困人口医疗保障水平和医疗卫生服务能力，有效地保障了贫困人口的健康权利，其主要举措如下：

一、提升贫困人口应对疾病的经济能力，降低其经济脆弱性

　　对于贫困群众而言，若家中有患者，尤其是重特大疾病患者，莫过于是最大的经济负担。一方面疾病会导致劳动能力减弱或丧失，从而导致原本就很薄弱的家庭收入下降；另一方面治病产生的高额医疗费用，严重超出家庭累积收入的承受范围，致使其生活水平长期处于一种绝对贫困的状态[①]。因此，在收入存在约束的情况下，最大程度

---

① 翟绍果、严锦航：《健康扶贫的治理逻辑、现实挑战与路径优化》，《西北大学学报》（哲学社会科学版）2018 年第 3 期。

地减轻因病致贫贫困人口的医疗费用负担是降低其在应对疾病时面临经济脆弱性的关键，从长远来看也是防止其因病返贫的主要举措。针对贫困人口收入薄弱，看不起病的严峻形势，尼勒克县结合本县实际情况，采取多重医疗保障和制度资源整合等途径，提高贫困人口家庭应对疾病风险冲击的经济能力，确保贫困人口"看得起病"，防止贫困人口因无力承担医疗费用而延缓治疗或放弃治疗导致"小病拖成大病、大病拖成不治之症"现象的发生，降低了因病致贫、返贫的概率。

（一）健全多重医疗保障机制，降低贫困人口直接的疾病经济负担

从实际情况来看，门诊费、检查费、医药费、住院费等费用是贫困人口就医时面临的主要经济负担，同时无力承担高额的医疗费用也是导致其因病致贫、返贫的主要原因。对此，尼勒克县出台了《尼勒克县城乡居民医疗保险扶贫实施方案》和《尼勒克县健康扶贫工程暨示范县创建实施方案》，为贫困人口建立起基本医疗保险、大病保险、补充保险、医疗救助"四道保障线"，实现贫困人口医疗保障的广泛覆盖和有效衔接，发挥各项医疗保障的协同互补作用，形成保障合力，提高贫困人口医疗保障水平。主要包括以下几个方面：

一是城乡居民基本医疗保险覆盖所有农村贫困人口并实行政策倾斜。保险费个人缴费部分按规定由财政给予部分或全额补助，确保每一位贫困人口都能享受基本医疗保障。其中，建档立卡贫困人口个人缴费由财政补助40%，个人承担60%；低保对象由城乡居民医疗救助资金补助40%，个人承担60%；特困人员（五保户、孤儿）缴费全额由城乡居民医疗救助资金承担。截至2019年，尼勒克县所有建档立卡贫困人员27551人，已完成基本医疗保险参保全覆盖。其中，县域内参保城乡居民医疗保险26199人由财政补助274.85万元（其中特困群体153人按照260元进行全额资助3.98万元；26046人按照

每人40%的参保标准104元由财政代缴270.88万元）。全面推行门诊统筹，同时提高政策范围内贫困人口住院费用报销比例，使基本医疗保障向建档立卡贫困人口倾斜。在住院报销方面，尼勒克县实行一般农牧民群众住院乡镇级定点医疗机构补偿90%，县级定点医疗机构补偿80%，地（州、市）级定点医疗机构补偿60%，自治区级定点医疗机构补偿50%的政策。目前尼勒克县建档立卡贫困人口住院费用实际报销比例达90%以上，逐步缓解了贫困人口"看病难、看病贵"问题。同时全面取消药品加成，实行零差率销售，减轻农牧民负担。

案　例

　　古鲁巴新·达吾列提汗是尼勒克县木斯乡人，2016年10月6日在新源县妇幼保健院分娩，因产后出血急诊转往新源县人民医院做了全子宫切除手术，由于出血量过多，血色素低至3克，需要后续住院治疗。依据国家精准扶贫政策，古鲁巴新·达吾列提汗一家属于建档立卡贫困户，家庭经济条件比较差，无钱交付此次住院治疗带来的相关医疗费用，尼勒克县妇幼保健院得知这一情况后，为其担保开通绿色通道给予救助。经过20天的治疗，古鲁巴新·达吾列提汗于10月27日基本康复后出院，治疗期间各项医疗费用共计花费54341.12元。依据尼勒克县贫困人口医疗报销补偿政策，新农合（城乡居民基本医疗保险）补偿20313.59元，农村孕产妇住院分娩补助500元，民政贫困救助给予解决15000元，另外木斯乡乡政府通过爱心妈妈捐助1000元，最终自己承担费用11200元，其自付部分也通过大病医疗保险进行了补偿，极大地减轻了古鲁巴新·达吾列提汗一家的经济负担。

　　二是出台《尼勒克县贫困患者重特大疾病医疗救助办法（暂行）》，加大对大病保险的支持力度，通过政策性大病保险和商业性大病补充保险使贫困人口患目录内的 25 类 67 种重大疾病能得到救治。通过逐步降低大病保险起付线、提高大病保险报销比例等，实施更加精准的支付政策，提高贫困人口受益水平，减轻贫困患者的就医负担。三是加大医疗救助力度，将农村贫困人口全部纳入重特大疾病医疗救助范围，减轻重大疾病给贫困家庭造成的经济负担。尼勒克县各项针对贫困人口医疗保障政策的具体内容如表 1 所示：

表 1　尼勒克县贫困人口医疗报销补偿政策

大病医疗保险	在城乡居民基本医疗保险运行年度内，参保人员住院发生的医疗费用由城乡居民基本医疗保险支付后，个人负担的目录内费用超过大病保险起付线的，按照大病保险待遇支付；大病保险的起付标准为 1.5 万，贫困人员住院大病起付标准则降低 50%（累计 7500 元）。具体赔付标准为：1.5 万—5 万元（含 5 万元），支付比例为 65%；5 万—10 万元（含 10 万元），支付比例为 75%，10 万元以上，支付比例为 85%，民政救助或建档立卡贫困人员，各分段报销比例提高 5 个百分点。
重特大疾病救助	在城乡居民基本医疗保险运行年度内，在统筹区内参保人员住院符合 25 类 67 种病种实行病种限价付费方式，定额限价据实结算，在定点医院治疗并按规范诊疗方案规定治疗方法治疗的患者，当次发生的合理住院治疗费用由城乡居民基本医疗保险支付 70%，大病保险支付 30%，支付不设起付线，特殊重大疾病患者不受最高支付限额、常规补偿比例限制、城乡居民目录限制。 由民政部门为全县低保贫困人口和因病致贫、因病返贫人口购买重大疾病商业补充保险，缴费标准：120 元/人/年，起付线为 2000 元，政策范围内的医疗费用（扣除自费部分）超过 2000 元，进入补充医疗保险赔付范围。2000 元是城乡居民基本医疗保险支付限额，按照城乡居民医疗保险基金报销后剩余部分的 50% 予以赔付；城乡居民基本医疗保险支付后剩余部分，按一级医院 70%、二级医院 60%、三级医院 50% 的比例予以赔付。2018 年伊犁州城乡居民医疗保险支付限额为 8 万元。
门诊及慢性病补偿	乡村两级定点医疗机构的单次门诊费用补偿比例分别是 80% 和 90%，全年累计补偿封顶额 800 元。 慢性病医药费用补偿比例：不设起付线，由指定县乡级医疗机构及时结报，按其可报医疗费用的 40% 进行补偿，全年累计封顶额 2000 元，与普通门诊就诊费用分别计算。特殊慢性病中恶性肿瘤患者门诊放化疗、肾功能衰竭尿毒症患者门诊透析、耐多药肺结核的门诊医药费按照 60% 的比例支付，不设限额。

住院救助	建档立卡贫困人口在全县范围内定点医疗机构住院，取消住院起付线，报销比例提高 5%。经城乡居民基本医疗保险、大病保险补偿后剩余的自付部分，再由民政部门补偿 80%；所有公立医疗机构实施药品"零差率"销售，"因病致贫、因病返贫"人员凭健康卡及相关证明材料，开通"绿色通道"，享受免挂号、住院起付线，免收住院押金，实行"先诊疗后付费"和"一站式结算"服务；全县所有医疗机构设立扶贫病房，对建档立卡贫困人口减免床位费。

（二）整合优化制度资源，降低贫困人口间接的疾病经济负担

从理论上来说，城乡居民基本医疗保险、大病保险、民政救助等政策叠加所形成的综合保障效应，能够极大地降低贫困人口的疾病经济负担。但在实践中，由于医疗保障政策分散在各个部门，而各个部门对于保障人群、保障方式、待遇标准等又都有独立的政策规定，导致健康保障政策出现"重复保障"和"保障盲点"并存的现象。同时，保障待遇申请材料复杂、手续烦琐和周期过长，导致贫困人口在获取健康资源时面临很大的制度障碍。因此，在控制医疗费用方面，尼勒克县出台《尼勒克县新时期医疗卫生工作的实施方案》，通过整合制度资源，实施支付方式改革、推行"先诊疗后付费、一站式结算"等措施，彻底解决贫困家庭因筹集不到足够的医疗费用而放弃治疗，从而不能充分享受基本医疗服务的问题，并且大幅度减轻贫困人口家庭看病就医的经济负担。主要包括以下几个方面：一是扎实推进支付方式改革，强化基金预算管理，完善按病种、按人头、按病床日付费，尽量使用目录内的药物等多种方式相结合的复合支付方式，有效控制医疗总费用。二是实行县域内农村贫困人口先诊疗后付费的结算机制。贫困患者在县域内定点医疗机构住院实行先诊疗后付费，符合医保（城乡居民医疗保险）规定疾病住院条件的参保患者，持医保卡、有效身份证件和"因病致贫、因病返贫"人口健康卡及扶贫部门出具的贫困证明或民政部门出具的低保、特困等相关证明（证

件）办理入院手续，并签订"先诊疗、后付费"协议后，无须缴纳住院押金，直接住院治疗。尼勒克县级医疗机构及各乡（镇）场卫生院均设置"先诊疗后付费"和"一站式结算"服务窗口，实现基本医疗保险、大病保险、疾病应急救助、医疗救助"一站式"信息交换和即时结算，贫困患者只需在出院时支付自付部分的医疗费用，从而大大降低了贫困人口看病的门槛并免除了看病后复杂的报销手续。三是推进分级诊疗制度建设，加强县域内常见病、多发病相关专业和有关临床专科建设，探索通过县乡村一体化医疗联合体等方式，提高基层服务能力，基本实现大病不出县。由于在乡镇卫生院和县级医疗机构看病报销比例更高，县内就医也能有效减轻贫困患者自付的医疗费用。

案 例

提列克·吾拉力拜，今年 26 岁，是木斯乡阿克吾孜克村贫困户，患有肾病综合征，2017 年因病情发展，需要在县医院住院治疗。但因家庭困难无法及时缴费住院，为此经过医院领导的协调安排后，依据尼勒克县贫困患者医疗救助政策，及时为他开展了绿色通道救助，实行先诊疗后付费的原则。提列克·吾拉力拜于 2017 年 1—11 月在尼勒克县医院住院共计 8 次，全年住院总花费 75304.59 元。因他是贫困户在住院期间可以享受城乡居民医疗保险 85% 的补偿，且自付部分的 80% 由民政救助。依据补偿政策，城乡居民医疗保险补偿了 60334.04 元，民政救助了 10997.72 元，保险公司补偿了 7659.80 元，最终个人支付 3568.37 元，补偿比例达 95.2%。

二、提升贫困家庭的健康能力，降低其健康脆弱性

为了解决整体医疗服务能力薄弱、偏远农牧区缺医少药、基层贫困农牧民卫生习惯和疾病预防意识极差等难题，尼勒克县借助国家精

准扶贫战略实施的契机，因地制宜地利用内外部扶贫资源，推动城乡医疗服务均等化，着力于提升贫困人口医疗资源的可及性和贫困人口的健康意识，确保贫困人口"看得上病"和"少生病"，降低其健康脆弱性。

（一）大力提升医疗服务能力，提高贫困人口健康资源可及性

少数民族贫困地区缺少优质的医疗服务，尤其是基层缺乏基本的医疗卫生服务，不仅加剧贫困患者健康水平的恶化程度，更是进一步增加了贫困家庭的就医负担。因此，医疗资源的公平性配置是医疗卫生服务水平提升的基础，也是提升少数民族地区贫困人口健康能力的重要保障。尼勒克县在推动医疗卫生资源下沉和城乡医疗服务均等化，解决基层贫困人口"看病难"和偏远农牧区"看不上病"难题方面采取了如下途径：

一是加强医疗服务体系标准化建设，着力提升基层医疗服务能力。实施县乡村三级医疗服务体系标准化建设工程，尤其重视乡（镇）场卫生院村级卫生室标准化建设。在硬件设施方面，通过县财政自筹和援疆资金配套，新建县中医院、县疾控中心、县传染病楼，为县乡两级医疗机构购置更新医疗设备，推进乡镇卫生院和村卫生室标准化建设，取得显著成效。目前尼勒克县 12 所乡（镇）场卫生院和 75 所村卫生室硬件设备配备方面均达到标准化考核要求，并有 3 所乡镇卫生院荣获全国"群众满意的乡镇卫生院"称号。在医疗人才方面，以往大部分乡镇卫生院、村卫生室专业技术人才匮乏，且现有医疗人员的职称和学历偏低，加之受工作环境、生活条件、收入待遇等因素影响，全县医疗卫生队伍不稳定，医疗卫生人才招不来、留不住的现象较为突出，无法满足贫困群众的医疗需求。为了解决这一难题，尼勒克县一方面采取健全医疗人才培养机制的办法，通过人才引进、订单免费培养、加强与发达地区医院的交流学习、加大乡村医

生培训力度等措施，逐步解决基层医疗人才配备标准化问题，并已取得了初步成效。如通过招聘 12 名村医解决了重点贫困村村医不足的问题，实现了 30 个重点贫困村标准化村卫生室的全覆盖。另一方面，抓住对口援疆工作契机，实施"组团式"对口帮扶工程，提升医疗队伍整体服务水平。众所周知，要解决患者的疾病问题，医疗设施是基础，医疗服务能力是关键。面对全县医疗服务能力薄弱的现状，尼勒克县充分利用"外援"，提高基层被帮扶医院的综合服务能力和部分地方病的诊疗水平，更好地为农牧区贫困人口提供优质诊疗服务。如依托江苏省常州市武进区、伊犁州友谊医院、奎屯市人民医院在柔性人才、技术支持、人员培训、管理指导等方面的作用，累计派驻支援医疗专家 38 人次，引进紧缺人才 52 人，开展临时起搏器植入术、关节镜手术、"傅氏秘灸"等新技术新项目，填补了尼勒克县 32 项医疗技术空白，为全县群众带来了健康福利。同时实施县二级医院对贫困乡镇卫生院开展"组团式"帮扶项目，重点向西三乡倾斜，帮助乡镇卫生院加强医院管理和科室建设，提升了基层医疗机构的技术水平和服务能力。

案 例

为切实解决贫困人群缺医少药、因病致贫问题，为贫困家庭提供更加优质、方便、快捷的医疗服务，尼勒克县结合本县全国健康扶贫示范县项目，率全疆之先，号召全县党员干部为每户贫困家庭送去了医疗扶贫小药箱。此举在医疗服务体系标准化建设的基础上，有效地构建起了"户户有小药箱，村村有医务室，乡乡有卫生院"医疗服务体系，逐步实现了"小病不出户、常病不出村、大病不出乡、疑病不出县"的目标。每个扶贫爱心小药箱价值 150 元，配备有感冒药、止痛药、创可贴、胶布、棉签、消毒液等小创伤应急处置卫生药品，抗病毒药等 10 余种常用药品并附有药品清单和使用注意事项，在解决贫困群众日常生活中感冒、发烧、头痛等常见病和小创伤应急处置的同时，还为贫困群众提供了食药安全咨询和免费义诊服务，尽最大可能地保护贫困群众生命健康。每个扶贫小药箱里放着各帮扶干部亲笔签名的"致贫困群众的一封信"，里面列举了国家新农保、新农合、免费健康体检知识等国家医疗惠民政策以及国家对发展生产、就业创业、教育卫生等方面的惠民政策，切实让贫困户全面熟知掌握政策，让贫困户更加坚定脱贫致富的信心和决心。目前，尼勒克县 13 个乡（镇）场所有贫困家庭"健康扶贫小药箱"已全部发放完毕，贫困户覆盖率达 100%，真正实现全县贫困家庭家家一个小药箱，做到了精准到户、精准到病、精准到药。

县委党员干部为贫困户发放"扶贫小药箱"

二是积极建设远程会诊系统，促进优质医疗资源向基层延伸。为进一步解决边远群众看病难以及基层医疗机构卫生技术人员缺乏难题，尼勒克县积极利用现代互联网技术，以县人民医院为龙头与 13 家乡镇卫生院建立了远程心电、远程会诊、远程影像三大中心。远程会诊系统的全面实施，实现了县人民医院远程会诊与新疆医科大学第一附属医院、自治区人民医院、自治区胸科医院互联互通；县人民医院与各乡镇医疗机构实现了远程会诊、远程心电、远程影像服务；县人民医院与种蜂场卫生院实现了紧密型医共体。远程会诊系统促进了优质医疗资源向乡镇卫生院延伸，提升了为贫困人口健康服务的能力。从此，借助远程会诊系统，贫困患者看病不用跑到县里、州里，甚至区里，只需到各乡（镇）场卫生院就医，根据专家的视频会诊指导，便能确诊。这样既减轻了病人路上颠簸的劳苦，减少了贫困患者因看病带来的交通费用支出；同时又让贫困患者不出远门就能得到及时有效的诊治，助力于实现"小病不出乡、村，大病不出县"的目标。

三是因地制宜利用现有医疗资源，解决偏远农牧区贫困人口健康保障问题。尼勒克县农牧区地域广阔，人口分布十分稀疏且季节流动性大，要想把健康送到偏远的农牧民家中，并非一件容易的事。为了解决这一棘手的难题，尼勒克县根据农牧区的实际情况，并结合全疆实施的全民健康体检工程，决定抽调医护人员成立"马背医疗队"，长年活跃在农村、牧区，为当地农牧民群众及贫困人员免费检查、免费看病、免费送药，让他们不出远门就可以享受到卫生院方便快捷的诊治。在日常的巡诊活动中，医护人员们对因病致贫、因病返贫的农牧民耐心详细地询问他们的身体状况，对一些常见病、多发病及病情较轻的就诊者，为他们现场诊治，指导合理用药。对疑难、复杂疾病的患者，则建议他们到县级医院就诊。在义诊的同时，"马背医疗队"工作人员还开展健康教育宣传活动，为他们宣传良好、健康的生活方式。正是这样，"马背医疗队"不仅把健康送到了每一个家庭，同时也把国家惠民政策送到了千家万户。

案　例

从 2016 年 9 月开始，全疆推进全民健康体检工程，每人都能享受一次免费体检。可要想把健康送到偏远的牧民家中，并非一件容易的事。在尼勒克县有这样一支"马背医疗队"，长年活跃在农村、牧区。正是因为有了这样的医疗队，使那些远在大山深处的牧民们的健康得到了保障。尼勒克县乌拉斯台乡共有2400多户牧民，大多数人冬天的时候，会从牧区返回山下的牧民定居点过冬，乡村两级卫生院也选择在这个时候为他们进行免费体检。但还有一些牧民依然留在冬季牧场放牧，于是，为了让这一部分人的健康也能得到保障，乡卫生院的40多名医护人员轮流组成"马背医疗队"进山挨家挨户到访巡诊。

乌拉斯台乡阿尔斯郎村7岁儿童叶斯波勒·铁勒阿孜在这次全民体检中被诊断疑似癫痫性脊柱炎，本来就很困难的家庭，孩子又得了这个病，无疑是雪上加霜，为了确保孩子的及时治疗，乡政府领导与"马背医疗队"使用马拉爬犁将孩子运离"冬窝子"，并第一时间安排卫生院急救力量将孩子安全转送到尼勒克县人民医院，县委政府领导得知此事后，安排县乡两级医疗机构立即启动绿色通道，并协调县民政、乡党委政府和慈善协会以及爱心人士捐款30余万元，截至目前叶斯波勒·铁勒阿孜正在伊犁州友谊医院治疗中，后续治疗仍在持续关注中。

在这个春节里，"马背医疗队"的成员们又和往常一样，将继续奔波在偏远山区，去帮助更多需要救助的人，确保把健康送到每一个家庭。

（二）强化疾病预防和健康教育服务，增强贫困人口的健康意识

除了改善医疗资源配置这一外在客观条件之外，增强少数民族贫困人口的健康意识是降低其健康脆弱性的长效之举。让贫困农户少生病，需要全面深化医疗卫生体制改革，需要推进基本医疗卫生制度建

　　　"马背医疗队"深入牧区　　　　"马背医疗队"深入牧区最后一公里

设，做好贫困地区公共卫生与疾病防控工作①。面对新疆地方病、慢
性病多发易发的紧迫形势和基层贫困群众健康意识极其薄弱的实际现
状，尼勒克县以贫困人口疾病预防和健康意识提升为工作抓手，大力
开展重大公共卫生项目和健康教育活动，确保贫困人口"少生病"。
其主要做法有以下两个方面：一是实施重大公共卫生项目。（1）加
强传染病防控工作。坚持预防为主、科学防治、群防群控原则，认真
贯彻落实《中华人民共和国传染病防治法》，逐步完善传染病监管体
制，制定各类传染病防治工作方案和应急预案。对此，尼勒克县成立
了卫生应急处理领导小组，实施 24 小时应急值班制，加强卫生应急
演练，建立健全了网络直报制度，目前网络直报率已达 100%。（2）
加大对慢性病、地方病、重症精神病的防控力度，并取得了积极进
展。如截至 2018 年 4 月底，尼勒克县建档管理高血压病人 12733 人，
管理率 96%；糖尿病人 2180 人，管理率 94%；精神病人 661 人，管
理率 96.8%；共查出结核病人 53 例，规范治疗管理率达 100%。（3）
加强妇幼保健工作。全面实施国家免费孕前优生健康检查、免费婚前
医学检查、农村妇女"两癌"免费筛查、育龄妇女免费发放叶酸、

---

① 陈成文：《牢牢扭住精准扶贫的"牛鼻子"——论习近平的健康扶贫观及其政策意义》，
《湖南社会科学》2017 年第 6 期。

0—3 岁脑瘫高危儿筛查、新生儿疾病筛查、地方病、精神病、结核病、艾滋病防治等项目，基本实现农村孕产妇住院分娩补助、预防艾滋病、梅毒和乙肝母婴传播项目全覆盖，并为重症精神病患者监护人提供每人每年 2000 元补助政策。通过以上措施，一方面做到了部分疾病早发现、早治疗，起到了防扩散的作用；另一方面通过持续的疾病筛查工作，很好地提升了贫困人口的疾病预防意识，防止小病变大病。

尼勒克县开展健康扶贫系列活动

二是大力开展健康教育、健康促进活动。众所周知，生活方式与健康密切相关，不健康的生活方式和饮食习惯是诱发疾病的重要因素。为解决贫困人口因健康意识匮乏而导致疾病易发、多发的问题，尼勒克县卫健委积极转变观念，从过去以疾病治疗为中心转变为以健康促进服务为中心，向群众（尤其是贫困群众）倡导科学的健康理念，普及健康生活方式，提高其健康素养和健康水平，防止"病根"变"穷根"。（1）开展"脱贫攻坚、健康先行"系列活动。邀请江苏援疆医疗专家、伊犁州友谊医院、伊犁州中医院、伊犁州妇幼保健院等单位医疗专家，在全县 13 个乡镇场 30 个重点贫困村开展送医送药、义诊巡诊、健康宣教等活动，同时，深入阿夏勒、乌兰布拉克等偏远牧区开展义诊活动。自活动开展以来，累计义诊2万余人，为贫困群众送药送慰问品、发放宣传册12万余份，开设健康讲座150余次，培训各级人员8000余人次。2017年尼勒克县启动诺华"健康快车"慢性病防控项目，通过讲座、义诊、培训等多种形式，拓宽服务对象，面向居民、学生、医务人员、公安干警等进行健康服务。努力提高全县居民的健康素养，提升基层医疗机构卫生服务能力，强化慢性病管理，减少疾病发生，延缓重病发生，为打造"健康尼勒克"打下了基础。(2) 开展爱国卫生运动。尼勒克县坚持以促进农牧民健康卫生行为养成为抓手，以农村健康教育为载体，利用巴扎日、重大节日、群众夜校、周一升国旗等形式，组织开展科技法律卫生三下乡等活动，大力开展健康教育活动；组织干部职工、学校师生、志愿者等参加清扫保洁等社会实践活动，共开展城乡环境综合治理文化宣传活动7次；组织全县5500多名师生、群众参加了城乡环境综合治理主题宣传活动。在乡（镇）场设置宣传栏36个，张挂宣传标语2145幅，出动宣传车25台次，组织街头宣传300人次，有力地推动了全县爱国卫生工作的深入开展，通过自身的实际行动，进一步强化了广大群众健康防病的意识，促进了群众文明健康生活方式的养成，同时也在一定程度上提高了国家卫生县城创建工作的群众知晓率，取得了良好的社会效益。(3) 利用贫困人口喜闻乐见的方式，通过广播、电视以及《健康与生活》栏目播出预防慢性病、艾滋病、乙肝、梅毒、结核病、包虫病等防治知识，以及妇科常见病的防治、增补叶酸预防神经管缺陷、孕期保健、儿童保健、住院分娩母婴健康、医疗惠民政策等内容，确保贫困人口的接收效率。此外，尼勒克县还结合精准扶贫"送政策、送温暖、送信心、送文化、送健康、送知识"活动，累计为贫困人口发放健康扶贫小药箱7800余个，扶贫书架5000余个，各类书籍2万余套，为贫困群众了解和掌握健康常识提供了渠道。

喀拉苏乡中心卫生院医护人员为贫困户发放健康知识手册

第三节　以认同促融合：尼勒克县
健康扶贫的经验启示

按照马克思主义的观点，民族并不是永恒的、一成不变的，民族也有形成、发展、变化和消亡的过程。每个民族有自己的特性，不同的民族之间存在差别，各民族的特性和民族间的差别会长期存在。从民族关系发展的规律来看，在尊重和承认民族特性、民族差异的同时，促进各民族间的交往、交流和交融，才有利于各民族的共同发展和国家的繁荣稳定、长治久安①。在党的第十八次全国代表大会上，习近平总书记正式提出"中国梦"，并把"中国梦"定义为"实现中

---

① 肖宪：《从民族团结走向民族融合——对云南建设"民族团结进步示范区"的几点思考》，《思想战线》2012 年第 4 期。

华民族伟大复兴，就是中华民族近代以来最伟大梦想"。中国梦是民族的梦，也是每个中国人的梦。因此，在新的社会历史条件下，考虑到各民族发展存在的客观差异，强化每个中国公民的中华民族意识，淡化各民族的族群意识，通过制度安排、政策调节、资源配置来促进中华民族意识的增强，促进各族人民对"中华民族"的身份认同是极其必要的。"小康路上一个都不能少"，这是习近平总书记反复提及的话。自精准扶贫战略实施以来，习近平总书记十分关心深度贫困地区的脱贫工作，曾在多个场合发表相关重要讲话和指导工作。少数民族深度贫困地区的脱贫工作不仅事关我国打赢脱贫攻坚战的全局，同时也是缩小各民族地区发展差异、增强各族人民政治认同感、促进民族融合的重要路径。

尼勒克县作为我国边疆少数民族深度贫困地区的典型代表，1986年被国务院确定为国家级贫困县，多年来一直奋战在战胜贫困的路上。脱贫攻坚战开展以来，尼勒克县委、政府在国家精准扶贫战略的指引下，以习近平新时代中国特色社会主义思想为指导，始终把脱贫攻坚作为实现社会稳定和长治久安、全面建成小康社会的重中之重，全面贯彻落实习近平总书记精准扶贫精准脱贫战略思想和中央、自治区党委关于脱贫攻坚工作要求，带领全县各级扶贫干部和各族人民共同奋战，历时32年时间并于2018年9月成功脱贫摘帽。尼勒克县在开展脱贫攻坚战过程中，面对因病致贫、返贫这块"难啃的骨头"，县委、县政府从脱贫攻坚全局出发，结合本县作为健康扶贫工程示范县的要求，始终高度重视健康扶贫工作，将健康扶贫作为脱贫摘帽的难上之难攻坚落实，秉持一切为了贫困人口的健康的工作作风，采取了一系列降低贫困人口经济脆弱性和健康脆弱性的举措，有效地巩固拓展了脱贫攻坚成果和保障了贫困人口的健康权利，并赢得了各族人民群众对精准扶贫战略的政策认同和对党和国家的情感认同，增强了各族人民群众的中华民族共同体意识，从而积极地促进了民族融合，为我国边疆少数民族地区实施健康扶贫行动、促进各民族融合积累了宝贵的经验启示。

一、政策认同促进民族融合

面对全县因病致贫、因病返贫的严峻形势，尼勒克县委、县政府从打赢脱贫攻坚战的全局出发，制定了健康扶贫专项行动计划，依据国家健康扶贫政策和上级政府相关指示精神，聚焦农村贫困人口"看不起病、看不好病、看不上病、常生病"的现实困境，因地制宜地为每户贫困家庭送去了"政策药方"，让每位贫困群众切身地体会到了党和国家的政策关怀。从政策内容的切身关怀来看，无论是针对贫困人口"看不起病"而精心构建的医疗保障体系，还是为解决偏远农牧区贫困人口"看不上病"问题而组建的"马背医疗队"，都体现了尼勒克县委、县政府在开展健康扶贫行动中所秉持的急贫困群众之所急、想贫困群众之所想的工作情怀，所制定的政策举措充满了浓浓的"人情味儿"。健康扶贫涉及卫生计生部门、民政部门、扶贫部门、医疗机构、人社局等多个部门，只有多个部门之间具有良好的联动机制，才能建立完善的健康扶贫政策体系，降低政策实施的协调成本[①]，从而更好地发挥健康扶贫行动的成效。从政策执行的切身落实来看，尼勒克县坚持党委领导、政府主导、部门联动的工作机制，成立了以县委书记、县长为组长，县分管领导为副组长，各相关部门主要领导为成员的健康扶贫领导小组，实施部署健康扶贫专项行动。健康扶贫专项行动以县卫健委为牵头单位，县发改委、民政局、医疗保障局等单位为实施单位，层层签订考核责任书，明确目标任务和推进举措，并将健康扶贫工作纳入年度政府目标考核管理，层层传导压力、层层聚力落实，各级各部门间形成了高效的联动机制，为各项健康扶贫政策的精准落实奠定了坚实的基础，切实让每位贫困家庭及时地享受到了政策

[①] 和萍：《优化健康扶贫政策实施探索：盐池模式及经验启示》，《中国行政管理》2019 年第 8 期。

实惠。从政策结果的切身体验来看，尼勒克县各项健康扶贫政策的精准实施，不仅有效地解决了贫困人口最关心也是最棘手的医疗问题，而且从长远来看，也明显降低了贫困人口的健康脆弱性，从而赢得了贫困群众的认可度和满意度。拿医疗报销政策来说，尼勒克县依据国家和上级政府有关政策，兼顾本县财政可持续的原则，最大限度地完善贫困人口医疗保障政策体系，构建了包括基本医疗保险、商业医疗保险、补充保险、民政兜底救助等在内的多重医疗制度保障，极大地降低了贫困患者就医看病所花费的门诊费、检查费、医药费、住院费等医疗费用，建档立卡贫困人口住院费用实际报销比例达90%以上，真正缓解了贫困患者"看病难、看病贵"的问题。从以上三个方面可以看出，尼勒克县健康扶贫政策的精准实施与落实，切实解决了贫困人口面临的实际困难，让当地老百姓深切地感受到了党和国家对少数民族地区的政策关怀，激发了他们对精准扶贫政策的认可与认同。正是基于这种政策认同，增加了各民族之间的共同性特征，从而促进了民族融合。

二、情感认同促进民族融合

一般而言，情感认同要经历情感认知、情感体验、情感接受和情感信仰等环节，是一个循序渐进的内化过程。要形成一个情感认同，需要建立良好的情感认知、增进良好的情感体验、促进情感接受，并在此基础上形成情感信仰。精准扶贫本质上是一种治理方式，在主体、方式和内容等方面具有显著的国家治理属性，亦体现出情感属性。作为弱势群体，贫困群体的弱势表现为他们对物质、能力以及情感等需求得不到满足，受到压力、舆论等因素的影响，他们的情感往往极为敏感和脆弱，所以，他们更需要国家、社会的关怀[①]。在我

---

① 程军：《精准扶贫：当代中国国家治理的情感逻辑》，《深圳大学学报》（人文社会科学版）2019年第3期。

国，贫困群体一直是政府非常重视的弱势群体，生活在国家的关怀之中，特别是精准扶贫战略实施以来，贫困群体的国家情感，经由各级干部、村干部以及扶贫工作队的宣传和落实，得到了进一步增强。在扶贫过程中，贫困群体更多地感受到了国家的"在场"，进一步加深了他们对于国家深度的情感认同。尼勒克县在开展健康扶贫工程的过程中，各级扶贫干部带着真情实感，将国家健康扶贫政策和资源送往每户贫困家庭，政策内容的切身关怀为贫困人口塑造了良好的国家情感认知，政策执行的切身落实和政策主体的切身关怀增进了贫困人口良好的国家情感体验，政策结果的切身体验促进了贫困人口的国家情感接受，从而在此基础上形成了贫困人口的国家情感信仰，促成了各族人民群众对党、国家及政府的情感认同，为民族融合提供了动力与可能。

以改变基层贫困群众健康意识贫乏的现状为例，众所周知，对人的健康来说，行为和生活方式对健康起着主导作用。贫困人群健康水平的差异，不仅取决于临床治疗，更是与其健康意识和健康行为有着密切的联系。因地域因素和少数民族生产生活习惯，少数民族地区贫困群众的健康意识薄弱现象更为突出。过去基层农牧民群众缺乏卫生常识，"吃饭不上桌""睡觉不上床"现象普遍；家庭环境卫生堪忧，"人畜混居"情形屡见不鲜。不可否认的是，这些不健康的生活方式和卫生习惯对其健康产生了极大的不利影响。尼勒克县根据本县贫困人群的实际情况，尤其是兼顾基层农牧区居民的生产生活习惯，因人施策，借助群众听得懂、记得住的语言，通过电视广播、节日主题活动、"马背医疗队"、干部住户宣讲、农民夜校、专家讲座、国旗下宣讲等丰富多样的形式，营造全民健康的文化氛围，培养贫困群众良好的卫生习惯和健康的生活方式，并通过专家巡诊义诊、签约医生上门服务等方式，在医患互动中强调疾病预防的重要性，医病更医心，激发了干群之间的情感共鸣，让贫困群众真切地感受到了国家的"在场"，也增进了各族人民群众对党、国家及政府的情感认同，从而有力地促进了民族融合。

第七章

尼勒克县民族融合导向的
贫困治理成效

　　自 20 世纪 80 年代以来，经过几代人的艰苦奋斗与不懈努力，尼勒克县终于顺利完成了脱贫攻坚任务，转入了脱贫攻坚巩固提升、决胜全面建成小康社会这一更为关键的阶段。在整个脱贫攻坚进程中，全县各族人民团结一心，使得尼勒克县无论是在经济发展、政治建设方面，还是在社会民生和文化培育方面，都取得了明显的治理成效。然而，贫困具有长期和动态的特征，一些贫困人口脱贫后可能因贫困户的"造血"功能不强，在"输血"政策红利下，虽然达到了脱贫标准，但"基础不牢"，这就会直接影响脱贫攻坚工作成效的持久性。[①] 因此，保证贫困户"稳定脱贫"是后脱贫攻坚阶段的重要任务。为此，我们不仅需要立足当前，切实解决突出的贫困治理问题；更需要着眼长远，建立健全体制机制，巩固和扩大脱贫成果。这对于 2020 年以后贫困地区的经济可持续发展和缓解相对贫困状况，具有重要的现实意义。

　　所谓"稳定脱贫"，就是要确保在脱贫过程中，贫困人口的基本生活需求得到满足，精神文化生活得到丰富，精神面貌由内而外焕然一新；在脱贫摘帽之后，贫困人口依然能够享受到健全的社会保障体系，拥有充足的经济发展内生动力以及积极向上的奋斗理念。尼勒克县坚持以习近平总书记扶贫开发新理念、新思想、新战略为指导，本着把脉问诊、对症下药的态度，以脱贫攻坚统揽经济社会发展全局，致力于稳定脱贫与全面实现小康社会的有机衔接。

---

① 　岳燕云：《巩固提升脱贫攻坚成果》，《新疆日报》（汉）2019 年 9 月 12 日。

作为一个典型的多民族地区，尼勒克县在长期扶贫实践过程中，探索建立起以"民族融合"为导向的政策体系，充分调动和激发出县域经济社会发展的内生动力，提升了贫困人口的可持续发展能力，取得了显著的贫困治理成效，为民族地区的脱贫攻坚工作提供了可资借鉴的宝贵经验。

第一节 结构功能主义视角下贫困治理成效分析框架

尼勒克县的脱贫攻坚工作，自始至终都是一项系统工程。由于尼勒克县特殊的地理位置和复杂的民族构成，导致在经济发展水平较低的情况下，不只是面临单一的经济贫困问题，还面临着当地居民对参与社会建设的积极性不足、贫困人口的精神生活匮乏以及各民族之间缺乏交流等一系列物质与非物质的贫困问题。因此，尼勒克县脱贫攻坚工程只有作为一项系统性工程，认真解决好贫困地区面临的各方面贫困问题，才能切实帮助当地贫困人口实现稳定脱贫。

结合党中央的精准扶贫方略以及自身实际情况，尼勒克县制定出以民族融合为导向的各项扶贫举措，不仅有效保障了贫困人口的基本生活需求，提高了当地的经济发展水平，而且还丰富了当地居民的精神文化生活，增强了各民族之间的凝聚力和向心力，从而使得县域内各方面的贫困问题得以妥善解决。这些脱贫成效突出体现在经济、政治、社会交往以及精神文化生活等四个维度之上，与美国社会学家帕森斯提出的结构功能主义分析框架表现出一致性。下文拟基于结构功能主义的理论框架，对尼勒克县的贫困治理成效予以系统归纳与总结。

一、结构功能主义理论框架概述

结构功能主义理论认为，社会是具有一定结构或组织化形式的系统，而社会的构成要素以其有序的方式相互关联，进而发挥出各个要素相应的功能。[①] 帕森斯则将该理论进一步具体化，把社会看作是一个完整的系统，认为任何一个社会都是由四种要素所构成，分别是经济要素、政治要素、社会要素和文化要素，而这四个要素领域内的活动共同构成了整个社会系统。与此同时，每个要素都有其各自承担的功能，以此来满足整个社会各方面的发展需要，帮助社会系统保持秩序稳定。帕森斯把这四种要素所对应的功能用一种框架模式概括出来，即 A-G-I-L 框架，具体概括如下：

A（Adaptation，适应），即为了满足社会系统适应外部环境，满足自身物质性需要而担任的"适应"功能，由社会系统中的经济活动来实现，通过经济活动将外界资源转为自己所需资源，从而使社会系统可以像有机体一样维持自身发展。

G（Goal attainment，目标达成），即满足社会系统的发展目标而承担的"目标达成"功能，由社会系统中的政治活动来实现。国家与政府在政治活动中根据社会发展需要确立相应的目标以及手段，并充分调动社会成员去实现目标。

I（Integration，整合），即为了满足社会系统中各组成要素之间关系保持稳定的需要而担负的"整合行为"功能，由社会系统中的社会交往活动来实现。人们在社会交往活动中发生互动行为，逐渐达成共识并形成一定的社会规范，从而对社会系统中的社会行为进行整合，使得社会内部秩序保持稳定。

L（Latent pattern maintenance，潜在模式维持），即为了满足社会

---

① 刘润忠：《试析结构功能主义及其社会理论》，《天津社会科学》2005 年第 5 期。

系统中维护"社会运行模式"的需要而担负的"维模"功能，由社会系统中的文化活动来实现。社会系统中的精神文化活动通过传递价值观念，使得全体成员共享"正义性"价值体系，并且使其在社会系统中逐渐被制度化，从而帮助协调经济、社会、政治活动中的社会行为。

二、作为系统性工程的"脱贫攻坚"——一个结构功能主义分析框架

上述结构功能主义分析框架中的四个要素，对应于社会系统发展的四项基本需要，并且都有各自承担的功能来维持社会系统的稳定运行。结构功能主义旨在寻找一种可以维持社会良性运行和协调发展的机制，其要义在于强调"稳定秩序"。① 因此，任何一个社会系统的良性发展，都离不开经济、政治、社会交往和精神文化四个维度的建设，对于"精准扶贫"这项系统工程而言亦是如此。从这个角度来看，尼勒克县的精准扶贫工作，根本目的就在于实现上述四个维度的功能，进而促进民族融合及社会秩序稳定。具体而言，从结构功能主义视角分析尼勒克县所取得的贫困治理成效，主要表现在以下四个维度：

（一）脱贫攻坚的经济维度

由于恶劣的地理环境以及交通不便等原因，使得尼勒克县贫困地区的经济发展水平较低，贫困居民的物质性需要无法得到满足。因此，当地贫困人口的经济保障需求是否得到有效满足，这是衡量尼勒克县"脱贫攻坚"成效好坏的一个基本标准。

---

① 周立环：《浅谈帕森斯的结构功能主义》，《世纪桥》2015 年第 11 期。

（二）脱贫攻坚的政治维度

尼勒克县是地处偏僻的少数民族聚居区，这一现实环境造成当地民众对外界事物保持着疏离感，对国家建设缺乏积极性。在此背景下，加强当地的政治建设，可以增强当地居民对于党和国家制定的政治目标的认同感并积极参与目标实现过程，从而通过汇聚多方力量来促进县域发展与民族融合。

（三）脱贫攻坚的社会维度

尼勒克县域内不同民族居民的文化差异使得各民族之间交往受限，因而有必要加强当地的社会建设，帮助增进各民族之间的社会交往。这有助于加深各民族之间的情感交流，促使群体内部产生情感认同。而基于情感认同形成的民族团结更多的是受到规范而不是物质条件的制约①，因此加强社会建设能够使各民族之间的融合更为长久。

（四）脱贫攻坚的文化维度

尼勒克县多数居民的文化水平较低，思想较为保守。因此，加强当地的文化建设，不仅可以丰富他们的精神生活，还有利于在当地实现价值观念共享，从而达到整合并凝聚社会的目标。② 就此而言，尼勒克县开展精神文化方面的扶贫实践能促使各民族居民达成思想上的共识，为脱贫攻坚的顺利开展凝聚精神层面的力量。

总而言之，从上述四个维度来分析尼勒克县的贫困治理成效，不仅能够客观展现脱贫工作达成的数量指标化任务，更能系统性地反映脱贫攻坚工作的完成质量。

---

① 王敏、于洋：《文明体系的 AGIL 功能分析》，《沈阳大学学报》2008 年第 6 期。
② 轩传树：《弘扬社会主义价值观是文化自信的关键所在——基于结构—功能的分析》，《毛泽东邓小平理论研究》2018 年第 3 期。

第二节　民族融合导向的贫困治理成效：
四维表征与尼勒克经验

本节将基于结构功能主义的分析框架，从经济、政治、社会交往以及精神文化等四个维度来提炼与总结尼勒克县脱贫攻坚工作的主要特点，以期能够全方位体现出边疆多民族地区的贫困治理成效。

一、经济建设带动民族融合——保障尼勒克县居民的物质需要

尼勒克县通过对 2014 年以来的扶贫对象和未脱贫户进行调查，了解并掌握未脱贫户以及巩固对象的经济发展需求，并以此为基础加强经济建设。这方面的工作能够有效满足当地各民族居民的物质需求，促进县域经济的高质量发展。

（一）通过发展产业增强经济建设

要做好扶贫工作，不仅应向贫困人口进行"输血"，更要帮助他们实现自我"造血"。贫困户只有具备了可供自身发展的内生动力，才能帮助该地区实现长久性的经济脱贫。鉴于此，尼勒克县首先利用自身县域优势，大力扶持发展当地现代农牧业，并发挥万亩农业科技示范园和中小微企业绿农产业园的引领带动作用，切实抓好畜禽养殖业、种植业、林果业、饲草料业等特色产业，从而引导并带动了当地多民族贫困人口脱贫致富。除此之外，尼勒克县还注重产业领域发展，以便于激发贫困户新的内生动力，从而拓宽当地

贫困户的致富道路。此外，该县还不断推进和培育光伏发电、电子商务和生态旅游产业的发展，巩固提升扶贫产业基地建设，规划实施了二十多个产业发展类项目，纵深推进增收致富工程。尼勒克县多方面的产业发展创造了与其相对应的岗位需求。为了将当地特色产品更好地推向市场，尼勒克县高度重视电商发展的培训工作，力争在每个贫困村庄培养至少一个电商带头人，让更多的名优土特产信息通过互联网传播出去，让更多的居民能利用互联网脱贫致富，并借此实现了脱贫户与村集体经济稳定增收的双赢局面。具体而言，尼勒克县通过做好如下工作，以产业发展直接带动了尼勒克县的经济发展。

1. 加强组织领导。产业带动是一个新的经济发展途径，组织领导的带头统领作用至关重要，这直接关系到经济发展方向的正确与否。因此，尼勒克县根据当地产业扶贫领导小组统一安排，强化工作指导和统筹协调，在措施方面做到细化，积极协调农业产业扶贫任务中的各项事宜，认真钻研解决扶贫问题的有效办法，确保该县的农业产业扶贫工作有条不紊地进行。

2. 明确帮扶责任。"责任在心"是精准扶贫的基本要求，扶贫工作的参与主体必须明确分工，各司其职才能确保扶贫举措按时保质地完成。尼勒克县产业扶贫领导小组通过协调整合资源，准确把握扶贫重点，并调动社会各方力量充分参与产业扶贫工作；扶贫相关部门积极配合，利用切实有效的各项扶贫措施发展产业，以此来帮助各民族贫困户实现稳定脱贫。

3. 强化资金投入。发展产业需要做好资金准备工作，确保产业发展链的完整及其持续稳定运转。因此，扶贫资金投入就显得尤为重要。尼勒克县将各项扶贫资金进行有效整合，利用各方融资渠道，汇集财力、物力参与攻坚脱贫。同时，积极引导社会各界人员自筹资金，从而为脱贫项目提供充足的后备资金保障，使脱贫攻坚工作切实发挥出"造血"功能。

4. 强化服务指导。产业发展势必会产生相关人才的需求，因此尼勒克县产业扶贫领导小组加大对农民实用技术的培训和指导，增强群众对于科学技术的使用能力，并针对当地的主导产业，向贫困户传授新技术、提供新品种以及相应的市场信息，从而提升了各民族农牧民的整体文化素质，引导更多贫困户走向成功脱贫的康庄大道。

5. 强化思想宣传。尼勒克县扶贫干部树立起求真务实、真抓实干的优良作风，从而确保各项脱贫措施能够准确落实。通过对脱贫攻坚战略的重要性进行广泛宣传，使广大贫困户了解到脱贫攻坚的实际益处，从而能够积极配合相关脱贫工作，有效激发出积极主动的脱贫内生动力。

6. 强化绩效考核。定期对扶贫绩效进行考核可以督促扶贫干部加大力度、按时按量完成各项扶贫任务。尼勒克县政府将产业扶贫任务纳入扶贫工作考评的指标当中，把各帮扶单位的帮扶效果纳入考核范畴，帮助促进了产业扶贫工作高效率开展。

（二）通过发展合作组织推动经济建设

尼勒克县将自身发展需求与外界相关社会组织联系起来，通过整合有限的资源，发展了规模化、集约化互助合作经济组织。该类型组织是一种可以作为扶贫有效载体的新型农业经营主体，它可以同时解决相关社会组织和贫困户双重主体的经济难题。[1] 沿着这一思路，尼勒克县积极指导致富带头人领办、创办合作社，同时给予项目资金、信贷担保、科技服务等多方面的扶持，以此保证合作经济组织顺利运行。诸如"扶贫产业园区+脱贫户""龙头企业+脱贫户"等多种合作模式，使得参与其中的经营主体形成利益共同体，从而促使各社会

---

[1] 李国祥：《农民合作经济组织应成为精准扶贫的重要力量》，《中国合作经济》2016 年第 12 期。

组织与脱贫户之间建立稳定的产业带动联系，进而提升相关主体的经济发展水平。由于新型合作经济组织涉及多方的利益，因此在其组合模式以及发展路径上必须遵循以下几项原则：

1. 坚持协同发展。只有合作双方意见都被吸收，并达成一致目标，双方协同发展才能发挥合作经济组织的作用，从而实现双赢。为此，尼勒克县注重新型农业经营主体对包括贫困户在内的小农户的带动作用，全力推进当地农户与现代农业实现有机衔接。

2. 坚持市场导向。市场的好坏是影响经济发展方向的重要因素，在资源配置中起到决定性作用。尼勒克县积极运用市场规律来对新型经营主体进行资源配置，通过政策引导等方法使更多社会资本投向当地农业发展当中，从而为当地新型经营主体打造了一个有利的市场发展环境。

3. 坚持分类指导。精准扶贫要因地制宜，不同情况要制定不同发展路径，唯此才能够利用自身优势实现利益最大化。当地政府立足于实际情况，施行差别化扶持政策：一方面，通过加强规范化管理，提升当地的产业化水平；另一方面，也注重加快对产业的培育发展，以提高当地产业的辐射带动能力。此外，还充分发挥当地各民族农牧民的创新精神，鼓励其积极探索新的经营组织形式，推进当地农业向绿色化、优质化、特色化、品牌化方向发展，从而有效带动贫困户稳定增收。

4. 坚持合力推进。经济发展本身是一项系统性工程，而利用新型合作经济组织来发展经济更是需要多方合力完成。尼勒克县通过优化扶贫各项安排，明确扶贫政策实施主体以及各部门的责任，对各项扶贫举措实现有效监督，进而汇聚各方合力共同推进了政策措施精准落地见效。

（三）通过发展转移就业促进经济建设

尼勒克县当地产业较少，积聚了较多闲置的贫困劳动力，而解决劳动力就业问题的根本途径就在于扩宽劳动力的就业渠道，提高他们的就业技能，从而使更多的人力资源得到优化配置。[1] 为此，在现阶段大力发展产业背景下，尼勒克县在扶贫工作中积极开展了职业技能培训，力争实现"一户一人一技能"，挖掘当地闲置劳动力的潜能。通过持续推进契合本地区实际状况的各类就业工程，尼勒克县创造了覆盖多个产业的就业岗位，最大限度地解决了闲置劳动力的就业问题。

除产业带动以外，相关政策制度的落实更有利于农村贫困劳动力资源的优化配置。当地政府坚持开展"就业政策落实年"活动，对城乡就业政策体系不断完善，落实税收减免、社会保险补贴等各项扶贫优惠政策；针对贫困家庭建立零就业动态清零工作机制，确保有劳动能力的贫困家庭中至少有 1 人实现就业，从而为其提供了基本的经济保障。具体来说，尼勒克县主要从以下几个方面入手，完善与转移就业相关的各项工作。

1. 重宣传，树典型，通过转变观念促就业。尼勒克县政府深知观念引导行动的道理，为此转变贫困人口的传统观念、增强他们的就业意识成为其实现转移就业的基本手段。具体做法主要是以县人社局牵头，带领各乡（镇）场、扶贫开发局、总工会、教育局、工商局、文广局开展一系列的宣传举措，其中包括对重点人群进行宣传、加强创业就业典型宣传以及主动向中小微企业进行政策宣传。

除此之外，还通过各乡镇采取的"一对一"帮扶措施，每月安排包村领导、村干部、驻村工作人员入户不少于 1 次，向城乡富余劳动力、贫困劳动力、"80 后""90 后"人员等重点就业人群宣传就业政策，这种面对面的线下宣传方式更能增强其宣传理念的感染力和号召力，从而促进了思想上的转变；较为贫困的乡镇还适时组织劳务干事及贫困居民等不同群体代表深入优秀企业开展观摩活动，从而帮助

---

① 郭敏艺：《精准扶贫视域下的农村人力资源转移就业》，《农业经济》2019 年第 10 期。

其了解企业文化和工作环境，引导贫困劳动力转变就业观念。

2. 实施就业援助，帮助贫困劳动力实现就业。尼勒克县通过主动给当地劳动力提供就业岗位，从而缓解了当地劳动力聚积的问题。具体手段包括建立贫困家庭就业台账，提供"零距离"就业服务，帮扶贫困毕业生获得就业实习机会，并创建乡镇、社区（村队）就业扶贫车间，打造优秀经纪人队伍以壮大劳务经济等。

当地工会还充分利用组织的优势，积极与奎屯、昌吉等周边工业相对发达地区的地方总工会联系，实现就近就业。具体做法是各乡（镇）场每月不少于2次对接县内外企业，并统计分类其中现存的空余岗位，以此协助闲置劳动力找到合适岗位；组织包村领导、村干部、驻村工作人员每月不少于1次进村入户，及时将岗位信息送至贫困劳动力手中，促其尽快上岗就业。

3. 加强供需对接，围绕市场需求开展培训工作。解决劳动力聚积的根本方法就是找到对应的就业岗位，实现供需平衡。在具体工作中，尼勒克县突出培训重点、分类实施力求精准；与此同时，还注重加强对于培训质量的监管，抓好创业培训环节，从而保证培训质量，为相应岗位提供了优质劳动力资源。其培训渠道主要是以扶贫办"雨露计划"、民宗局少数民族手工艺培训等项目为依托，通过部门联动、加强协调，形成了稳定的劳动力就业培训格局。

4. 依托当地产业发展，为贫困劳动力开辟出更多就业渠道。除了由政府直接实施就业援助以外，还积极利用产业发展来加大相关就业岗位的需求。为此，尼勒克县通过利用县域主导产业吸纳劳动力的就业承载作用，围绕当地的特色产业，例如现代畜牧业、旅游业等推进就业脱贫工作。另外，尼勒克县根据各项产业需求，将中小企业创业园作为承接基地，延伸尼勒克县特色农副产品加工产业链条，每年引进1—2家劳动密集型企业入驻园区，从而带动各类困难群众顺利就业。

5. 重视创业的带动功能，鼓励劳动力以创业实现就业。"粗放型"或是"输血型"的传统扶贫方式无法做到可持续性，扶贫成效较差。① 除了被动地寻找就业岗位以外，还可以主动创造就业岗位进行就业。尼勒克县充分认识到自主创业的灵活优势，通过直接鼓励贫困劳动力自主创业脱贫，或是鼓励能人创业来间接带动周边贫困劳动力就业，多措并举促进了贫困人口顺利就业。除此之外，政府部门也非常重视落实与创业相关的优惠政策，尽可能激发民众的创业动力，从而为自主创业人员提供强有力的政策保障。

（四）通过强化基础设施助力经济建设

加强贫困地区的基础设施投入，不仅可以提高地区生产力，还可以提升当地居民的物质生活水平，促进文明乡村的建设。② 尼勒克县结合乡村振兴战略，扎实推进贫困地区的各项基础设施建设，从而为贫困居民的生产生活提供基础性物质保障，解决了当地民众的民生问题。相关措施及其成效总结如下：

1. 加强农村水利建设。水利惠民工程是保障居民基本生活的基础性工程，对于脱贫攻坚来说至关重要。尼勒克县高度重视这项民生工程，已经完成了乡镇安全饮水巩固提升工程，从而给当地各民族居民带来了生活上的便利。例如，在常年干旱导致饮水困难的西三乡地区，水利部门结合当地的地理区位环境，实施专项节水灌溉工程，并在当地安排农业高效节水补助项目，通过采取针对性措施，进一步处理好因常年干旱与工程性缺水导致的饮水问题。

2. 落实电力供给保障。尼勒克县对当地实施了农网改造并加以升级，依托新疆环天山西段750千伏大环网建成运行，并以此为基础持续推进农村电网基础设施改造项目建设，改善网架结构，从而实现了电力保障信息化及智能化。同时，有序推进尼勒克县的"电气化"

---

① 黄玲玲：《创业扶贫促进区域经济增长研究》，《合作经济与科技》2019年第18期。
② 冯以武：《扶贫基础设施建设项目浅析》，《珠江水运》2019年第7期。

发展，全面落实自治区城乡居民同网同价的惠民政策，逐步形成稳定、完善的电力供应新格局。

3. 实施道路畅通工程。尼勒克县恶劣的地理位置造成当地交通不便，进而影响其经济发展。因此，"道路畅通工程"对于该地区的经济建设非常重要。尼勒克县加大农村公路建设力度，实施"连通工程""通畅工程""四好农村路"建设，确保包括旅游路、资源路以及特色乡镇道路在内的多条交通道路竣工运行。在完成主体畅通的前提下，彻底解决县域农村道路等级不高、交通瓶颈制约情况和"最后一公里"问题，保证了尼勒克县从内而外实现交通畅通。除此之外，还持续加大客运站点建设，优先实施脱贫村庄的客运站建设工程，确保客运通车率100%，从而有效改善了各民族群众的候车环境，方便群众出行。

4. 完善通信网络设施。互联网的发展使得人们越来越依靠于网络来发展经济，而尼勒克县主动适应这一趋势，不断完善该地区通信网络设施，不断加大农村互联网和电话网升级与改造力度，着力进行村落的光纤改造，加快实现光纤宽带城乡全覆盖。同时，着力保证宽带接入速率达到12M以上，加快4G网络建设，建成一定数量的4G基站，形成网络互联互通格局，共同打造"智慧尼勒克"。通过进一步完善网络建设，争取和落实电信服务方面的资金支持，整合省级财政通信发展专项资金，为通信网络的建设提供了充足的资金准备。此外，还通过加强通信设施的维护及管理，提供稳定可靠的信息服务；鼓励运营企业通过完善运维机构、增加基层服务网点、配强运维力量、培训当地能人等方式，开展贴近用户需求的多样化服务。还进一步探索推广物联网及大数据应用，发挥网络扶贫效益；通过与相关部门开展广泛合作，整合信息化资源，加快信息进村入户，推进"互联网+扶贫"工作模式，助力尼勒克县有效巩固脱贫攻坚的成果。

5. 健全公共卫生服务体系。居民身体健康是发展经济的前提条件。为了提升居民健康水平，尼勒克县深化县级公立医院综合改革，争创国家级健康扶贫工程示范县，并努力优化医疗卫生资源布局。例如，尼勒克县已经推进了县中医医院、妇幼保健院业务用房、疾控中心业务用房建设，努力打造自治区级医养结合示范院；进一步完善村级卫生服务体系建设，实现乡（镇）场卫生院和村居卫生室标准化建设全覆盖；积极促进远程会诊向贫困乡镇卫生院延伸，持续改善各民族农牧民看病就医条件；完善县乡村三级卫生服务体系建设，组建县乡村三级医联体，持续提升乡镇卫生院和村队卫生室标准化建设；推动医疗技术人才"组团式"向乡镇倾斜，缓解基层医疗专业技术人员缺失问题；不断提升当地医疗机构的服务能力，使人们在本地就能实现疾病有效治疗；继续落实《农村贫困患者县域内先诊疗后付费工作实施方案》，对贫困患者实行免收起付线、免收住院押金，并适当提高医疗救助力度，切实防止贫困人口因病致贫、返贫。

二、政治建设带动民族融合——增强尼勒克县居民的政治认同感

为促进尼勒克县的民族融合，稳定社会秩序，必须加强当地民众对于脱贫攻坚战略的认同感和自信心。因此，加强政治建设是当地脱贫攻坚工程的一项重大举措。实际工作中，尼勒克县主要沿着"党和政府全心全意为人民服务"以及"民众全心全意跟党走"这两条路径来加强政治建设，从而促进了尼勒克县政治融合的实现。

（一）政府一心向人民——扩充"扶贫梯队"

尼勒克县政府坚持以人为本，以加强当地居民的政治参与为目标，不断为不同民族的贫困户谋福利，从而汇聚民心，增强了各族民众对于国家建设目标的认同感。当地政府不断强化乡村领导班子和干部队伍建设，建立脱贫攻坚巩固提升的"一线指挥部"，并重视对扶

贫干部梯队的识别、选拔、任用工作，着力培育会帮扶、作风硬的扶贫干部队伍。同时，通过强化人才保障，加大对村干部、大学生村官等管理人员的培训，为全县巩固提升脱贫成果提供人才支撑。此外，尼勒克县还借助村"两委"换届选举、乡镇党委任命、县机关选派等多种方式，将村"两委"班子选优配强，为基层组织建设提供了强有力的队伍保障。这方面的具体做法及成效包括：

1. 多渠道选拔干部。新时代人才辈出，不同能力的人才可以满足不同的扶贫要求，因此对于人才的选用绝不仅仅只有一种渠道，从多方渠道入手更能发现具备多方面能力的人才。尼勒克县坚持德才兼备、群众公认、注重实绩的原则，并强调"讲政治、守规矩"，以此为标准选拔村"两委"干部。打破来自地域、身份等方面的界限，采取多种选拔途径，积极利用内选、外引、下派等方法，拓宽村干部选拔渠道。一方面，尼勒克县重视在优秀的村级后备干部以及返乡高校毕业生中进行选拔。目前全县平均每个村都有 7 名以上的扶贫干部，其中 35 岁及以下村干部达到 238 名，大专及以上学历的村干部达到 296 名。从这组数据可以看出，全县村干部的年龄结构、学历结构均得到不断优化，综合素质有了显著提高。另一方面，尼勒克县也坚持从各方选派优秀干部到贫困地区进行帮扶，并鼓励优秀的年轻干部到村工作。坚持以"有坚定信念、奉献精神、卓越能力、良好作风"为标准，选配好村党支部书记，特别注重从县乡优秀机关干部、村级储备年轻干部和返乡大学生中选拔村党支部书记。据统计，全县已经向 89 个村选派 256 名机关干部，从而帮助壮大了扶贫队伍的中坚力量。

2. 选优配强基层干部。只有优秀的基层干部，才具备帮助贫困地区民众脱贫的各项能力。尼勒克县非常重视"领头雁"的功能，尽可能选拔在政治觉悟、扶贫能力以及工作作风上比较优秀，同时被群众广泛认可的党员担任党组织书记。当地没有党组织书记合适人选的，采取邻村交流、"访惠聚"工作组组长兼任、县乡机关选派的方式选配。此外，还可以在致富带头人中选拔村干部，并且提拔重用有优秀业绩的扶贫干部。还有就是做好干部监督管理工作。对于班子成员不团结、拉帮结派、内耗严重的，由乡（镇）场党委书记、村（队）"第一书记"、驻村工作组组长开展约谈；对于那些三个月内没有改观的干部，严格依照规定进行岗位调整并进行组织处理。除此之外，还注重建立村级后备干部人才库，积极引导综合素质高的年轻人参与扶贫工作，培养与锻炼有能力的扶贫小组组长，以此来为尼勒克县"脱贫攻坚"任务提供人才支撑。

3. 抓好干部作风建设。扶贫干部作风直接关系到其对于贫困户的扶贫态度。因此，加强干部作风建设，也是精准扶贫的一项重要要求。尼勒克县在当地开展扶贫工作腐败专项治理工作，并为群众开通监督举报通道。具体工作中，尼勒克县深挖细查扶贫领域挤占挪用、虚报冒领、吃拿卡要、扶贫政策执行不到位等突出问题；严厉整治脱贫攻坚责任意识不强、群众认可度低、执行监管不力及资金安排使用不精准等具体问题，绝不姑息扶贫领域的任何违纪违法问题；组织召开"净化政治生态、加强作风建设""聚焦总目标、弘扬正能量、争做新榜样、再启新征程"干部大会，通过反面警示、正向激励，引导各级干部树立清正廉洁的意识，从而为脱贫攻坚工作提供了坚实的纪律保障。

（二）各民族同胞一心向政府——多方力量共同建设家园

尼勒克县在脱贫攻坚过程中，力图集聚各类资源，共同参与扶贫重大任务。由于政府的各项惠民工程，使得当地各民族同胞对于党和国家高度认可，从而汇聚了多方力量共同参与国家建设。自尼勒克县扶贫工作开展以来，全县各级基层政府和职能部门积极行动，紧紧围绕县委决策部署并结合自身实际，不断整合资源，创新帮扶举措，发挥驻村工作队、自治区、州县对口帮扶单位等多方面的力量，探索形成了有效融合多方社会力量的脱贫工作机制，促进了脱贫攻坚工作向纵深发展。具体的做法经验包括：

1. 州县单位加强合作，群策群力共同帮扶。党和政府对于扶贫的高度重视态度使人们感受到了国家的热情关怀，积极将自己的力量融入到脱贫攻坚帮扶队伍中来。例如，伊犁州总工会是尼勒克县喀拉苏乡阔孜巴斯村的州级帮扶单位，从建立帮扶关系开始，州总工会便立足自身条件，通过思想扶贫、智力扶贫为先，鼓励村民自力更生、补足短板，通过举办"打赢脱贫攻坚战、共庆民族大团结"文艺汇演、援建"脱贫攻坚刺绣孵化基地"、举行"脱贫攻坚刺绣技能"培训班等系列活动，全面围绕脱贫攻坚目标以及扶贫举措精准发力，确保本部门所帮扶的贫困户能够户户脱贫，从而赢得了贫困户的良好口碑。

从上述扶贫案例可以看出，尼勒克县各帮扶单位紧紧围绕县委部署要求，切实做到了入户走访核查信息、捐款捐物办理实事、访贫问苦温暖民心、制定规划谋求发展，从而使得当地各民族群众真实感受到党和国家的真心诚意，增强了他们对于国家和家园建设的责任心和使命感。下一阶段，尼勒克县还将继续坚持群策群力共同帮扶的做法，为实现稳定脱贫提供更多的动力。

2. 整合各方资源，精准施策共谋发展。尼勒克县积极吸纳各方资源，并对其进行合理配置，其中一个值得推广的案例经验来自木斯乡的帮扶模式。木斯乡是尼勒克县一个典型的农牧结合大乡，按照尼勒克县政府脱贫攻坚要求，该乡通过采用就业扶贫、改善基础设施以及劳动力就业能力培训等方式，开展"造血型"扶贫模式。实施由 1 名干部、1 名党员、1 名教师、2 名富裕户组成的 5 人小组，建立了共同结对、集体帮扶 1 家贫困户的"五帮一"精准帮扶模式，发挥社会大家庭的共同力量，确保精准脱贫目标的实现。在 2020 年之后的巩固脱贫阶段，5 人帮扶小组的模式仍会持续发力，用心服务结对帮扶对象。

客观而言，多方资源的整合模式不止一种，应该根据贫困地区实际情况发掘出最适合的帮扶模式。例如，不同于上述木斯乡的情况，乌拉斯台乡根据自身情况采取了另外一种帮扶模式，同样具有借鉴意义。该乡紧紧围绕"四个全面"战略布局，推出了"1+4+X"的脱贫模式："1"是指充分发挥"贫困户"自身的主体力量；"4"是指乡站所等机关的帮扶力量、致富能手的引领力量、工作组宣传教育促进转变思想观念的内动力以及帮扶企业单位促进生产发展的外动力；"X"则是指国家、自治区、州、县涉及农、林、水、牧的民生优惠政策要优先配给贫困户，例如贫困户在购买小型实用农机具时优先享受农机购置补贴政策的权利，在开展农业生产工作时协调灌溉用水并给予适当的资助等。关于"多帮一"的脱贫模式，还有一个案例来自乌赞乡江阿买里村。该村由县领导+乡干部+村干部+村富裕户组成了"四帮一"帮扶模式，每一组帮扶人都是由汉族、哈萨克族、维吾尔族、回族等多民族同胞所组成，充分体现了多民族互帮互助、多主体融情聚力的脱贫模式，取得了突出的扶贫成效。

三、社会建设带动民族融合——促进尼勒克县居民的互动与交流

尼勒克县少数民族众多，存在不同程度的文化差异，过去各民族之间的往来较少。尼勒克县政府通过发挥主导作用，提升各民族贫困居民的生活水平。这不仅使当地民生状况得到了明显改善，也为各民族同胞间的社会交往提供了更多机会，有效增强了民族团结意识，进而实现了尼勒克县各民族同胞的社会融合。

（一）坚持做好"访惠聚"惠民工作，加强各民族同胞间的相互理解

尼勒克县高度重视"访惠聚"驻村工作，通过转化贫困户"等靠要"的思想观念，增进各民族同胞的社会交往，不仅改善了当地

的民生问题，也有助于维持社会秩序稳定和长治久安。① 具体而言，"访惠聚"工作给尼勒克县的民族融合带来了诸多益处。首先，通过开展"访惠聚"工作，成功把各民族群众联系在一起。在这个方面，来自胡吉尔台乡阿克塔斯村的"访惠聚"工作经验值得推广。该村擅长制作马具的手艺人很多，但都是分散作坊经营，规模很小，收入极不稳定。通过"访惠聚"工作发现，阿克塔斯村有一位村民心灵手巧，擅长制作各类马具，虽身患残疾，但身残志坚，依靠自己勤劳的双手支撑生活，在当地村民中有很高的威望。于是，"访惠聚"工作队做起了牵线搭桥的工作，帮助他的马具店申请了营业执照，并在互联网上开通了微店，以"微店+马具合作社"的经营模式吸引了 7 名本村马具制作手艺人做合伙人，开展集体联合经营。现在，他每天都能够将做好的新马具拍照上传至微店平台，对来到实体店里购买马具的客户也会不厌其烦地解说与推销新样式、新产品。"访惠聚"工作让这位村民对自身未来的生活充满了信心与希望。

其次，"访惠聚"工作的开展，给贫困人口提供了改善民生的机会。例如，科蒙乡恰勒格尔村的"访惠聚"工作队驻村后，发现当地农牧民有着较好的庭院经济基础，但缺乏商品流通交易的公众平台。以往农牧民进行商品交易就是在路边摆一个小摊，夏天日晒雨淋，冬天寒风呼啸。因此，解决摊位问题，成了该村群众心中急盼的一件事情。鉴于此，驻村工作队就与相邻的胡吉尔台乡协商，在两乡接壤处开辟了一个农贸市场供两个乡的村民共同使用。经过多方协调，一个占地面积达 1400 平方米、具有 73 个独立摊位的商品交易平台搭建成功，形成了以恰勒格尔村为中心、辐射半径为 2 公里的商贸圈，从而给当地居民提供了做生意的机会。

上述案例表明，尼勒克县通过开展"访惠聚"惠民工程，给当地各民族的贫困群众提供了发展经济、改善民生的条件，不仅拓宽了

① 马宇飞：《论"访惠聚"活动与和谐新疆的建构》，《兵团党校学报》2019 年第 4 期。

他们的经济增收渠道，更加强了该地区多民族同胞之间的社会交往，从而也拉近了各民族之间的情感距离。在后续阶段，为了巩固尼勒克县的脱贫成效，尼勒克县的"访惠聚"工作还将从以下几个方面予以深化：

第一，要加强学习，不断提升开展工作的能力和水平。只有拥有丰富的帮扶经验以及较高的能力水平，才能开展出优秀的"访惠聚"工作。与"访惠聚"有关的各级工作队要认真学习精准扶贫文件精神，全面了解自治区的扶贫重要部署，认真把握"访惠聚"驻村工作的各项要求，助力扶贫工作的持续性开展。

第二，坚持问题导向，切实做好与"访惠聚"有关的反思、梳理与整顿工作。不断发现问题才能减少问题，对于"访惠聚"工作的反思和对自我作风的重新审视可以加强相关负责人的责任心，从而提高扶贫质量，全面解决队伍中存在的总目标意识不强、工作作风漂浮、措施执行不力等不良问题。

第三，要积极推进网格化管理。网格化管理能够保证政府部门有效掌握脱贫攻坚参与主体的具体情况，从而随时发现问题，便于管理。为此，尼勒克县严格按照自治区党委要求，依托便民警务站，推进社会治理水平的整体提升。同时，继续推行党员政治责任区，以"定人、定格、定责"的方式，把所有单位的党组织和党员固化到单元管理网格中，进一步夯实脱贫攻坚的组织基础。

第四，把加强日常考核作为推进工作的有力抓手。定期考核可以随时督促并监督相关负责人的扶贫进度以及成效，能够促进扶贫任务保质保量完成。对各乡镇扶贫干部的"访惠聚"工作情况进行及时考核，驻村工作队和社区工作人员则要做到目标同向、工作同步、责任同担、考核同评，努力做到考核工作实事求是、公平公正，避免"一刀切"。

第五，扶贫工作组要切实将兜底保障政策以及相关的低保政策结合起来。保障人们的基本生活是扶贫的最低要求，也是"全心全意为人民服务"的真实体现。对于尼勒克县没有负担能力的贫困人口，由政府全额出资对其进行兜底保障，并适时调整贫困残疾人生活与护理补贴标准，确保无劳动能力的兜底对象有稳定救助保障；全面实施"双集中"供养制，对五保对象和无监护人的孤儿，在自愿的前提下实施集中供养；此外，还要重视完善对贫困妇女儿童等弱势人群的帮扶机制。

（二）加强与贫困群众的沟通工作，营造各民族齐心协力的社会氛围

尼勒克县始终坚持"扶贫先扶志"的理念，消除贫困最关键的就在于增强贫困地区的内生动力。因此，尼勒克县注重强化贫困群众的脱贫意识，以暖心关爱引导贫困群众向上向善，以个人素质提升培养贫困群众的稳定脱贫能力，激发出贫困群众参与脱贫工作的主动性和奋斗精神，营造出各民族齐心协力、脱贫致富的社会氛围。

1. 通过思想扶贫强化贫困群众脱贫意识。尼勒克县把对贫困人口的思想引导放到突出的位置，紧紧依靠思想扶智、舆论亮剑、科技造血等多项行动，有针对性地引导农牧民解放思想、转变观念。自全县脱贫攻坚行动开始实施，全县的行政村积极举办了农牧民夜校授课、学双语、学政策、学技术、观看红色电影、讲述脱贫故事等活动，不断充实农牧民闲暇时光和业余生活，从而打牢了各民族农牧民脱贫致富的思想基础，为后续脱贫工作做好思想上的准备。

2. 依托暖心关爱引导贫困群众向上向善。让贫困人口切实感受到党和政府的热情关怀，有助于增强他们的责任感和自信心。为了让各族群众更好地享受改革发展的丰硕成果，更多地感受到党和政府的温暖，尼勒克县利用周一组织升国旗的时机，开展国旗下的政策宣讲以及现金发放仪式，为特困群体、贫困群众发放各项惠农补贴资金。依托于脱贫攻坚创业孵化基地等惠民基地，让全县群众共享了更多的社会福祉，使得各民族贫困群众心怀感恩之心、感激之情，更加意识到美好生活来之不易。此外，尼勒克县在脱贫攻坚过程中，紧密贴近

和融入百姓生活，通过深挖脱贫典型人物、最美扶贫人、自主创业脱贫之星的感人小故事，不断增强贫困群众摆脱贫困的自信心，让一大批脱贫典型人物故事走进了公众视线，积极营造出依靠辛勤劳动脱贫致富的新风尚。

3. 提升民族团结意识，促进多民族融合。尼勒克县非常重视民族团结宣传工作，通过在全县范围内广泛开展各类主题实践活动，举办"面对面畅谈交心"、民族团结"六进"、民族团结"六互""四邻里"等特色活动，让各族干部群众形成共同学技术、学语言的良好氛围，以互访、互助、互拜的方式，将交往、交流、交融落到实处。对于该县的城镇地区，积极推进"嵌入式"居住、混杂式居住等农牧民居住模式：一方面，各单位、学校在安排宿舍时应注重不同民族交叉居住，通过相互学习增进了解；另一方面，在全县中小学校深入开展"民族团结一家亲"等活动，深入推进"双语"教学，让各族学生学在一起、住在一起、玩在一起，在全县形成各民族一起生活、一起学习、一起工作的浓厚氛围。另外，还充分发挥优秀模范引领作用，例如在该县大力宣传全国道德模范陈俊贵、自治区民族团结模范阿教玛斯别克和乔吉力加甫等民族团结典型，开展"百名典型模范、千场巡回宣讲"等活动，从而营造出团结一心、互帮互助的发展氛围。

四、文化建设带动民族融合——丰富尼勒克县居民的精神文化生活

精神文化扶贫比经济扶贫更有难度，因为思想上的保守以及贫困会限制贫困人口的各方面行动。少数民族地区贫困居民的传统观念较强，同时较低的文化水平也限制了他们的思想深度。因此，帮助尼勒克县贫困人口实现精神脱贫也是脱贫攻坚战的一项关键任务。当地政府聚集多方力量，投身于文化领域建设，使当地居民在精神文化方面

得到全方位提升，进而促进了尼勒克县多民族的文化融合。

（一）宣传民族团结与共享发展理念——实现了多民族同胞的价值共享

尼勒克县坚持贯彻创新、协调、绿色、开放、共享的新发展理念，充分引导各族群众发挥主体作用，激发出携手共建美好家园的热情。在实际工作中，政府部门积极发挥主导作用，正面引导了当地居民树立正确思想观念，全面做好新常态下经济形势宣传工作，引导人们着眼于美好发展前景，从而促使民众树立团结一心、顽强拼搏，用辛勤劳动改变自身面貌的决心。具体而言，尼勒克县按照精准、高效、全面、立体的宣传要求，加强贫困村文化阵地建设，通过设立阅报栏、宣传栏以及网上宣传方式，充分利用各种社会资源和媒体资源，广泛密集宣传社会各界开展精准扶贫的有效做法，以及干部群众自力更生、艰苦奋斗、脱贫摘帽的生动实践，这些宣传内容使得当地贫困户坚定了积极参与脱贫攻坚的决心。另外，通过充分利用"名师大讲堂""六学七讲"下基层等理论宣教手段，将社会主义核心价值观以及新疆精神进行广泛传播，从而有效引导贫困户崇尚科学、反对迷信、远离极端，通过多种手段帮助各民族同胞树立正确的价值观念。

当地政府除了做好思想引导以外，还把扶智、励志贯穿于扶贫工作的全过程，坚持扶贫与扶志相结合，在脱贫攻坚进程中凝聚人心、强化认同。具体做法包括：

一是开展多样化宣传教育活动。尼勒克县从多种渠道入手，广泛普及积极向上的文化理念，宣传过程做到精细安排、统筹规划。例如，在宣传教育载体方面，通过在全县组织开展美丽长头发比赛、刺绣作品展、传统民族服饰展演等一系列民间文艺特色活动，抓好传统文化教育，推广精品民俗，提高了当地居民对于传统文化的亲和度以及抵抗极端思想的免疫力，这不仅使人们的文化生活更加多彩，还保护了尼勒克县当地的传统文化。在宣传教育手段方面，大力发挥草根宣讲员和民间艺人的作用，通过表演小品、情景剧等群众喜闻乐见的活动，使用通俗易懂、深入浅出的语言表述，用身边人、身边事教育民众，提高了宣讲活动的吸引力和感染力，从而把人们的思想和行动引导到谋发展、盼富裕、促和谐上来。在文化网络传播平台方面，开通"尼勒克县发布"官方微博账号，以及"与你同行"微信平台，积极利用其草根性、开放性、便捷性的特点，开设专栏发布宣传党的政策方针、惠民政策，宣传民族团结教育及揭批极端思想的信息，并组织开展"微电影"大赛等网络文化活动，很大程度上提升了社会正能量的网络传播效果。

二是在文化宣传上做到分类宣传，有的放矢地对贫困人口的文化理念进行辅助引导。例如，对于宣传培训内容，遵循"因地制宜、因人而异、因需授课"的原则，根据不同对象科学合理制定培训内容：对"80后""90后"青少年采取法律法规、"去极端化"宣讲和定向、定岗技能培训；对普通群众开展"双语"、法律法规、民族宗教政策、种养殖技术和职业技能等方面的培训，将教育疏导与技能培训紧密结合起来。在提高各族群众思想觉悟和辨别是非能力的同时，进一步提升他们的致富能力和就业能力，将群众的思想目标引导到勤劳致富上来。

三是对宣传过程做到严抓细管，采取各项措施保证宣传效果。在宣传教育活动中既注重采取经验交流、现身说法、案例分析等多样化的授课方式，也融入知识竞赛、结对互学、技能比武、才艺比拼等新形式新内容，从而有效增强了各族干部群众的积极性、主动性以及宣传教育的实效性。而在文化教育方式方面，尼勒克县也探索出一套专门的管理模式，将集体学习与个人自学、集中培训和专项教育相结合，以干部群众结对互学的方式，抓好党员干部和各族群众的学习教育。通过组织座谈会、各种演讲比赛等活动，努力提高教育的实际效果；同时，着力发挥好"巴扎宣传队""马背宣传队""巴扎文艺队"的宣传功能，深入各偏远农牧区居民点开展上门送学、入户宣讲、互动宣讲、以案说法等活动，确保宣传教育能够到户到人。

最后，尼勒克县也高度重视法制建设和法律知识的普及工作，规范各民族居民的社会行为，维持稳定的社会秩序。尼勒克县以县乡两级"理论讲堂""农牧民科技培训学校"为平台，以县乡两级司法部门为主体，组织千名优秀律师入驻乡村社区，对全县农牧民进行法律宣讲，组织"法治讲堂"、普法知识竞赛和法制宣传有奖问答等活动，以理论讲解、案例分析、法律问题解答的方式，向基层群众大力宣传法律法规和民族宗教常识，讲解"法律援助"政策以及非法宗教活动的具体表现。通过相关案例分析，进一步促使各民族居民增强了法制意识。此外，还通过制作与法制宣传教育相关的图文影像资料，有针对性地"以案说法"开展警示教育，引导各族群众学习法制知识，增强懂法用法的自觉性和主动性，有力提升了各族群众的法治意识。

（二）拓宽文化领域——提升各民族居民的文化素质

在实现价值共享的基础上，尼勒克县还不忘继续拓宽民众的文化生活领域，从而使各民族同胞的文化视野得以扩大、文化素质得以提高，使得当地多民族间的文化融合更加完善。具体做法有：

1. 优先发展教育事业。教育扶贫是精准扶贫的重要任务之一，民族地区脱贫的根本之策则在于对其实现教育脱贫。[①] 基于此认识，尼勒克县致力于全面普及免费义务教育，确保农村适龄儿童拥有上学的机会。该县通过按需配置好教学资源，在全面完成农村幼儿园全覆盖的基础上，提升义务教育标准化水平；以"县管校聘"为导向，建立健全教师补充机制，在县域内义务教育学校推广教师交流轮岗制度，并强化"控辍保学"；坚持落实义务教育"两免一补"、高中

---

① 彭寿清、王磊：《民族教育精准扶贫的学术反思与实践探索》，《广西民族大学学报》（哲学社会科学版）2019 年第 2 期。

（中职）教育"三免一补"的普惠政策，实施好"雨露计划"，完善学前教育到高等教育资助体系，从而最大限度地确保每一位贫困学生都能有平等的受教育机会。

2. 加强公共文化服务体系建设。尼勒克县通过加强居民的公共文化服务建设，满足了人们精神文化方面的需求，并在一定程度上拓宽了当地民众的文化视野，提升了当地的公共文化水平。具体举措包括：通过开通中国电信网络电视节目，在贫困乡村深入扎实开展直播卫星村村通、户户通工程，免费提供广播电视基本节目，丰富了各民族同胞的业余生活；大力开展科技、文化、卫生、法律等方面的下乡活动，积极举办百日文化广场、农村大舞台、草根艺人演出周等群众文化活动，组织农民书画大赛、小品大赛等系列主题活动，创新贫困乡村的文化服务模式；实施科技文化"进村入户"工程，不断提高民众的思想文化素质，弘扬艰苦奋斗的脱贫精神，让文明进步的思想深入民心。

3. 开展文明尼勒克建设行动。尼勒克县将社会主义核心价值观贯穿于群众性精神文明创建活动的始终，深入开展道德建设"五个一"活动。首先，通过建立文化演出、社区家政、文明劝导和"爱心妈妈团"等志愿者服务队，构建起县、乡、村三级志愿服务网络体系。其次，深化"讲文明树新风"主题实践活动，将诚信建设和"三严三实"主题教育活动相结合，开展诚信典型评选、宣传、学习活动，把诚信建设纳入文明单位、文明小区等创评细则中，积极营造诚信至上的社会氛围。最后，还认真选拔了道德模范和身边好人，组织开展"最美尼勒克人"评选表彰活动，选出优秀模范代表，在全社会形成人人学习模范事迹的优良风尚。接下来，全县还会继续大力开展美丽乡村及特色小镇的文化素质工程建设，通过创立中华传统与文明礼仪文化墙、道德模范与村规民约荣誉栏，宣传积极向上的文明观；开展"洁净家园""家风进万家"活动，用好的家风带动好的民风；注重人文关怀，及时抓好群众心理疏导，关注贫困户的思想状况，广泛开展深入基层、深入群众的交流沟通活动；基于"民族团结一家亲""三进两联一交友""访惠聚包村联户""道德模范走基层"等特色扶贫举措，积极开展与贫困户聊天谈心活动，建立健全脱贫户奖励激励机制。通过触动贫困人口的思想顽疾，激发其主观能动性，传递思想价值的正能量，营造出良好的精神扶贫氛围，进而潜移默化地培养贫困居民自信、自尊、自强、自立的人格特质。

综合而言，尼勒克县的"脱贫攻坚"工程，分别在经济、政治、社会交往和精神文化等四个维度上取得了显著成效，对当地贫困人口实现了全方位精准扶贫。对于贫困户因人而异，对于贫困地区因地制宜，对于贫困情况因势利导，采取了综合考量、精准施策的帮扶模式。[1] 这不仅改善了贫困居民的生活质量，更促进了尼勒克县的民族融合式发展，对于全面建设小康社会起到了重要的推动作用。

第三节　坚持"四不脱"：尼勒克县脱贫攻坚长效治理的制度保障

多年来，经过党和国家的不懈努力以及各民族同胞的艰苦奋斗，尼勒克县贫困地区所面临的各方面难题都得到了有效解决。在经济发展方面，通过产业帮扶等手段，使尼勒克县的经济水平得到很大的提升；在政治建设方面，尼勒克县政府通过加强各民族居民的政治参与，获得了当地民众的高度认可，使当地居民切实感受到党和政府的真切关怀，增强了参与国家建设的责任心和使命感；在社会与民生建设方面，通过"访惠聚"等一系列工作的开展，明显

---

① 李长安：《精准扶贫就该按需"点菜"》，《农业科技报》2019 年 11 月 27 日。

改善了当地贫困居民的生活状况，促进了各民族之间的良性交往；在精神文化方面，尼勒克县通过拓宽贫困居民的知识文化领域，不仅使他们摆脱了精神贫困，也促使其将爱国信仰与家国情怀扎根心中。

如此全方位的精准扶贫使得尼勒克县从一个国家级贫困县逐渐转变为经济有发展、生活有保障的典型脱贫示范县。诚然，我们也应该明白"行百里者半九十"的道理，农村绝对贫困人口实现脱贫以及贫困县成功摘帽都不能意味着农村贫困的彻底消失，更不代表着扶贫工作可以结束。接下来，巩固脱贫成果依然任重而道远，只有永久地摆脱贫困才算是真正地实现脱贫。① 由此，尼勒克县就有必要建立起脱贫攻坚长效机制，使尼勒克县贫困人口没有返贫的后顾之忧。

关于尼勒克县的脱贫长效机制，其实质内容就是将各个扶贫举措继续贯彻到底，其关键就在于制定严格的制度保障体系，从而维持并进一步规范各方面的扶贫举措。结合尼勒克县的实际情况，当地政府还将继续坚持并强化定点帮扶、对口帮扶、结对帮扶工作，重点抓好贫困户、贫困村脱贫退出的后续帮扶巩固任务，推动"访惠聚"驻村工作队在巩固提升持久战中打头阵，"点对点"帮扶村、"一对一"帮扶户均要保持五年不变，做到不断线、不松劲。概括来说，就是要遵循"四不脱"原则，即脱贫不脱政策、脱贫不脱责任、脱贫不脱帮扶、脱贫不脱监管，重整归零再出发，健全及完善扶贫长效保障机制。

首先，坚持脱贫不脱政策，即在帮助贫困户实现脱贫之后，继续为贫困户提供服务以防止其出现返贫。国家所制定的精准扶贫政策对贫困户有很大的支持力度，不仅给贫困户提供了就业机会，增加了家庭收入，也使其家庭基础设施得到了完善。② 尼勒克县在经济建设方

---

① 李朝阳：《脱贫不返贫才是真脱贫》，《人民政协报》2019 年 7 月 22 日。
② 张立伟：《确保"脱贫不脱政策"落到实处》，《学习时报》2019 年 6 月 3 日。

面要继续落实好产业发展和就业扶贫相关的保障政策，为贫困家庭提供稳定的经济资源支持。在社会保障方面，严格落实健康扶贫政策，管理好县级健康扶贫基金；继续实行危房改造，保障贫困户基本住房需求，做好扶贫搬迁后续保障工作，确保贫困居民真正享受到搬迁福利；对于"老病残"等兜底贫困人口，继续落实好以低保、五保、养老、资产收益扶贫为主的各项保障政策，做到"应兜尽兜"。在文化培育方面，严格落实教育扶贫优惠政策，确保所有贫困学生的教育、培训需求都能得到及时回应。

其次，坚持脱贫不脱责任，深刻认识到事关民生无一小事，脱贫责任重如泰山。[①] 在思想上，要坚决杜绝数字脱贫、虚假脱贫，确保脱贫任务高质量完成；在具体措施上，要落实脱贫攻坚横向到边、纵向到底的责任体系，建立脱贫攻坚成效巩固阶段的责任清单，明确每一阶段扶贫工作的具体任务，保证各级干部都分配到扶贫任务，都肩负起扶贫责任；坚持脱贫攻坚工作机制不变、责任不变、工作要求不变、考核奖惩不变、督察检查不变，以有力的问责机制倒逼责任落实。

再次，坚持脱贫不脱帮扶，即完成脱贫任务之后要继续对帮扶对象进行扶持。为此，尼勒克县要继续开展"访惠聚"工作，"点对点"帮扶村、"一对一"帮扶户均保持五年不变，打消帮扶干部"过客"心理；继续实施帮扶责任人固定走访联系制度。除此之外，还要保障扶贫人才储备，持续深入开展党员干部学习培训活动，在基层培育一批具备扶贫能力和扶贫作风的干部队伍；大力推进"能人兴村"战略，积极引进各方面人才进行扶贫帮扶，鼓励大学生等本土人才返乡参与扶贫工作，不断提升扶贫基层干部的能力水平。

最后，坚持脱贫不脱监管，即党和政府应继续对帮扶对象进行定期排查，对其包括住房、温饱等方面的情况进行仔细评定，以避免出

---

① 本报评论员：《扛起脱贫攻坚的政治责任》，《商洛日报》2019年10月18日。

现返贫现象。通过分类监测脱贫农户，可以帮助基层扶贫干部了解不同贫困群体的具体需求，从而有效捕捉重点需求所在，并对其精准施策并适度帮扶，从而达到减贫增效的目的。① 尼勒克县将继续坚持对县域内所有农户实施跟踪监测，对贫困户实行分类管理，防止返贫和因病因灾致贫。一方面要确保脱贫户稳定达到"一超过、两不愁、三保障"的脱贫基本要求，运用好"年初一计划、每月一走访、季度一监测、年终一算账"的监管机制，切实保障脱贫成果。另一方面，要对已退出贫困村以及非贫困村的脱贫成效予以加强，要不断强化资金监管以及作风建设，对扶贫领域排查出来的违纪违规问题实行"三个一律"，即一律顶格处理、一律坚持"一案双查"、一律点名公开通报曝光。同时，以乡风文明建设为契机，大力开展"扶志扶智"行动，不断催生贫困居民的脱贫内生动力，让贫困户真正树立起自力更生、艰苦奋斗的信心。

三十多年以来，尼勒克县各族人民在负重中奋进、在困境中奋起，经济社会发展取得了长足的进步，顺利完成了脱贫摘帽的政治任务，这在全县扶贫开发史上具有里程碑式的意义。现阶段，我国正处于全面建成小康社会的关键阶段，精准脱贫事关民生和人民福祉，是中国共产党"以人民为中心"发展理念的具体体现。尼勒克县顺利实现脱贫，把全面建成小康社会又向前推进了一步。但仍需意识到，在肯定既往所取得成绩的同时，尼勒克县更要着眼长远，致力于巩固脱贫成效。在后脱贫攻坚时期，尼勒克县将继续坚定信心、下定决心，强势突破、强力推进，从"脱贫"逐步向"小康"迈进，确保将戴了三十多年的"贫困帽子"摘得扎实、摘得放心，经得起实践和历史的检验。

---

① 章文光：《用好脱贫户分类监测巩固脱贫成效》，《人民论坛》2019 年第 22 期。

第八章

从脱贫攻坚到乡村振兴：
民族共兴共融

在尼勒克脱贫攻坚实践中，逐渐探索出民族融合为导向的贫困治理模式。在尼勒克县取得脱贫攻坚阶段性胜利之后，需继续以民族融合为导向，实现脱贫攻坚与乡村振兴的顺利衔接，实现民族共兴共融。

第一节　民族融合为导向的贫困治理：
尼勒克县脱贫攻坚实践

自从 1986 年被国务院确定为国家级贫困县，至 2018 年 9 月退出贫困县，历经 32 年，特别是党的十八大之后，通过精准扶贫，取得了脱贫攻坚的最终胜利。在这个过程中，尼勒克县立足多民族的县域特点，探索出了一条符合本县实际的脱贫攻坚模式——民族融合为导向的贫困治理，涵盖了政府对民族社会的治理机制、民族地区与外界的联结机制、民族地区可持续发展治理机制等内容。这些机制既是在精准扶贫过程中逐渐探索出来的，也必将由于其有效性而在贫困之外的领域持续发挥作用，有利于完善国家治理体系、提升国家治理能力。

一、政府对民族社会的治理机制

作为边疆多民族地区，在民族区域自治的制度框架下，尼勒克县在脱贫攻坚中进一步丰富和完善了政府对民族社会的治理机制，这进一步丰富了民族区域自治制度及国家治理体系。

（一）社会稳定与脱贫攻坚统筹机制

为实现社会稳定与脱贫攻坚的同行并举，尼勒克县采取了以下措施：一是"两手抓"同重视。把维护稳定和脱贫攻坚作为必须完成的重大政治任务，明确县乡村三级书记是维护稳定和脱贫攻坚第一责任人，通过维护稳定为脱贫攻坚营造良好的社会环境，通过脱贫攻坚为实现社会稳定奠定坚实的群众基础。二是"两手硬"同部署。坚持双轮驱动、双管齐下，研究制定《尼勒克县关于统筹做好社会稳定和脱贫攻坚工作的实施方案》，在整体谋划上紧密结合、在目标任务上紧密结合、在措施精准上紧密结合，把脱贫攻坚作为维护社会稳定最直接、最有效的结合点，以稳定造环境、释红利，以脱贫凝民心、聚民力。三是"两促进"同落实。县乡村三级通过每周一调度、每月一研判、每季一谋划，做到综合施策、协同推进，并充分结合周一升国旗"四必讲四必看"（必讲维护稳定，必看治安状况；必讲民族团结，必看邻里关系；必讲脱贫攻坚，必看生产状况；必讲生态环境，必看村容村貌）、农牧民夜校、"民族团结一家亲""两个全覆盖"等活动，强化党的各类政策和法律法规知识宣讲，加强国语学习，增强"五个认同"（认同伟大祖国、认同中华民族、认同中华文化、认同中国共产党、认同中国特色社会主义）。同时，以平安乡村创建和"扫黑除恶"专项行动为抓手，扎实推进乡村综合治理，坚决去极端化，增强抵御和消除宗教极端思想渗透和影响的自觉性、主动性，为社会稳定和脱贫攻坚奠定坚实群众基础。

（二）以作风建设为中心的政府工作机制

在以政府为主导的经济社会发展模式下，政府的工作作风直接影响着脱贫攻坚及其他社会治理工作的实施与成效。

面对扶贫开发"三个前所未有"（重视程度前所未有、发展基础前所未有、社会氛围前所未有），尼勒克县委、县政府凝心聚力、担当实干，开启"三级书记抓脱贫攻坚"模式，建立脱贫攻坚"四有五定"机制（县有指挥部、乡有工作组、村有帮扶队、户有联络员和定部门、定目标、定任务、定时限、定奖惩）和"八包联一负责"分片包干制度，深入推进"十四个专项行动"，层层签订脱贫攻坚目标责任书，逐级立下军令状，实行"一月一研判、一月一推进、一月一通报"工作制度，县委、县政府每月至少召开一次脱贫攻坚专题会议，深入学习贯彻习近平总书记关于扶贫工作的重要论述、指示批示精神和自治区党委具体工作要求，及时总结经验、分析问题、督促推进，并将《习近平扶贫论述摘编》和各类扶贫政策列入各级党委（党组）理论中心组年度学习计划，纳入党校培训内容，由县级领导包联乡村驻点抓脱贫攻坚，促使各级干部把工作重心转移到精准扶贫上，把精力集中到帮助贫困群众精准脱贫上。

（三）高标准的社会保障机制

社会治理的目的就是以人为本，解决民众的后顾之忧，为经济社会发展与人民的幸福生活创造条件。尼勒克县在脱贫攻坚过程中逐渐完善既有的社会保障制度，不仅帮扶各民族贫困群众脱贫，发挥"兜底"功能防止返贫，很大程度上减少了贫困的代际再生产，而且使各族同胞都能享受到经济社会发展成果，提升作为中华民族成员的认同感与自豪感。

一是在教育扶贫保障方面，秉持"家贫子读书"的传统，坚持把教育扶贫作为管长远、拔穷根的根本举措，持续完善教育基础设施建设，巩固国家义务教育均衡发展成果，新增校舍面积 21.5 万平方米，尼勒克武进高级中学、乌赞中学、武进实验学校相继投入使用，农村幼儿园实现全覆盖，8687 名幼儿享受学前三年免费教育，国家通用语言文字教学全面推行，中小学教学质量和水平逐年提升，实现"幼有所育、学有所教"。全面落实"两免一补""营养改善计划""雨露计划"和援疆补助等助学政策，义务教育阶段贫困家庭子女实现应学尽学。二是在健康保障方面，稳步推进健康扶贫示范县创建，持续深入开展全民免费健康体检活动和家庭医生签约服务，贫困群众体检完成率100%、签约率99.3%。城乡居民基本医疗保险并轨运行，对建档立卡贫困人口个人缴费补助40%，住院基本医疗保险报销比例提高5%，取消封顶线；制定出台《贫困患者重大疾病医疗救助办法》，将22类64种重大疾病列入救助范围，大病保险起付标准下降50%，各分段报销比例提高5个百分点，经城乡居民医疗保险和大病保险报销后再按比例予以救助，有效缓解"看病难、看病贵"问题；全面实施"先诊疗后付费""一站式结算"制度，建立远程医疗会诊系统，提高优质资源可及性和县域内整体医疗服务水平，让群众少跑腿，信息数据多跑路，逐步实现"小病不出乡，大病不出县"的目标。三是在兜底保障方面，将社会救助体系和低保制度相结合，实行兜底性保障政策，将1653户3039名符合条件的贫困对象纳入最低生活保障兜底范围，并将兜底保障标准提高至3600元每人每年，动态实现"两线合一"。同时，全面落实社会保险、社会救助、社会福利等措施，最大限度地发挥临时救助的托底功能，衔接使用好相关救助资源，并将贫困人口纳入全民参保计划的必保人群，为建档立卡贫困对象中未脱贫人口缴纳农村基本养老保险补助100元、已脱贫人口补助50元，缴纳城乡居民基本医疗保险统一补助40%保险费，切实提高"两险"参保率。

（四）通过结对帮扶走民族群众路线

群众路线一直是中国共产党取得革命与建设胜利的法宝。面对任务艰巨的脱贫攻坚任务，尼勒克县根据多民族的特点，通过结对帮扶走新时期的民族群众路线。

尼勒克县脱贫攻坚过程中，统筹自治区、自治州和县直机关 182 个帮扶单位和区、州、县三级 7890 名帮扶干部，结合"民族团结一家亲"活动、"访惠聚"包村联户及"两个全覆盖"工作，采取"一帮一""多帮一"方式与建档立卡贫困家庭建立结对帮扶关系，实现"一对一"精准帮扶全覆盖，并扎实开展"百企帮百村"行动，凝聚全县 49 家企业力量结对帮扶 20 个贫困村，形成县委、县政府统筹、各级干部帮扶、企业助力和贫困群众自力更生的生动局面。同时，深入推进党建扶贫，以"访惠聚"驻村工作为契机，派驻驻村工作队 88 个、驻村干部 568 人，选派 88 名州县机关干部任村"第一书记"，54 名县乡机关干部任村党支部书记，打牢基层阵地，夯实党建促脱贫基础。

二、民族地区与外界的联结机制

尼勒克地处我国边陲，受到交通、语言及经济发展等多方面条件的限制，很长一段时间内，相对闭塞的状态很大程度上制约了尼勒克县的发展。在脱贫攻坚过程中，通过东西部协作机制、产业的内引外联机制形成了与外界更为稳定的联结机制。

（一）东西部协作机制

习近平总书记指出，对口援疆是国家战略，必须长期坚持，把对口援疆工作打造成加强民族团结的工程。江苏省常州市武进区与尼勒克县自 1997 年开始结对帮扶，历经 22 年形成了稳定的东西部协作机制。

尼勒克县充分借助东西部协作扶贫契机，深入推进援尼扶贫"十大行动"。武进区五年投入援疆资金 3.79 亿元，规划建设 6 大类 59 个民生、产业项目，其中 85.2% 用于民生扶贫领域。创新开展"同心同愿同奔小康"特色援疆工程，通过"武进光彩新疆行"平台向结对帮扶户捐资捐物达 1800 万元，做到真情援疆。同时，严格落实"兵团帮地方、强市带弱县"相关要求，主动跟进兵团四师和伊宁市、奎屯市、霍尔果斯市，多次就资源开发、产业培育、人才支持、劳务输出等方面进行对接，共确定 3920 万元的援助资金，支援建设产业（民生）项目 15 个，助力贫困乡村重大产业发展布局，实现聚八方之力，成合力之势，攻贫困之坚。

（二）市场的内引外联机制

在脱贫攻坚过程中，尼勒克县逐渐从相对封闭、偏安一隅的多民族边陲贫困县，通过融入到我国大市场环境中，建成一个更为开放、奔向更为富裕的地区。在这个过程中，尼勒克县逐渐形成了市场的内引外联机制。

一是吸引外来资本、技术或人才，做大本地产业。尼勒克县通过坚持牧区繁育、农区育肥的养殖模式，依托万亩畜牧科技示范园，推行小畜换大畜、劣质换优质，不断调整畜种畜群结构，强化品种改良和疫病防治，提升标准化、规模化养殖水平，重点培育褐牛产业、壮大蜂产业、盘活乳品业、提升马产业、助力冷水鱼、肉鸽和土鸡养殖产业，建成苏布台乡肉鸽养殖基地、喀拉苏乡三文鱼养殖基地、加哈乌拉斯台乡家禽育雏基地、喀拉托别乡褐牛养殖小区和种蜂场黑蜂保护区，努力打造自治区绿色有机畜产品生产基地，带动 2787 户贫困户户均增收 6000 元以上。同时，充分发挥本县"蜜蜂之都"优势，大力推广"农牧蜂旅"四结合的产业发展模式，新发展 41 户贫困户变牧民为蜂农，使蜂产业逐渐成为贫困户增收的新路径。

二是立足本地优势资源，联结内外部市场。一方面发展旅游业，通过举办中国·新疆"甜蜜尼勒克"蜜蜂文化旅游节，成功创建自治区康养旅游先试先行区，在全国市场中孵化尼勒克的旅游市场、打造尼勒克的旅游品牌；另一方面发展农村电商产业，依托国家级电子商务进农村示范县建设，建立县乡村三级"互联网+"电商网络，完善物流配送、公共服务中心、农产品可追溯系统等农村电子商务支撑服务体系，将本地特色民族农副产品通过"互联网+"销售到全国乃至国际市场。

三是借助与武进区东西部协作关系，推动东西部市场深度融合。一方面武进区积极组织内地旅游企业赴尼勒克实地考察，精心策划旅游推介活动，先后在武进和南京举办"塞外江南·美丽伊犁"江苏推广周、"甜蜜尼勒克·宜居康养城"旅游推介会等系列活动；另一方面加大产业招商力度，武进区先后邀请、组织新疆江苏商会、武进遥观商会等客商赴尼勒克考察调研，积极推进与后方劳动密集型企业洽谈合作。再者，加强劳务输出和转移就业，组织武进区今创等企业赴尼勒克举办现场招聘会。

三、民族地区可持续发展治理机制

（一）基础设施建设机制

尼勒克县之所以一度成为国际贫困县，与其薄弱的基础设施关系密切。基础设施建设是直接关系尼勒克经济社会能否稳定脱贫，以及是否具有可持续发展能力的重要条件。

2013年以来投入各类资金47.9亿元，持续改善提升水、电、路、房、网等公共基础设施条件，乡村"五通七有"实现全覆盖。解决饮水安全，综合采取新建、配套、改造等方式，进一步完善农村水利基础设施，28项重点水利工程全面实施，中部8乡镇饮水安全工程全面投运，13.26万人喝上放心水，农村安全饮水实现全覆盖；提升电网改造，实施农村电网改造升级工程，累计新建改造农村电网1418.5千米，建成科蒙110千伏全疆首座智能化变电站，各村（队）通生产生活用电全覆盖；升级农村道路，实施"连通工程""通畅工程""四好农村路"等交通项目，累计新建改造农村公路1038公里，并全面修建贫困村"畅返不畅"道路30公里，切实解决农村道路等级不高和交通瓶颈制约"最后一公里"问题，实现通村道路全覆盖；推进危房改造，高质量推进"两居房"建设和危房改造工程，新建安居富民房 14264 户、定居兴牧 1100 户、危房改造 1336 户，其中累计为住房不达安全标准的贫困家庭新建"两居房"6053 户，实现住有所居全覆盖；加快信息化建设，加大农村互联网和电话网升级与改造力度，推进普遍服务光网工程建设，新建改造农村通信网络 3398 公里，新增基站 452 个，新增村村通、户户通入户 29130 户，农村通讯及宽带网络实现全覆盖；改善人居环境，以"规划科学布局美、村容整洁环境美、创业增收生活美、乡风文明身心美"为标准，全面开展河湖"清四乱"和"三清一拆除"专项行动，宣传推广庭院"三区分离"，大力推进农村"厕所革命"，打造农村环境整治示范村 15 个和"三区分离"示范户 1000 余户，完成农户改厕 546 座，人居环境水平显著提升。

（二）产业发展机制

2018 年 2 月 12 日，习近平总书记《在打好精准脱贫攻坚战座谈会上的讲话》中指出，"产业扶贫是稳定脱贫的根本之策，但现在大部分地区产业扶贫措施比较重视短平快，考虑长期效益、稳定增收不够，很难做到长期有效。如何巩固脱贫成效，实现脱贫效果的可持续性，是打好脱贫攻坚战必须正视和解决好的重要问题。"① 能否形成可持续的产业发展机制，关系到脱贫攻坚成果的巩固及乡村振兴的实施。在精准扶贫过程中，产业扶贫成为尼勒克县脱贫攻坚中的重要抓手，并赋予了可持续带贫减贫以及实现乡村振兴的使命。

一是立足本地实际，发展特色农牧产业。根据县域特点，尼勒克县提出了"稳粮、强畜、增经（草）、扩果（林）"总体思路，坚持把发展产业作为脱贫致富的根本之策，开展"产业提升年"活动，

---

① 习近平：《在打好精准脱贫攻坚战座谈会上的讲话》，人民出版社 2020 年版，第 13 页。

深入推进优势富民产业提升和"155111"庭院增收提质工程，规划实施 79 个产业扶贫（发展类）项目，在每个乡镇打造各具特色的产业孵化园，努力形成"一乡一业""多村一品"产业布局。在此总体思路下，高质量发展现代农业、推进畜牧业转型升级、推广精品林果业、壮大乡村旅游业、培育电商产业、打造光伏产业，为本地稳定脱贫及乡村振兴奠定坚实的产业基础。

二是探索建立产业合作机制。为了促使农牧民特别是其中的贫困户在产业发展中受益，尼勒克县推广"扶贫产业园区+龙头企业+合作社+贫困户"合作方式，扶持发展家庭农牧场、种养殖大户、专业合作社、社会化服务组织的农业产业化联合体，奖励和支持入社对象以土地、牲畜等生产要素入股专业合作社。目前，正常运转的 152 家专业合作社吸纳建档立卡贫困群众入社 1752 人，贫困户入社率由 22% 提高到 30% 以上，带动贫困户人均增收 328.77 元。这不仅促进了产业的发展，而且可以使各族同胞及时享受到产业发展的成果。

（三）农牧民内生动力激励机制

习近平总书记指出："激发内生动力，调动贫困地区和贫困人口积极性。'只要有信心，黄土变成金。'贫穷不是不可改变的宿命。人穷志不能短，扶贫必先扶志。没有比人更高的山，没有比脚更长的路。要做好对贫困地区干部群众的宣传、教育、培训、组织工作，让他们的心热起来、行动起来，引导他们树立'宁愿苦干、不愿苦熬'的观念，自力更生、艰苦奋斗，靠辛勤劳动改变贫困落后面貌。"①脱贫攻坚过程，不仅是整合各方力量、各种资源的进程，更是激发贫困地区及贫困人口内生动力自发脱贫的过程。

尼勒克县把激发内生动力作为治本之举。大力开展"送政策、送温暖、送信心、送文化、送健康、送知识"六送脱贫主题活动和

---

① 《十八大以来重要文献选编》（下），中央文献出版社 2018 年版，第 49 页。

"舆论亮剑""思想扶志"行动，进村入户宣传党中央和自治区、自治州的扶贫政策、路径、举措，并结合"走出去"与"请进来"方式，集中组织贫困对象外出观摩学习、脱贫致富人物讲好先进事迹、新闻媒体宣传好党的惠民政策，用身边的事教育身边的人，提高典型的影响力和示范效应，让贫困群众学有榜样、赶有方向，树立脱贫致富的信心和决心，实现从"要我脱贫"为"我要脱贫"的转变。

总之，民族融合为导向的贫困治理模式，有效地回应了边疆地区面临多民族构成、广袤地域以及严峻的维稳形势是如何高质量取得脱贫攻坚胜利的，丰富了全球贫困治理中国方案的民族内涵，完善和发展了中国特色社会主义国家治理体系，有利于重塑中华民族共同体。

第二节　民族融合下的乡村振兴

在脱贫攻坚过程中，尼勒克县探索出民族融合为导向的贫困治理模式，形成了民族社会治理的长效机制，对于脱贫后尼勒克县乡村振兴仍然具有重要作用。不容忽略的是，脱贫攻坚的阶段性特点，决定了一些举措的阶段性特点。因此，在继续发挥民族融合为导向的贫困治理长效机制作用的同时，需要转变脱贫攻坚阶段临时性的超常举措，实现社会治理的"杠杆式"作用与常规化运行，促进民族融合导向的乡村振兴。

一、完善民族地区社会体制机制，为乡村振兴提供制度保障

（一）从超常态运动式治理向稳态式常规工作机制转变

在扶贫攻坚的关键时期，在新疆维吾尔自治区的统一部署下，尼

勒克县根据民族特色及地域特点，因地制宜地落实或探索出很多行之有效的扶贫举措，包括"访惠聚""民族一家亲"等，其主要特点是各级干部直接下沉到贫困村、贫困户。这些工作方式对于深入贫困群众，具体了解致贫原因、找到脱贫方法，以及拉近干群关系、巩固党的执政基础，最终打赢脱贫攻坚战，发挥了重要作用。显然，这种工作方式由于是特殊时期的特殊任务所致，因此具有阶段性的特点。之所以具有阶段性，是因为其包含了超常态、超负荷的工作任务。

首先，工作机制常态化。尼勒克县一直把维护稳定和脱贫攻坚作为必须完成的重大政治任务，通过维护稳定为脱贫攻坚营造良好的社会环境，通过脱贫攻坚为实现社会稳定奠定坚实的群众基础。在此背景下，各级政府、各部门公务人员，既要完成本职工作，又要肩负维稳任务，还要进行"访惠聚""民族一家亲"等，同时要完成单位包村、个人包户的精准扶贫任务，这种一人肩负多种工作任务的工作状态，在2020年之后，需逐步扭转，转而通过村级组织建设、强化各部门及各级政府公务人员的专业化职责，以便各司其职、各尽其责，厘清人员之间、部门之间、政府层级之间的工作职责，使其恢复工作常态，一方面有利于减轻公务人员工作负荷，降低社会治理成本，保证政府组织及村级组织的长效运转；另一方面有利于保证各部门及人员的专业化履职，提高治理效率，维护好政府与百姓的良性关系。

其次，工作内容常规化。尼勒克政府对经济社会发展及脱贫攻坚都做了五年期的"十三五"规划，是对五年内相关工作的长期安排与布置。然而，由于自上而下的、各种各样的、涉及不同工作内容（包括精准扶贫等）的评估或检查过于频繁，以至于相关部门、领导及工作人员的工作重心，不是着眼于本县域内经济社会发展、社会服务等，而是为了应对评估或检查，把主要精力放在了填表、写汇报材料、陪同考察等，其中很多评估或检查是临时性而不是常规化的，一方面打乱了当地政府各部门的工作秩序，另一方面不利于相关部门及工作人员将主要精力投入到本地经济社会发展及公共服务方面。

因此，需转变政府工作方式，特别是改变上级政府对下级政府的督查方式，从临时性、频繁性的评估检查，转变为常规化、定期性的考核。

（二）从瞄准贫困人口的精准扶贫向普惠型的社会保障体制转变

精准扶贫工作本质上是针对特殊群体的贫困应对策略，是我国在短时期内集中力量打赢脱贫攻坚战的需要，为我国全面建成小康社会奠定了坚实基础。然而，随着经济社会发展，可能会出现新的贫困人群，若要不断动态识别，针对不同的贫困人群制定不同的扶贫策略，则将会耗费高昂的人力、物力、财力及组织成本。为此，需要从瞄准贫困人口的精准扶贫向普惠型的社会保障体制转变，一方面从底线保障来说，将所有的人都纳入到可能致贫的人群中，制定统一的贫困线标准，谁掉落到贫困线以下，则可以申请相应的救助服务；另一方面从生存保障来说，要健全普惠型的涉及民生的教育、医疗、养老等方面的城乡一体的社会保障制度。这样，不仅可以为所有社会成员公平享有社会福利，提高其幸福感及获得感，解除其后顾之忧，为社会成员提供一个稳定的预期，而且可以最大限度地节约社会治理成本，促进政府与社会关系以及社会内部秩序良性运行。

随着尼勒克县开放程度提升，其融入全国市场的程度越来越深，尼勒克居民越来越成为全国市场的一员，其面临的风险区域范围不仅局限于本县域内，因而不是本县能够解决的，需要在全国范围内建立一体化的基本社会保障制度。首先，城乡居民享有基本社会保障的机会平等。一是城乡居民不因城乡及区域差异而享受相差巨大的基本社会保障。这既有赖于城乡基本公共服务资源的均衡配置，更取决于城乡分割、区域分割管理体制的破除。二是将享有基本社会保障作为公民的一项基本权利。由于基本社会保障涉及公民能否生存的问题，关乎社会稳定、国家认同及经济社会的可持续发展。其次，城乡居民享有基本社会保障的水平均衡。基本社会保障涉及民众的基本生存权问题及国家的长治久安，其供给水平大体均衡关系到民众公平感、幸福感及获得感的实现程度。为此，一方面需要建立基本社会保障的中央财政保障机制，保证所有地区的公共服务都在基本保障线以上；另一方面要完善基本社会保障供给的管理机制，确保基本公共服务能够依法依规有效供给。

二、以市场为主导，奠定乡村振兴的产业基础

尼勒克县在脱贫攻坚过程中，在产业发展及产业扶贫方面做了大量的工作，并且高效地利用扶贫项目推动了产业的发展，通过不同形式带动了建档立卡户脱贫甚至致富。正如上文所言，政府相关部门在大力推动产业发展的过程中，较多地涉入市场主体的发展过程中，在主观扶贫善意目标下，客观上却一定程度上干扰了市场的秩序，不利于乡村产业的可持续发展及乡村振兴的实现。为此，在 2020 年后，随着脱贫攻坚阶段性任务的完成及乡村振兴的实施，需要重新厘清产业发展过程中，各主体的角色定位及其相互关系，为尼勒克乡村振兴奠定坚实的、可持续的产业基础。

（一）政府搭台

改革开放后，我国经济的快速发展，得益于地方政府直接参与其中，尼勒克经济的发展方式也类似。随着经济社会发展程度及市场化程度不断提高，要求各种社会主体、市场主体及政府发挥更为专业化角色，以便各司其职，遵循各自领域的自身规律，达成各自良好的发展状态。由于政府在前期的经济发展中扮演着举足轻重的作用，厘清政府在产业发展过程中的角色就显得尤为重要。

首先，政府做什么？从尼勒克县两级政府及相关部门对产业发展的关注和投入来看，可谓用心良苦，并在黑蜂、旅游等产业初见成

效，但其付出的行政成本也是巨大的，并且随着企业的发展，其能否持续生存并壮大，最终取决于企业自身在产品、管理等方面核心竞争力。这时，政府不适合再直接涉入市场，转而将工作重心转移到完善市场秩序上，从而孕育出更多更具创新性的特色产业。一是制订尼勒克经济社会发展规划，为产业布局、乡村振兴提供一个明确的远景规划，并且使之真正具有法律效力。一方面可以为县域内外企业的投资经营提供一个明确的预期；另一方面也能够约束政府部门依照执行，避免因官员更替而朝令夕改，让市场主体无所适从。二是通过税收、土地出让等更为优惠的措施，吸引符合尼勒克经济发展总体规划的县域外企业进行投资，如税收比例更低，或根据不同类型的企业设定免税年限等，转变之前政府部门直接招商的工作方法。三是惩恶扬善，严厉打击市场中出现的假冒伪劣产品、具有传销性质的企业等，维护良好的市场秩序，避免"劣币驱逐良币"的现象。

其次，政府怎么做？一是做好"裁判员"。在前期产业发展过程中，为了完成艰巨的脱贫攻坚任务、确保经济的高速发展，政府兼具"裁判员"与"运动员"的角色。在 2020 年后，若政府继续扮演两种角色，既不利于良性公平市场秩序的建立与完善，也不利于孕育具有发展潜力的新型市场主体，更不利于市场主体按照市场规则发展壮大。因此，做好维护市场秩序的"裁判员"对经济的可持续发展而言是必不可少的。同时，处理好公有制企业与民营企业之间的关系、规模企业与中小型企业之间的关系。正如习近平总书记在《在民营企业座谈会上的讲话》中所指出的，"国家保护各种所有制经济产权和合法利益，坚持权利平等、机会平等、规则平等，废除对非公有制经济各种形式的不合理规定，消除各种隐性壁垒，激发非公有制经济活力和创造力。"[①] 公平对待各种市场主体，包括不同所有制、不同规模类型的市场主体，是激发市场活力与创造力的重要保障。

---

① 习近平：《在民营企业座谈会上的讲话》，人民出版社 2018 年版，第 3 页。

最后，政府绩效如何评？在相当长一段时间里，政府之所以直接涉入经济领域中，与自上而下的以 GDP 为重要指标的考核机制密切相关，因此扭转政府与市场的关系，需要彻底扭转"唯 GDP 论"的考核导向。在 2020 年后，随着脱贫工作的阶段性胜利，尼勒克县老百姓"两不愁三保障"问题得到解决。也就是说 2020 年之后老百姓面临的主要问题不再是生存问题，而是发展问题，而发展问题的核心，一方面是基本保障体系的完善，解决老百姓的后顾之忧；另一方面则是个体发展机会的均等化，这有赖于公平有序的社会秩序与市场秩序的建立及完善。鉴于此，政府绩效考核指标，需要逐渐从注重 GDP 指标转变为"公平社会与市场秩序的建立及维护"，从而促进地方社会的可持续发展。当然，由于我国秉持非均衡发展战略，尼勒克已然处于相对落后状态，这需要中央政府从全国层面给予后发展地区更为优惠的税收、土地等方面政策，以便促进优势资源向相对落后的地区流动。

（二）企业唱戏

在经济发展中，政府搭好台之后，唱主角的无疑是企业。2020 年之后，对于尼勒克县域内的企业而言，企业"唱好戏"需要符合尼勒克县经济长远规划与产业总体布局。尼勒克县在"十三五"期间就提出"创新、协调、绿色、开放、共享"的发展理念，为县域内企业定位与发展提供了一个导向性框架。只有符合尼勒克县整体的产业发展规划，企业才能够借助本县的资源与政策优势发展壮大。首先，走新兴科技创新之路。充分发挥后发优势，强化"互联网+"战略，将先进的科学技术与乡村产业深度融合，创新农牧业发展方式、创新服务业发展业态等，培育乡村经济发展新动力。其次，走绿色发展之路。尼勒克县坐拥得天独厚的自然风光，被誉为"塞外江南"，是祖国西北边陲的一块宝地。在"美丽乡村"建设的背景下，任何市场主体的发展都应在保护环境、维护生态的前提下谋求发展，走绿色发展之路。再次，走对外开放之路。由于历史及民族文化原因，尼勒克县的外放型经济发展力度不够，农牧业及其他产业的市场主体相对落后。虽然地处尼勒克县域之内，但是任何市场主体的发展都须在全国甚至全球市场竞争中具有竞争优势，才能够生存并发展下去。这就需要企业借助尼勒克县特有的优势，面向全国甚至全球，谋求错位发展，走对外开放之路。

（三）各族百姓受益

"政府搭台，企业唱戏"，最终的落脚点是"百姓受益"，这是尼勒克县"共享"发展理念的重要组成部分，即实现发展成果共享，实现人民福祉的提升。那么，在2020年之后，如何通过产业发展，更好地使百姓受益、共享发展成果呢？一是健全劳动力最低工资标准制度。根据地方经济发展水平及居民生活水平等综合指标，建立最低工资标准制度，让老百姓更多地享受到产业发展的成果，提升其获得感。二是完善劳动纠纷处理机制。在产业发展过程中，雇主与雇员之间难免发生纠纷。作为企业（包括农场等市场主体）雇员的农牧民，往往处于弱势状态，因此需要进一步完善农牧民劳动维权制度，明确制度化渠道，促使其合法权益得到应有的保障。这既是农牧民共享产业发展成果的需要，同时也有利于维护尼勒克县的民族团结与社会稳定。

三、促进民族团结与宗教和谐，奠定乡村振兴的社会基础

尼勒克县由哈、汉、维、回、蒙等32个民族组成，少数民族占75%。由于多民族文化信仰的差异性、生活方式的多样性等民族因素，使得之前的致贫、脱贫乃至之后的乡村振兴更为复杂。预防返贫风险、实现小康目标及乡村振兴，必须基于多民族的县域特点。

在扶贫攻坚阶段，尼勒克县通过"访惠聚""民族一家亲""一对一帮扶"等多种个人化的方式，动之以情、晓之以理，在促进民族团结、宗教和谐基础上，有效地开展并推动了精准扶贫工作，取得了"社会稳定与脱贫攻坚"两个核心目标的高质量实现。然而，单靠这种个人化的帮扶方式，一方面会极大地耗费基层干部的时间与精力，时间一长，容易使得干部队伍工作量超负荷，影响工作初衷及成效；另一方面由于干部之间在资源、精力及工作方法上的差异，导致在个人化帮扶方面的效果不同，贫困户之间感受也会不同，甚至有"不公平感"。因此，逐渐从个人化的帮扶向制度化保障转变，是促进社会和谐稳定、民族团结及乡村可持续振兴的重要保障。

除了上文中所提到的建立普惠型的基本保障制度外，还需要针对尼勒克多民族边陲地区制定相应的制度保障措施。首先，在普及十五年免费教育的基础上，完善职业教育与成人教育体系。尼勒克县普及了十五年免费教育，解决了学龄青少年的教育问题，为少数民族同胞子女学习并掌握现代科学知识创造了优越的条件，为将来谋求更好的工作机会奠定了基础，一定程度上会避免贫困家庭的再生产。与此同时，尼勒克县探索了农民夜校等形式，为成人提供语言学习、技能培训等教育服务，但是无论师资配备还是管理制度都不是很完善。建立面向各民族的成人学校或社区大学，为超过学龄但有教育需求的成人提供相应的教育，一方面提升其现代科学文化知识，使之更能够识别宗教的本质及其意义，避免受到邪教或极端宗教的蛊惑；另一方面为获得新的就业机会，更好地融入越来越开放的大市场，提供良好的教育平台，避免因缺文化知识而致贫。

其次，建立多民族融合激励机制。尼勒克拥有 32 个民族，民族之间的交流与融合对于民族团结、宗教和谐及社会稳定具有举足轻重的意义。一是在各民族节日庆祝的基础上，建立以"多民族融合"为主题的节日。一方面在展示民族特色民俗文化的同时，提高其对中华民族的认同感；另一方面可以促使各民族之间在宗教信仰、文化习俗等方面的相互理解，促进各民族之间互信互通互融。二是建立跨民族通婚奖励机制。在现有少数民族优惠政策基础上，对跨民族通婚家庭，在子女教育、养老保障、医疗保障等方面实行更为优惠的激励政策。

十九届五中全会指出，坚持把实现好、维护好、发展好最广大人民根本利益作为发展的出发点和落脚点，尽力而为、量力而行，健全基本公共服务体系，完善共建共治共享的社会治理制度，扎实推动共同富裕，不断增强人民群众获得感、幸福感、安全感，促进人的全面发展和社会全面进步。要提高人民收入水平，强化就业优先政策，建设高质量教育体系，健全多层次社会保障体系，全面推进健康中国建设，实施积极应对人口老龄化国家战略，加强和创新社会治理。这为后脱贫时代的尼勒克发展进一步指明了发展的方向，即在脱贫攻坚时期所形成的民族融合导向贫困治理模式基础上，通过完善民族地区社会体制机制、以市场为主导振兴乡村产业、促进民族团结与宗教和谐，改善人民生活品质、实现乡村振兴及各民族的共兴共融。

后　记

脱贫攻坚是实现我们党第一个百年奋斗目标的标志性指标，是全面建成小康社会必须完成的硬任务。党的十八大以来，以习近平同志为核心的党中央把脱贫攻坚纳入"五位一体"总体布局和"四个全面"战略布局，摆到治国理政的突出位置，采取一系列具有原创性、独特性的重大举措，组织实施了人类历史上规模空前、力度最大、惠及人口最多的脱贫攻坚战。经过8年持续奋斗，现行标准下9899万农村贫困人口全部脱贫，832个贫困县全部摘帽，12.8万个贫困村全部出列，区域性整体贫困得到解决，完成了消除绝对贫困的艰巨任务，脱贫攻坚目标任务如期完成，困扰中华民族几千年的绝对贫困问题得到历史性解决，取得了令全世界刮目相看的重大胜利。

根据国务院扶贫办的安排，全国扶贫宣传教育中心从中西部22个省（区、市）和新疆生产建设兵团中选择河北省魏县、山西省岢岚县、内蒙古自治区科尔沁左翼后旗、吉林省镇赉县、黑龙江省望奎县、安徽省泗县、江西省石城县、河南省光山县、湖北省丹江口市、湖南省宜章县、广西壮族自治区百色市田阳区、海南省保亭县、重庆市石柱县、四川省仪陇县、四川省丹巴县、贵州省赤水市、贵州省黔西县、云南省西盟佤族自治县、云南省双江拉祜族佤族布朗族傣族自治县、西藏自治区朗县、陕西省镇安县、甘肃省成县、甘肃省平凉市崆峒区、青海省西宁市湟中区、青海省互助土族自治县、宁夏回族自治区隆德县、新疆维吾尔自治区尼勒克县、新疆维吾尔自治区泽普县、新疆生产建设兵团图木舒克市等 29 个县（市、区、旗），组织中国农业大学、华中科技大学、华中师范大学等高校开展贫困县脱贫摘帽研究，旨在深入总结习近平总书记关于扶贫工作的重要论述在贫困县的实践创新，全面评估脱贫攻坚对县域发展与县域治理产生的综合效应，为巩固拓展脱贫攻坚成果同乡村振兴有效衔接提供决策参考，具有重大的理论和实践意义。

脱贫摘帽不是终点，而是新生活、新奋斗的起点。脱贫攻坚目标任务完成后，"三农"工作重心实现向全面推进乡村振兴的历史性转移。我们要高举习近平新时代中国特色社会主义思想伟大旗帜，紧密团结在以习近平同志为核心的党中央周围，开拓创新，奋发进取，真抓实干，巩固拓展脱贫攻坚成果，全面推进乡村振兴，以优异成绩迎接党的二十大胜利召开。

由于时间仓促，加之编写水平有限，本书难免有不少疏漏之处，敬请广大读者批评指正！

本书编写组

责任编辑：王新明
封面设计：姚　菲
版式设计：王欢欢
责任校对：王　惠

图书在版编目（CIP）数据

尼勒克:民族融合为导向的贫困治理/全国扶贫宣传教育中心 组织编写. —北京：
　人民出版社,2022.10
（新时代中国县域脱贫攻坚案例研究丛书）
ISBN 978－7－01－025224－7

Ⅰ.①尼…　Ⅱ.①全…　Ⅲ.①扶贫-案例-尼勒克县　Ⅳ.①F127.454

中国版本图书馆 CIP 数据核字（2022）第 197700 号

尼勒克:民族融合为导向的贫困治理
NILEKE MINZU RONGHE WEI DAOXIANG DE PINKUN ZHILI

全国扶贫宣传教育中心　组织编写

人民出版社 出版发行
（100706　北京市东城区隆福寺街 99 号）

北京盛通印刷股份有限公司印刷　新华书店经销

2022 年 10 月第 1 版　2022 年 10 月北京第 1 次印刷
开本:787 毫米×1092 毫米 1/16　印张:15.75
字数:212 千字

ISBN 978－7－01－025224－7　定价:48.00 元

邮购地址 100706　北京市东城区隆福寺街 99 号
人民东方图书销售中心　电话 （010）65250042　65289539